国家社会科学基金项目（17BGL010）
上海市哲学社会科学规划项目（2016BGL001）

新能源项目安全成本形成机理及优化方法

杨太华 著

东南大学出版社
SOUTHEAST UNIVERSITY PRESS
·南京·

内容简介

本书以新能源开发利用为背景,借助现代系统控制论和复杂性科学,系统地研究了新能源项目安全风险特征、安全成本构成要素及其演变规律、利益相关方最佳安全投资策略。研究工作将现代经济学、能源工程、安全科学与建设工程学科相结合,综合考虑经济、社会、环境和现代信息技术等因素,在充分识别新能源项目安全风险特征的基础上,论证和界定其安全成本的内涵,通过多学科交叉对智能电网下新能源项目全寿命周期安全成本的形成机理进行详细分析,针对安全成本投入效益的不确定性,构建各利益相关单位安全成本影响因素和评价指标体系,通过多目标规划设计建立安全成本动态均衡博弈模型,通过实证研究和仿真模拟揭示其安全投入绩效、安全保证程度和安全成本分担机制,并提出相应的对策建议。

本书可供电力、能源、矿业、土木等行业从事安全和经营管理的企业生产和科研人员参考,亦可作为高校电力工程、能源工程、土木工程、安全工程、工程管理等专业的教学参考用书。

图书在版编目(CIP)数据

新能源项目安全成本形成机理及优化方法 / 杨太华著. — 南京：东南大学出版社,2022.5
 ISBN 978-7-5641-9921-0

Ⅰ.①新… Ⅱ.①杨… Ⅲ.①新能源—工程项目管理—安全成本—研究 Ⅳ.①F407.207.2

中国版本图书馆 CIP 数据核字(2021)第 258381 号

责任编辑：夏莉莉　　责任校对：韩小亮　　封面设计：顾晓阳　　责任印制：周荣虎

新能源项目安全成本形成机理及优化方法
Xinnengyuan Xiangmu Anquan Chengben Xingcheng Jili Ji Youhua Fangfa

著　者	杨太华
出版发行	东南大学出版社
社　址	南京市四牌楼 2 号(邮编：210096　电话：025-83793330)
经　销	全国各地新华书店
印　刷	江苏凤凰数码印务有限公司
开　本	787mm×1092mm　1/16
印　张	14.5
字　数	326 千字
版　次	2022 年 5 月第 1 版
印　次	2022 年 5 月第 1 次印刷
书　号	ISBN 978-7-5641-9921-0
定　价	68.00 元

本社图书若有印装质量问题,请直接与营销部联系,电话：025-83791830。

序　言

随着当前世界政治、经济格局的重大调整,各种利益冲突不断加剧,能源供求关系深刻变化,各种形式的"卡脖子"问题导致我国能源资源约束日益紧张,生态环境问题突出,调整结构、提高能效和保障能源安全是目前我国能源发展面临的新挑战。能源电力作为重要的支柱产业,一直受到国家的高度重视。随着"碳中和""碳达峰"目标的不断落实,新能源开发、投资、建设成为热点。各种新能源项目大量接入电网,给电网的安全可靠性带来了不确定性,导致安全投入大,开发成本高,这一直是困扰新能源广泛推广和综合利用的一大难题。因此探索各种分布式新能源项目安全成本的形成机理,建立各利益相关方的优化均衡模型,选择最佳的安全投入模式,对于确保我国能源供给安全,促进节能减排和加快电力市场化改革具有重要意义。

本书主要研究新能源项目安全风险特征、安全成本构成要素及其演变规律、利益相关方最佳安全投资策略。研究工作将现代经济学、能源工程、安全科学和建设工程学科相结合,综合考虑经济、社会、环境和现代信息技术等因素,在充分识别新能源项目安全风险特征的基础上,论证和界定其安全成本的内涵,通过多学科交叉对智能电网下新能源项目全寿命周期安全成本的形成机理进行详细分析,针对安全成本投入效益的不确定性,构建各利益相关单位安全成本的影响因素和评价指标体系,通过多目标规划设计建立安全成本动态均衡博弈模型,通过实证研究和仿真模拟揭示其安全投入绩效、安全保证程度和安全成本分担机制,并提出相应的对策建议。

本书研究内容共15章,主要包括:

第1章为绪论。主要是研究课题的提出,包括国内外工程项目安全成本相关领域研究现状及其综述,目前研究困境与可能解决的途径。

第2章为安全成本内涵及形成机理分析。主要是界定安全成本内涵及其构成,介绍新能源项目安全成本分类及其过程特征和表现形式,通过对安全成本现状的调查,以新能源项目分解结构形式和安全保证程度对其形成机理进行分析。

第3章为新能源项目安全成本理论基础。主要涉及安全经济学基本理论、安全投资理论、事故经济估算方法、事故非经济损失估算方法、生命经济价值评估等相关原理和方法。

第4章为新能源智能微电网项目安全风险模糊综合评价。主要涉及智能微电网安全风险特征、数学评估模型构建和实例分析。

第5章为基于故障树和改进灰色关联法的新能源汽车加氢站安全风险评估。主要涉及氢燃料汽车加氢站安全特征、加氢站安全风险评价指标体系的构建、故障树和改进灰色关联法数学模型、实例分析。

第6章为基于安全成本优化模型的SH&E案例分析。主要涉及安全与质量的关系、质量成本(COQ)框架在项目中的应用、安全成本优化分析、案例研究。

第7章为基于突变级数法的新能源项目投资风险评估研究。主要涉及突变级数法的基本思想、参数的无量纲化处理、新能源项目安全风险评价指标体系构建及应用实例分析。

第8章为基于边际投资效益的新能源项目安全成本优化研究。主要涉及安全边际投资效益理论分析、新能源项目安全成本构成分析、新能源项目最优成本运营原理、实例分析。

第9章为风电场项目安全成本优化博弈模型分析。主要涉及风电场项目安全成本的构成、博弈论的应用、建立风电场项目安全成本优化模型、求解安全成本优化模型的方法、应用实例分析。

第10章为基于安全成本率分析模型的风电场施工优化策略。主要涉及风电场项目施工阶段安全风险的特点分析、风电场施工阶段安全成本的分类和构成、安全成本率优化模型及应用实例分析。

第11章为混合太阳能氢能项目安全成本形成机理研究(以法国科西嘉岛MYRTE为例)。主要涉及法国科西嘉岛混合太阳能氢能(MYRTE)示范项目概况、氢氧系统安全成本估算方法及应用实例分析。

第12章为基于目标规划的风电场项目安全投入决策优化模型研究。主要涉及风电场安全投入与效果分析、风电场安全投入多目标决策模型构建、应用实例分析。

第13章为绿色风电场利益相关方安全投入策略博弈模型分析。主要涉及利益相关方演化博弈模型构建、利益相关方安全投入策略博弈模型分析、实例仿真研究。

第14章为"一带一路"电力投资项目安全投入决策演化博弈分析。主要涉及电力投资项目安全风险特征、"一带一路"电力投资项目博弈模型构建、演化过程中各阶段子博弈纳什均衡、实例仿真分析。

第15章为"一带一路"电力投资项目安全成本分担博弈模型分析。主要涉及"一带一路"电力投资项目利益相关者、电力投资项目安全风险分担方法、"一带一路"电力投资项目安全成本分担原则、安全成本分担模型及实例分析。

经过将近一年的整理,终于要落笔了,此时也是我的人生即将回归田野之际,从小就心心念念的科学探究工作就要告一段落了,感慨良多。如果说本书是我对上海市哲学社会科学规划项目"智能电网下新能源发电系统安全成本优化问题研究"(批准号2016BGL001)和国家社会科学基金项目"一带一路电力投资项目安全成本的形成机理及对策"(批准号17BGL010)研究成果的总结,还不如说是对我从事科研工作以来研究工作的总结,因为到整理完成这些材料时,我已经在相关领域从事科学研究工作35年了。35年来,我承担过国家自然基金项目1项、国家社科基金项目1项、省部级项目3项,参与国家和省部级科研项目20余项,参与国家重大工程项目2项,参与省部级或地方工程项目20余项,在国内外杂志上公开发表论文 100 多篇(部分论文可以从知网上查到),出版专著 2 部(不包括本书),出版教材 2 部,不能说每一个课题、每一项工程、每一篇文章都与这些成果有关,但可以肯定的是大部分内容是有联系的,应该算是此书的研究前期基础吧。特别是 1992 年进入同济大学土木学院师从中科院院士孙钧教授后,我多次参与导师的课题,受益颇多,对建设工程安全风险的认识有了很大的飞跃并伴随我一生。当我亲身进入拉着警戒线的安全事故现场,或是参与每一项建设工程的实践,目睹了一片狼藉和血淋淋的场景时,我都非常震撼,深感这些大大超出了我们对安全概念的认知。我一直在想,在这方面,我们能做点什么,因此有了《新能源项目安全成本形成机理及优化方法》的出版。

很荣幸选择安全科学结合建设工程这一领域度过了人生的大好年华,虽然没有光鲜亮丽的奖励,但也还算过得充实。此书的总结,是在前人基础上提出来的,给出了工程安全领域许多新的研究思路和方法,也是作者及其团队多年辛勤付出的成果,由此提出的对策建议已在工程项目实践中取得效益,或正在发挥作用。此时,有太多需要感谢,感谢孙建梅、王素芳、赖小玲、吴芸、刘樱、喻小宝、赵文会等多位老师的帮助和鼓励,还有我的硕士生陈骐、陈寅、刘睿、李志翔、秦静、高余奇、魏齐鸣、孙瑞等人的辛勤工作。

特别要感谢我的父母和家人,在我为科学研究奋斗的日日夜夜,他们给我信心,陪伴着我,延续了我对科学探究的兴趣和梦想。

还要感谢东南大学出版社的老师们对本书进行了认真细致的编辑、校对和加工,使本书的质量大大提高。

希望本书能对从事能源电力投资、规划和建设管理、安全科学与工程领域教学科研的有关人员起到一点抛砖引玉的作用。由于作者水平有限,书中难免存在错误,恳请前辈及同仁不吝赐教。

作　者

2021 年 7 月于上海

目 录

1 绪论 ········· 1
  1.1 课题的提出 ········· 1
  1.2 国内外研究现状与文献综述 ········· 4
    1.2.1 安全成本研究现状 ········· 4
    1.2.2 安全成本计算方法研究 ········· 6
    1.2.3 安全成本影响因素研究 ········· 8
    1.2.4 利益相关者理论研究 ········· 9
    1.2.5 安全成本优化方法及应用研究 ········· 10
  1.3 复杂电力系统安全成本研究现状 ········· 12
    1.3.1 电力系统安全成本优化问题 ········· 12
    1.3.2 电力系统安全成本分摊研究 ········· 12
    1.3.3 电力系统安全定价模型与算法研究 ········· 13
    1.3.4 机会约束规划下电力系统安全成本优化研究 ········· 13
    1.3.5 电力系统电压安全成本研究 ········· 13
    1.3.6 新能源项目安全成本研究 ········· 14
  1.4 新能源项目安全成本研究述评 ········· 15
  1.5 新能源安全成本研究未来展望 ········· 16

2 安全成本内涵及形成机理分析 ········· 18
  2.1 基本概念 ········· 18
  2.2 安全成本的构成 ········· 20
  2.3 安全成本与安全保证程度的关系 ········· 21
  2.4 新能源项目安全成本分类 ········· 22
    2.4.1 安全成本一般分类 ········· 22
    2.4.2 新能源项目安全成本分类 ········· 23
  2.5 新能源项目安全成本的特征 ········· 25
    2.5.1 新能源项目安全成本的形成特征 ········· 25
    2.5.2 新能源项目安全成本的表现形式 ········· 26

2.6 新能源企业安全成本调查分析 ·· 27
2.7 新能源项目安全成本形成机理分析 ·· 28
 2.7.1 基于分解结构的新能源项目安全成本形成机理分析 ············· 28
 2.7.2 基于强制性法规的新能源项目安全成本形成机理分析 ··········· 32
 2.7.3 基于安全保证程度的安全成本形成机理分析 ····················· 33
 2.7.4 基于投入产出的新能源项目安全成本形成机理分析 ············· 35
2.8 本章小结 ··· 39

3 新能源项目安全成本理论基础 ··· 41
3.1 引言 ·· 41
3.2 安全经济学基本理论 ··· 41
 3.2.1 安全经济学基本原理 ·· 41
 3.2.2 安全经济学的基本函数 ··· 42
 3.2.3 安全经济学的基本规律 ··· 45
3.3 安全投资理论 ··· 46
 3.3.1 安全投资的内涵 ··· 46
 3.3.2 安全资金来源 ·· 47
 3.3.3 安全投资决策方法 ·· 48
3.4 事故经济损失估算 ·· 52
 3.4.1 事故经济损失的内涵 ·· 52
 3.4.2 国外事故经济损失要素及其计算方法 ···························· 53
 3.4.3 国内事故经济损失要素及其计算方法 ···························· 56
 3.4.4 事故经济损失估算方法 ··· 59
3.5 事故非经济损失估算 ··· 63
 3.5.1 事故非经济损失的内涵 ··· 63
 3.5.2 事故非经济损失的构成 ··· 64
 3.5.3 工效损失价值计算方法 ··· 64
 3.5.4 环境损失价值计算方法 ··· 66
 3.5.5 声誉损失计算方法 ·· 70
3.6 生命经济价值评估 ·· 72
 3.6.1 生命经济价值的内涵 ·· 72
 3.6.2 人力资本法评估生命经济价值 ···································· 73
 3.6.3 人力资本法评估模型 ·· 76
 3.6.4 支付意愿法评估生命经济价值 ···································· 78
3.7 本章小结 ··· 81

4 新能源智能微电网项目安全风险模糊综合评估 ····························· 82
4.1 引言 ·· 82
4.2 智能微电网相关研究现状分析 ·· 82

  4.3 智能微电网安全风险的特点 ··································· 83
  4.4 智能微电网安全风险评价指标体系的构建 ··················· 84
    4.4.1 智能微电网安全风险评价指标的分解 ················· 84
    4.4.2 智能微电网安全风险等级的确定 ······················ 84
  4.5 基于模糊集理论的智能微电网安全风险评价模型 ············ 85
  4.6 智能微电网应用实例分析 ·· 87
    4.6.1 某智能微电网项目安全风险评估 ······················ 87
    4.6.2 智能微电网安全风险应对策略 ·························· 90
  4.7 本章小结 ··· 91

5 基于故障树和改进灰色关联法的新能源汽车加氢站安全风险评价 92
  5.1 引言 ··· 92
  5.2 加氢站的发展与安全特征 ·· 92
    5.2.1 氢燃料汽车与加氢站的发展 ····························· 92
    5.2.2 加氢站的安全风险特征 ··································· 93
  5.3 新能源汽车加氢站安全风险评价指标体系的确立 ············ 93
    5.3.1 加氢站安全风险评价原理 ································ 93
    5.3.2 建立加氢站安全风险指标体系 ·························· 94
  5.4 加氢站安全风险评价数学模型 ·································· 95
    5.4.1 模糊层次分析法确定指标权重 ·························· 95
    5.4.2 关联矩阵的确定 ·· 96
    5.4.3 改进关联分析法的安全风险综合评价 ················· 97
  5.5 氢燃料汽车加氢站应用实例分析 ······························· 97
    5.5.1 安全风险评价指标权重的确定 ·························· 98
    5.5.2 计算加氢站安全指标关联系数矩阵 ··················· 99
    5.5.3 加氢站安全风险综合评价 ······························· 99
  5.6 本章小结 ·· 100

6 基于安全成本优化模型的 SH&E 案例分析 102
  6.1 引言 ·· 102
  6.2 安全与质量的关系 ·· 102
  6.3 质量成本(COQ)框架及其应用 ······························· 103
  6.4 安全成本优化分析 ·· 104
  6.5 安全成本优化案例研究 ··· 105
  6.6 本章小结 ·· 111

7 新能源项目投资风险评估研究——基于突变级数法 112
  7.1 引言 ·· 112
  7.2 突变级数法的基本思想和评价步骤 ·························· 113
    7.2.1 突变级数法的基本思想 ································· 113

  7.2.2 突变级数法的评价步骤 ·············· 113
 7.3 新能源项目投资风险评价指标体系的构建 ············ 115
  7.3.1 新能源项目投资风险识别及评价指标的选取 ········· 115
  7.3.2 基层指标的确定 ·············· 115
 7.4 新能源项目应用实例分析 ············ 116
  7.4.1 基层指标的无量纲化处理 ············ 116
  7.4.2 指标体系各状态变量的归一计算 ·········· 118
  7.4.3 计算结果分析 ··············· 119
 7.5 本章小结 ················ 120

8 基于边际投资效益的新能源项目安全成本优化研究 ········ 121
 8.1 引言 ················· 121
 8.2 安全边际投资效益理论 ·············· 121
  8.2.1 安全边际投资优化特征 ············· 121
  8.2.2 安全投资效益最优判断准则 ············ 122
 8.3 新能源项目安全成本构成分析 ············ 123
 8.4 新能源项目最优成本运营原理 ············ 123
  8.4.1 最优产量原理 ··············· 123
  8.4.2 最优安全成本原理 ·············· 124
 8.5 某新能源项目低成本运营实例分析 ············ 125
  8.5.1 利润产量模型 ··············· 125
  8.5.2 利润-安全成本神经网络模型 ············ 126
 8.6 提升新能源项目安全效益的对策建议 ··········· 126
 8.7 本章小结 ················ 127

9 风电场项目安全成本优化博弈模型分析 ·········· 128
 9.1 引言 ················· 128
 9.2 风电场项目安全成本的构成 ············ 128
 9.3 博弈论的运用 ··············· 129
 9.4 建立风电场项目安全成本优化模型 ············ 130
  9.4.1 模型局中人集合 ·············· 130
  9.4.2 博弈模型策略集合 ············· 131
  9.4.3 博弈模型支付函数集合 ············ 131
  9.4.4 构建数学模型 ··············· 131
 9.5 求解风电场安全成本优化模型 ············ 131
 9.6 风电场项目应用实例分析 ············ 134
 9.7 本章小结 ················ 136

10 基于安全成本率分析模型的风电场施工优化策略 ········ 137
 10.1 引言 ················ 137

10.2 风电场施工阶段的安全风险特点 ················ 137
 10.2.1 风电场项目的施工特点 ················ 137
 10.2.2 风电场安全事故的特点 ················ 138
10.3 风电场施工阶段安全成本的分类和构成 ················ 139
 10.3.1 保障性安全成本 ················ 139
 10.3.2 损失性安全成本 ················ 139
10.4 风电场施工阶段安全成本优化模型 ················ 140
 10.4.1 风电场施工阶段的安全成本指标 ················ 140
 10.4.2 风电场施工阶段安全成本率分析模型 ················ 141
 10.4.3 安全成本率分析模型的分区 ················ 142
10.5 风电场施工项目应用实例分析 ················ 143
10.6 新能源项目施工对策建议 ················ 144
10.7 本章小结 ················ 145

11 混合太阳能氢能项目安全成本形成机理研究(以法国科西嘉岛 MYRTE 项目为例) ··· 146

11.1 引言 ················ 146
11.2 系统安装工程安全信息反馈 ················ 148
11.3 氢氧系统安全成本估算方法 ················ 149
 11.3.1 与氢氧生产相关的各种风险 ················ 149
 11.3.2 氢气和氧气生产规范和监管背景 ················ 150
 11.3.3 MYRTE 平台氢氧安全性相关成本评估方法 ················ 151
 11.3.4 水平化方法 ················ 152
11.4 应用于 MYRTE 平台的安全成本估算 ················ 153
 11.4.1 假设和成本数据收集 ················ 153
 11.4.2 研究结果分析 ················ 153
11.5 本章小结 ················ 155

12 基于目标规划的风电场项目安全投入决策优化模型研究 ················ 156

12.1 引言 ················ 156
12.2 风电场安全投入与效果分析 ················ 157
 12.2.1 风电场安全投入及其费用构成 ················ 157
 12.2.2 风电场安全投入的特点 ················ 157
 12.2.3 安全投入效果及其度量 ················ 157
12.3 风电场安全投入多目标决策模型构建 ················ 159
 12.3.1 风电场安全投入决策模型构建 ················ 159
 12.3.2 风电场安全系统结构 ················ 159
 12.3.3 确定各层次的权重 ················ 160
 12.3.4 安全投入目标规划模型 ················ 160
12.4 风电场项目应用实例分析 ················ 161
12.5 本章小结 ················ 163

13 绿色风电场利益相关方安全投入策略博弈模型分析 ……164
13.1 引言 ……164
13.2 模型的建立 ……165
13.2.1 基本假设及模型参数符号 ……165
13.2.2 博弈三方的复制动态方程 ……168
13.3 博弈模型分析 ……169
13.3.1 电力监管部门演化稳定策略分析 ……169
13.3.2 风电企业演化稳定策略分析 ……170
13.3.3 电网企业演化稳定策略分析 ……172
13.4 风电场项目实例 Matlab 仿真分析 ……174
13.5 本章小结 ……177

14 "一带一路"电力投资项目安全投入决策演化博弈分析 ……179
14.1 引言 ……179
14.2 "一带一路"电力投资项目安全风险的特征 ……180
14.3 基本假设及模型构建 ……181
14.4 演化过程中各阶段子博弈纳什均衡 ……182
14.5 某水电站项目应用实例分析 ……185
14.6 本章小结 ……187

15 "一带一路"电力投资项目安全成本分担博弈模型分析 ……188
15.1 引言 ……188
15.2 "一带一路"电力投资项目利益相关者 ……189
15.3 "一带一路"电力投资项目安全风险分担方法 ……189
15.3.1 "一带一路"电力 BOT 项目的影响因素和安全风险特征 ……190
15.3.2 "一带一路"电力 BOT 项目的安全风险分担原则 ……191
15.3.3 电力 BOT 项目安全风险分类 ……192
15.3.4 合同双方承担风险的态度 ……193
15.3.5 "一带一路"电力 BOT 项目安全风险分担模型 ……194
15.3.6 某电力投资项目案例分析 ……195
15.4 "一带一路"电力投资项目安全成本分担研究 ……196
15.4.1 安全成本分担原则与流程 ……196
15.4.2 安全成本的分担 ……198
15.4.3 随机合作博弈模型 ……198
15.5 电力投资项目安全成本分担算例分析 ……201
15.6 本章小结 ……202

参考文献 ……204

1 绪论

1.1 课题的提出

能源是社会经济发展的命脉,是人类赖以生存的重要基础。随着工业化的发展和人口的增长,社会对能源的需求也在不断增加。各种传统化石能源越来越少,使用成本不断加大,使用化石能源的同时也带来了空气污染、全球变暖、冰川融化、海平面上升等环境和气候问题,引起了人们的广泛关注。新能源作为一种清洁、可再生的资源,是实现人类社会可持续发展的重要支撑。

据《2020年世界能源统计报告》及相关文献显示[1],过去十年间,世界能源消耗仍以煤炭和石油为主,2019年比上一年增长1.3%,连续10年创新高。其中,可再生能源消费增长41%,天然气消费增长36%,但化石燃料仍占全球一次能源消费的84%,其中石油仍占33%以上[2]。从2009年开始,我国能源消耗已经超过美国,成为世界上最大的能源消费国[3]。资料显示,2019年中国一次能源消费总量延续了2018年的反弹趋势,占全球总能源消费量的24%,占全球能源消费增长量的34%[4],其能源结构如图1.1所示[5]。作为世界人口最多的发展中国家,随着经济的快速发展及"碳达峰""碳中和"目标的确立,中国面临的能源形势也越来越严峻,能源供应安全问题也日益突出。因此,如何在保护环境的同时保障能源安全就显得尤为重要。

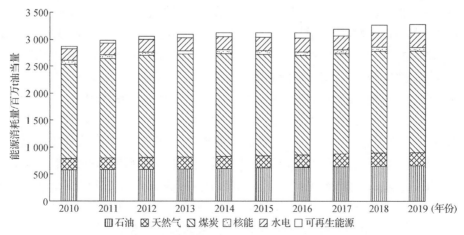

图 1.1 中国能源消费结构图(百万 t 油当量)

数据来源:2019年《BP世界能源统计年鉴》,据此折算出2019年能源消费结构。

大量化石能源的消耗必然带来大量温室气体的排放,造成生态环境的破坏,导致全球气温不断升高,极端气候频繁出现,这也成为国际社会共同关注的问题。根据巴黎协定,中国承诺在 2030 年左右国内二氧化碳排放量达到峰值,比 2005 年下降 60% 至 65%,可再生能源在一次能源中的占比达到 20%。据统计,2017 年我国二氧化碳排放总量达到 9 232.5 百万 t,占全球二氧化碳排放总量的 27.6%,这一排放量相当于美国和欧盟各国的总和[4]。到了 2018 年,我国二氧化碳排放量为 9 428.7 百万 t,占全球二氧化碳排放总量的 27.8%,二氧化碳排放增长 2.1%,这反映出我国节能减排任务仍然十分艰巨。

为此,国家发改委在制定五年规划时[6]承诺,到 2050 年,我国煤炭和石油占比要从 2015 年的 42% 和 24% 分别下降到 15% 和 20%,终端用煤和用油量分别为 5.8 亿 t 标煤和 7.4 亿 t 标煤,较 2015 年分别减少 7.6 亿 t 标煤和 0.2 亿 t 标煤。而电力和热力的直接消耗量显著上升,从 2015 年的 8.1 亿 t 标煤持续增加到 2050 年的 16.1 亿 t 标煤,增长将近一倍,占比也从 26% 提高到 43%。其中,电力需求有望在 2030 年超过 9 万亿 kW·h,占比达到 30%;在 2050 年达到 12 万亿 kW·h,占比达到 38%。因此,新能源的开发利用对于缓解气候变化、改善空气质量、保障全球能源供应安全具有重要意义。

进入 21 世纪以来,随着新能源开发和互联网技术的发展,传统的单一供电模式被打破,智能电网建设成为当前能源领域的一次重大革命,受到世界各国,特别是美国、中国、日本等国政府及欧盟各国的广泛关注,并被提升为国家战略,各国在政策和投资上均给予了极大的支持。这不仅是因为智能电网作为技术进步能够促进经济增长,更重要的是能够更好地支持电力市场的形成,促进节能减排,应对气候和环境变化。著名经济学家杰里米·里夫金(Jeremy Rifkin)更是将互联网和新能源技术的结合(智能电网)称为第三次工业革命[7]。建设智能电网使得各种分布式新能源发电高度信息化,从而打破传统的单一发电企业集中供电模式,是电力市场的一次重要变革。十三届三中全会明确提出,我国将启动新一轮电力市场化改革,国家能源局积极致力于发展包含新能源和分布式发电的智能电网,出台了新能源发电、电动汽车、分布式发电入网、大用户直购电等补贴政策,由此大大推动了分布式新能源发电智能电网的建设。由于受到自然地理环境条件和气候条件的制约,各种分布式新能源发电具有很大的不确定性,从而增加了智能电网的建设安全成本。为了减少和防止安全事故的发生,保障电网的安全可靠性,企业的安全生产需要通过安全技术、安全管理和安全文化的建设等措施来实现[8-9]。实施智能电网安全生产措施需要各种方式的安全投入,或称安全成本。安全成本包括劳动成本和经济成本。从经济学的角度来说,智能电网建设的安全投入包括活劳动的投入,即专业人员的配置,以及资金的投入,其主要用于智能电网建设的安全技术、管理和教育;从安全活动和实践的角度来说,安全工程技术、安全文化建设、安全法制建设和安全监管活动,以及智能电网建设安全科学技术的研究与开发都需要安全投入来保障[10-11]。因此,安全投入是智能电网建设安全生产的前提、基础和保障。然而,随着各种清洁能源和分布式发电系统的大规模建设,如何通过智能电网统筹所有发电端、电网运营商、终端用户以及电力市场利益相关者的需求,在最大限度降低成本和减弱环境影响的同时,提高系统的安全可靠性,构建科学的安全投入机制以及合理的投入比例和结构,是智能电网建设实施安全投入保障战略亟须解决的一大难题。显然,将分布式新能源发电智能电网建设的安全成本形成机理及优化方法作为研究课题,具有十分重要的理论意义和现实意义。

近年来,随着我国基础设施建设的迅猛发展,安全事故及由此而带来的人员伤亡整体呈多发态势,因事故造成的直接经济损失逾百亿元。根据原国家安全生产监督管理总局事故数据库以及建筑业改革与发展研究报告,近年来,在建筑业总产值持续增加的同时,安全事故发生率也一直居高不下,2008—2018 年我国房屋市政工程发生 6 711 起安全事故,死亡 8 115 人(表1.1)。2016 年 11 月 24 日 7 点左右,江西省丰城市一在建电厂冷却塔施工平台发生倒塌,造成 73 人伤亡的重大责任事故。国务院安委办通报,2018 年上半年,全国建设工程安全事故总量持续保持在高位,安全事故和死亡人数同比分别上升了 7.8% 和 1.4%,事故总量已连续 9 年排在工矿商贸事故的第一位,事故数量和死亡人数自 2016 年起连续"双上升",这反映出我国建设行业安全形势依然严峻。

表 1.1 2008—2018 年国内建设工程安全事故统计表

年份	2008	2009	2010	2011	2012	2013	2014	2015	2016	2017	2018	合计
总产值/亿元	61 144	75 864	95 206	117 734	135 303	159 313	176 713	180 757	193 567	213 954	919 281	—
事故起数	772	684	627	589	487	528	522	442	634	692	734	6 711
死亡人数	921	802	772	738	624	674	648	554	735	807	840	8 115

* 数据来源于中华人民共和国住房和城乡建设部官网和国家统计局官网。

电网安全性是指系统能够承受和挽救发电和输电停运形式的一种自主能力,如果当前系统的运行状态不能承受一个可信的预想事故,那么就需要采取发电机再调度等预防性控制措施使系统自动回到安全状态,即使经济上代价昂贵也需要这样做。在传统垂直垄断的电力系统中,保证"安全性"是放在第一位的,为此实施了电网的统一调度方式,系统的安全裕度比较大。根据系统运行的实时要求,调度员可以调节发电机组的运行方式和用户的用电模式。然而,在电力市场环境下,安全性将融入经济性中,市场参与者在参与电力系统安全维护的同时也要求获得一定的经济补偿,因此,无论智能电网如何完善,电力市场的主体都必须肩负着以最小的经济代价获得电网系统最优运行状态的使命,也就是要求安全性和经济性的平衡[12-14],即寻求最优的安全成本。因此,考虑分布式发电智能电网建设的安全成本优化是一个亟须解决的重要课题。

实际上,对于分布式新发电的安全风险,并不是安全投入越多越安全,也不是安全成本越少越好,而是在安全与成本控制之间寻求最佳的平衡,也就是新能源发电项目安全投入的最佳模式问题。随着智能电网的建设和发展,各种技术标准、质量要求、环境保护要求、安全运营管理要求的不断提高,以及各种分布式新能源发电项目的大规模开发,一些大型可再生能源发电项目的建设所涉及的不确定性因素日益增多,电力系统面临的安全风险越来越大,安全成本构成越来越复杂,传统的成本核算方法已不能适应新的要求。1994 年 Renn 提出了风险生命期概念,2001 年 Ali Jaafarin 正式提出了生命周期风险管理理论。这些研究将安全风险识别和度量贯穿于项目整个生命周期的不同阶段,是安全风险管理观念上的一个飞跃,将对分布式发电安全成本的构成和认识产生深刻影响。

从国内外研究来看,涉及电力工程全寿命周期安全成本的综合研究还比较少,现有的成果还停留在概念性层面,各利益相关者参与的新能源安全投资决策问题[5,15],特别是分布式新能源发电项目全寿命周期安全成本的定量研究还未见报道,这给工程的应用带来很大困难。

总之,开展智能电网下分布式新能源发电项目全寿命周期安全成本形成机理及优化问题研究,既是一项理论前沿课题,又是一项应用广泛的研究课题,亟待开展研究。

1.2 国内外研究现状与文献综述

通过对相关文献和研究资料进行回顾和整理,发现国内外关于安全成本的研究主要集中于矿业开发、建筑行业以及电力系统应用现状与趋势分析,缺乏对分布式新能源项目安全风险与安全成本及优化相关问题的研究[16-19]。因此,本书将从安全经济学的角度对分布式新能源项目安全成本的优化问题进行研究,据此对现有的相关研究进行综述,其中包括新能源安全成本概念的界定、利益相关者理论及优化方法、安全成本影响因素及安全风险评估等方面的研究。

1.2.1 安全成本研究现状

安全成本是安全经济学领域的重要研究主题。受制于资源稀缺和技术经济能力的局限,人们总是希望以尽量少的安全成本支出获得最大的安全效益。而新能源项目作为重要的基础设施,是典型的高危行业,其安全成本及其优化问题的研究是安全经济学在基础设施领域的重要体现。

国内外学者对安全成本的研究已取得重要进展[16,20-22],20世纪30年代,Heinrich等学者已经开始对安全成本展开了实证和理论研究[23-24]。相对而言,我国在这方面的研究起步较晚,主要研究成果见文献[21-23]。由此可见,目前对安全成本构成要素的认识主要是考虑安全成本的作用、活动及其主体意识和发生的时间进程等。

从功能内涵的角度[16],分布式新能源项目安全成本主要用于保证新能源发电系统的规划、建设和运营管理过程中的安全生产状态,以及处置安全事故并及时恢复正常状态。安全事故是上述成本分类的主要分界点。早期的研究中,学者们主要关注损失性安全成本、事故成本等。如 Henrich 等在对 55 000 余起事故进行调查的基础上,对安全损失进行了系统的研究,指出安全事故损失包括直接损失和间接损失,该研究被视为安全成本研究的起点和基础[23]。

大多数学者以安全事故为界[25],将安全成本划分为保证性安全成本和恢复性安全成本。其中,保证性安全成本是安全事故发生前,为了保证和提高施工项目安全生产所支付的费用,包括文明施工费、安全教育费、劳动保护费、现场安全设施费和安全保险费;恢复性安全成本是处理现场等所花费的恢复费用。而 Butler 等[26]研究了美国的施工企业在建设项目安全管理方面的投入,确定了药品检验、安全人员配备、安全培训、个人保护装备、安全委员会、事故调查、安全管理制度、安全奖励计划八项典型安全成本的投入。

姚庆国、黄俊东[27-28]等将安全成本划分为预防性安全成本和损失性安全成本。其中,预防性安全成本是指为保证和提高安全生产水平而支出的费用;损失性安全成本是指因安全问题影响或因安全水平不能满足生产需要而产生的损失,又可分为内部和外部两大类。按照其他类型划分,还可划分为保持性安全成本、事前安全成本、事后安全成本等[29-32]。

上述关于安全成本构成的描述各不相同,但都突出了安全成本在事故前保证安全状态和在事故后恢复安全状态的内涵特性,反映出安全成本具有与安全有关的各种费用支出的总和(包括预防费用和损失费用)的经济属性[33]。因此,Everett和Frank[34]认为这些费用不仅包含了企业明确投入到安全活动中的直接成本,而且还包含了与之相关的间接成本。

随着分布式新能源项目安全管理逐渐由被动向主动转变,Wrona、Ahmed[35-36]等学者开始关注建设项目预防性安全成本、保证性安全成本等事前安全成本,尤其重视安全成本支出在降低安全事故损失方面的重要作用。朱朦、姜慧等[37-38]将预防性安全成本进一步分为安全预防费用和安全工程费用。他们认为在项目运营过程中,应该考虑维护性安全成本在控制事故和主动预防中发挥的作用,尤其要对维护性安全成本的构成要素及其关联度评价、安全成本构成综合评价指标体系、安全成本对事故和伤害的预防或控制作用、建设项目安全成本的过程控制等相关问题进行研究。Brody等提出了泛安全预防成本的概念[39],并分析了其预防支出的潜在盈利能力。李晓娟等[40]对安全成本先期预防和损失补偿的重要性尤为关注,并将其定性问题转化为定量问题进行研究,在明确安全成本内涵的基础上,构建了安全成本率和安全评价水平之间的函数关系。

传统安全成本的内涵主要关注工程项目和施工活动等微观层面的安全问题,从"大"安全角度来看,安全成本应该具有丰富的外延概念,不再单纯地聚焦于特定要素和特定用途的安全成本,而是更突出安全成本的社会属性[41-43]。从国家和企业角度将安全成本可分为国家基础性安全成本和企业保障性安全成本。从项目功能的角度,安全成本可分为功能性安全成本和损失性安全成本。功能性安全成本是基础,与损失性安全成本密切相关[44-45]。从安全系统的角度可将安全成本分为控制成本和故障成本,故障成本又可以分为外部故障成本和内部故障成本[46]。

根据Bird和Loftus[47]的研究,安全成本可以分为显性安全成本和隐性安全成本。显性安全成本可以直接量化处理,包括预防成本和事故损失成本两方面。而隐性安全成本是在安全管理过程中发生的间接投入与损失费用,包括因企业声誉、信誉等受损引起的利润下降等损失。由于隐性安全成本量化较困难,现有的研究主要侧重于显性安全成本[48-50]。

从建设项目参与主体的角度,叶贵等[51]学者将安全成本划分为社会成本、企业成本和家庭成本。根据安全投入方式可将安全成本分为主动性安全成本和被动性安全成本,其中,主动性安全投入是企业为了预防和减少安全事故、提升安全管理水平而投入的各种费用;被动性安全投入是为了使安全生产活动正常进行,在事故中以及事故后及时妥善处理所支付的各种费用[52]。根据安全事故损失的保险设计,可将安全成本分为保险成本和非保险成本。一般认为,企业购买保险的目的在于减少或避免安全事故,因而保险成本是指被保险所覆盖的安全事故损失,其他不被保险所覆盖的成本归并为非保险成本,并有学者如Teo和

Feng[53]在此基础上拓展了保险成本与非保险成本的内涵。目前,保险成本与非保险成本的概念在发达国家用得较多,由于我国基础设施建设领域的保险体系尚不完善,因而此定义在国内的研究中较少应用。但是,随着我国建设项目保险体系的不断完善,未来分布式新能源发电项目保险成本和非保险成本将会越来越受到广泛关注。

上述对安全成本的内涵和外延做了较为充分的分析和研究,尤其是明确了以安全状态维护和恢复支出费用为核心的安全成本本质,对本章的研究有重要支撑意义。但是,也存在对我国施工企业安全生产管理活动及其相关安全成本现状及特性把握不足等问题。

1.2.2 安全成本计算方法研究

明确安全成本的内涵和外延有助于寻求安全成本的计量方法。文献[54]从管理会计学角度介绍了安全成本的构成,提出了几种安全成本核算的基本方法。文献[55]基于煤矿领域,结合煤炭企业的实际情况定义了煤矿安全成本的组成架构,提出了财务和管理两种核算模式。文献[56]建立了安全成本准备金制度,设置安全成本各项目,提出了记账方法,使安全成本的使用管理更加规范。文献[57]同样从安全成本的预算角度出发,研究合理的定量使用和计量方法以完善安全成本的核算,提出按照时间属性和功能属性建立安全成本的架构。文献[58]通过成本效益法对安全活动的各项目属性进行评估,提出了新的安全设计以优化财务会计信息系统中的安全管理。文献[59]研究了电网企业的固定资产投资所涉及的安全成本问题,改进了安全成本的结构,并结合实例验证了一种基于收益分担原则的安全成本分配计算的方法。文献[60]给出了建设项目中安全成本的详细分类,将核算过程分成预算阶段和结算阶段,完善了安全成本核算相关的理论。

根据目前的研究进展,不同学者对新能源项目安全成本的构成与作用的理解与认识不同,因而形成了多种安全成本计量方法。比较有代表性的有直间比法、保险成本法、预防成本法、显性成本法等。

(1) 直间比法。"直间比"是指安全事故造成的直接损失与间接损失之比[61]。Pilla认为[62],直接损失是指保险赔偿覆盖的损失费用,包括医疗费用、工资损失、短期残疾费用、住院费用等,还有一些由企业承担的费用;间接损失则涵盖了全部事故不良影响带来的近期和远期、有形和无形的损失。由于新能源项目安全事故的成因复杂、形式多样、后果多变,其安全成本的直间比尚无一个比较精确的区间或数值。

一般情况下,新能源建设项目安全事故的实际成本高于直接成本,因此,间接成本所占比例更高。间接成本包括工人受伤成本、班组受影响成本、交通运输成本、其他工人效率降低成本、设备材料损坏成本、管理人员成本等。Hinze等的研究结果[63-65]显示,对于需要就医的受伤事故,其间接成本是直接成本的1.18倍,对于损失工作日事故,其间接成本与直接成本的比值为2.06。美国建筑业协会CII(Construction Industry Institute)和华盛顿大学的研究结果显示,若考虑法律诉讼和就医因素,安全事故的直间比应为1∶1.18,若再考率损失工作日因素,则安全事故的直间比为1∶2.06。方东平等[66]对中国各类型项目安全事故的分析研究表明,死亡事故直间比约为1∶3.25,重伤事故直间比约为1∶2.31,轻伤事故直间比约为1∶2.33。其他比较有代表性的取值介于1∶4(Heinrich)到1∶10(Andreoni)之间[67],最高比例可达1∶50(Bird和Loftus)[47]。Jallon等综合考虑安全事故各影响因素[68],研发出一套计算和预测安全事故费用的模型,为新能源项目安全成本计量提供了重要依据。

(2) 保险成本法。保险成本法将项目安全成本划分为保险成本和非保险成本。"保险成本"的定义为企业支付的保险金,有独立的计量体系,其取值较为准确。Laufer[8]对近20个中等规模企业5 200多起安全事故进行研究,认为每起安全事故的非保险成本为100 h,该成本相当于劳动力成本的0.76%,而保险成本为产值的2.7%,因此其比为1∶3.6。Leopold和Leonard得出非保险成本与保险成本之比为1∶4.5[69-70]。文献[71]认为保险成本法仅适用于保险制度非常完善的国家,对保险机制不完善的国家不适用。

(3) 显性成本法。Bird和Loftus从安全成本可见性角度提出了"显性成本"(Explicit Cost)和"隐性成本"(Hidden Cost)的概念,形成了相关的计量方法[47]。显性成本主要用于"显而易见"的安全管理活动和相关软硬件的投入,每项安全成本均能够反映实际的用途和安全投入后的资源转化载体。例如,用于购置安全装备、举办安全培训的费用等均为显性安全成本。而隐性安全成本主要用于一些与安全管理活动和相关软硬件投入有间接关联的投入,且往往无法用单一成本要素形式进行描述。

该方法与直间比法的主要区别在于从不同侧面体现了安全成本的属性特征,并且能够更加直观地突出安全成本的可见性特征,从而使人们认识到安全成本的隐蔽性。叶贵等[51]将建设项目中能够直接量化的显性成本分为事故直接成本和预防成本,建立了完整的施工企业显性安全成本核算体系。张仕廉等[72]从企业层面和项目层面分析和探究了隐性成本的内涵特征、形成机理以及影响因素,并系统地构建了建设项目隐性成本的动态控制系统,并总结和归纳出影响新能源项目隐性安全成本的公共因子。

(4) 保证性成本法。保证性成本法是以保证性安全成本和损失性安全成本为对象的安全成本计量方法[27],这种计量方法突出了安全成本的功能属性,能够定量地反映安全保证度的变化规律[73]。运用保证性成本法可以系统地收集各类安全成本资料,提升安全管理水平,为有效评价安全对策措施的经济合理性提供科学依据[74]。

(5) 事故成本法。事故成本法是以事故的发生为界限对建设项目安全成本进行划分的方法,该方法明确了安全事故损失承担的主体和所包含的具体成本条目,是目前成本计量较为清晰的范畴。按照该方法新能源项目事故损失可分为固定损失与非固定损失、经济损失与非经济损失、直接损失和间接损失、外部损失和内部损失。Jallon等[75]在对安全事故费用进行计量的过程中考虑了安全事故处理程序、现场急救、事后就医处理等。张仕廉等[76]研究发现,安全事故发生后,企业单位会写出一系列的安全事故报告,但是,这些安全事故报告中只涵盖了小部分成本,仍有较多的费用并未被识别出来。

(6) 法规成本法。该方法又称为必要成本法,主要是根据法规的约束将新能源项目安全成本划分为必要成本和非必要成本。必要成本是指安全法律法规要求的安全开支以及完成工作目标所必需的安全支出,非必要成本是指由于安全条件欠佳导致工人受伤、工作效率降低等带来的损失[77]。Gambatese等[78]通过对大量调研案例的研究发现,不存在通用的安全事故总支出,大量安全事故的发生会给企业带来很大的利润损失,这些都依赖于相关法律法规的强制性规定,而对于法律法规不健全的地区则很难适用。

(7) 可控成本法。从成本的可控性角度,Laufer 等[79]将安全事故成本划分为可控成本和不可控成本,并由此形成了安全成本计量的可控成本法。安全事故可控成本主要由直接成本构成,在一定社会发展条件下,损失程度基本可控,而不可控成本主要由间接成本构成,与事故的严重程度有关。有学者将安全成本划分为控制成本、内部事故成本、外部事故成本等。Leopold 等[69-70]基于对英国 2 100 起安全事故的企业员工的问卷调查认为,安全成本分为可控成本和不可控成本,"保险费""法律损失""工伤赔偿"等直接成本可归为安全事故可控成本范围,"劳动力损失"等间接成本可归为不可控成本范畴。

(8) 外部成本法。Samelson 等[80-81]针对安全成本分类中存在的问题,将安全成本分为内部成本和外部成本,其中外部成本包括事故伤亡人员补偿以外的工资损失、医疗开支、伤者家庭护理和康复的开支、死亡补助金、安全事故造成的环境污染损失、过早死亡导致的生产力损失等;内部成本是指企业和受伤害工人自己承担的安全费用。大部分由企业承担的外部成本实际上被工人及其家庭和其他社会团体承担了。

(9) 预防成本法。预防成本法是根据新能源项目安全成本可分为"预防成本"和"事故成本"而提出来的,此方法明确地将新能源项目安全成本分为事故预防费用和安全事故费用,体现了安全事故提前预防的重要性[82]。田水承等将安全成本分为固定成本和变动成本,其中固定成本是可控的预防性成本,变动成本是不可控的损失性成本[83]。

(10) 模型计量法。目前安全成本计量方法大都以实际发生的费用支出为基础,通过从不同角度罗列、归并、累加条目的方式实现安全成本分析和计量[82-86]。虽然该类方法实践性较好,但科学性和系统性方面存在不足,因此,提出了模型计量法,并在实践中得到较好的应用。意大利安全专家 Andreoni 等认为安全总费用为预防费用和安全事故费用之和[87],认为企业安全事故费用与企业安全预防费用是互为减函数的关系,安全成本为最小值时达到投入的最优安全成本,此种情况下企业的安全状态较为理想。Brody 等通过对安全事故费用模型的构建[39],认为预防成本与损失成本之间存在较大差异。因为损失成本是被动性成本,发生的时间难以预测,所以其数值可能是预防费用的几倍甚至几十倍。Guo 等运用GTM 方法对施工安全的系统动力学进行建模[88],并分析了施工全过程安全管理的动态复杂性,为安全成本的动态复杂性计量奠定了基础。Rikhardsson 和 Impgaard[86]采用事故树分析方法对不同事故进行研究,认为接近 70% 的安全事故成本能体现在公司财务中,而接近 30% 的事故成本未能反映出来。叶贵等从社会、企业、家庭角度提出了模糊因子分析法计量模型,使事故损失能够进行定量评估,细化了项目主体所承担的事故损失评估[51]。

1.2.3　安全成本影响因素研究

新能源项目安全成本影响因素较多,形成机理复杂。总而言之,按照安全经济学的一般规律,受社会、经济和技术等外部环境的影响,由于建设项目所处行业、自身属性等因素的不同,其安全成本的投入也存在较大差异[89]。López-Alonso 等研究了健康和安全投资对企业成本的影响[90],通过对西班牙南部 40 个在建项目安全成本投入及风险状况的调查分析,揭示了安全措施成本、事故成本与风险变量之间的相关性。Feng 等[91]研究了安全投资、安全文化等因素对施工安全绩效的互动效应。收集了新加坡47个已完工项目的相关数据并采用统计分析、适度分析和调解分析等方法进行分析，结果表明：建设项目的安全绩效取决于安全投资、安全文化和项目危害性的协同效应。Jitwasikul等通过对建设项目安全专家和工人的访谈，并审核企业文件资料，总结了泰国建设行业经验和实践知识[92]，确定了影响项目安全成本的七个因素，提出假设模型并进行了验证。Morrow等对项目工作场所安全感和安全行为的调查表明，员工安全心理、安全文化、安全气氛都与安全行为显著相关[93]。姜慧[16]等将安全成本影响因素分为内部因素和外部因素，其中内部因素分为规模经济、安全投入产出的不确定性、安全生产事故成本和决策者的认知水平；外部因素分为社会经济发展水平、科学技术、自然资源条件等。张仕廉等[72]通过文献梳理与专家咨询相结合的方式，总结归纳出25个影响项目隐性安全成本的因素。刘振翼等的研究表明，安全成本的投入与事故率、伤亡率之间存在负相关关系[94]。姜慧从施工安全程度、社会发展水平、安全生产法制环境和施工现场管理水平等角度对企业安全成本演变趋势的影响进行分析[16]。董大旻、任海芝等通过灰色关联法构建了安全成本影响因素的交互模型[95-96]。

随着现代技术的不断发展，在传统问卷调查、统计分析的基础上，Shirali、Zhang等将数据挖掘、关联性分析等最新研究方法应用于安全成本影响因素及相关规律研究[97-98]。张弛等通过文献的全面梳理对影响项目安全成本的关键因素进行了聚焦分析和深层把握[99]。

1.2.4 利益相关者理论研究

由于分工的不同，分布式新能源项目有着紧密联系的供应链系统。一个项目的成功离不开参与该项目供应链上的所有企业和人员。传统企业管理及组织管理理论认为，企业主要关心的是企业所有者的财富，即股东的利益。在这种观点的指导下，企业的决策行为主要考虑的是自身的利益，即以企业自身利益最大化为决策原则。因此，在项目参与者之间势必会造成利益冲突，鉴于此，有学者提出了利益相关者的概念，并在建设项目管理中得到了广泛应用[5]。

（1）利益相关者理论基本原理

按照利益相关者理论，任何组织的决策都应该满足更加广泛的利益，而不仅仅只是关注所有者的财务业绩和财富积累，还应考虑组织所产生的社会价值及效益，应满足所有与组织决策和发展有利害关系的群体的利益需求。因此，在这里，利益相关者被定义为"影响组织目标实现或受组织目标影响的个人或团体"[100]。随着研究的深入，与利益相关者理论有关的概念和划分方法众说纷纭，争议很多，综合文献资料分析可以发现，利益相关者理论主要提供了一种分析问题的视角及方法[101]。

在分布式新能源投资建设实际应用中，通过利益相关者分析识别某一特定项目各自的利益诉求和相互之间的行为关系，重点是达成各利益相关者之间的合作。由于新能源项目利益相关方的利益诉求和决策行为涉及多决策者参与的问题，其合作具有不确定性，是一个复杂系统，因此，引起了学者们的广泛关注。Reddy等[102]从不同利益相关者的角度对分布式新能源建设中的各种阻碍因素进行排序，并借此分析了消费者对分布式新能源信息的接受情况，为相关政策制定提出了政策建议。尤其在农村地区推广新能源开发利用，以及相关政策的制定更需要考虑与当地各方利益相关者的沟通协调[103]。政府在分布式新能源投资、开发和建设过程中需要鼓励其他各利益相关方参与其中,而政府在制定能源规划及相关政策时需要考虑各方的参与,这会增强各方的参与感,并体现决策的公平性,从而促进公众对新能源项目的接受程度。

(2) 分布式新能源研究中利益相关者划分

利益相关者理论最重要的是识别分布式新能源项目所涉及的利益相关方,有不同的划分标准,其中,普遍接受的标准是将所有参与新能源规划建设、政策制定和投资决策的单位都作为利益相关方考虑。Richards等在研究风能发展阻碍因素时,认为利益相关方包括学术专家、政府代表、非政府组织和相关咨询企业等[104]。Chodkowska-Miszczuk等将新能源政策制定及能源支持系统的利益相关方划分为当地居民、当地政府、其他企业及社会机构等[103]。Mercer等从学术机构、社区团体、政府机构和私营企业等新能源利益相关者视角,研究了分布式新能源建设相关因素[105]。通过新能源设备发电案例可以识别出其利益相关方包括地方管理委员会、小额信贷机构、非政府组织、新能源企业等,不同利益相关方对当地分布式新能源项目建设的贡献也不一样[106]。综合现有的文献资料可知,不同利益相关方对新能源建设项目的认识不同,在开发利用中的利益诉求也不同,其解决方案也不一样[107]。根据各利益相关者所掌握的信息,会制定出更加合理的发展规划与规章制度[108]。因此,了解利益相关方的看法是减少新能源开发利用阻力的关键,有利于促进各利益相关方共同参与和有效合作[109]。

从国内外研究的现状来看,虽然我国在利益相关者理论的应用方面取得了一定进展[110-111],但在分布式新能源建设方面的应用研究还比较少,目前已经在环境政策制定、生态保护问题、能源项目经济效益分析、农村环境治理及农村水污染治理中得到应用[112-113]。李艳慧[110]在研究自然保护区环境政策可持续性问题时将环境政策实施的主要利益主体划分为政策制定者、企业、公众三方利益主体,而陈晓宏等将农村水污染治理的利益相关者划分为政府、农村社区居民和社会力量三方利益主体[114]。由此可见,分布式新能源建设和环境保护问题与各利益相关方的参与密切相关,特别是智能电网背景下新能源建设的安全风险识别和成本控制是促进新能源开发利用的关键,但目前对利益相关方的划分及其安全成本分担的问题还缺乏深入研究。

1.2.5 安全成本优化方法及应用研究

安全成本优化就是在一定的安全水平下,新能源项目安全成本的投入满足合理要求,以使总收益最大化。国内外关于安全成本优化的研究主要集中在安全成本的投入与安全损失、安全收益之间的内在关系上,其量化水平较高。Abdelhamid等从职业健康安全角度对企业安全成本的投入和安全收益进行了估算和优化[34,115]。Laiou等从立法、政策和机构能力方面探讨了为改善东南欧道路安全而进行的一系列潜在投资和干预措施[116]。Aven等基于事故概率不确定性的前提进行了应用风险、安全管理模型研究[117],结果表明,该方法在实践中作为决策支持,辅以敏感性分析,能够合理确定各种参数值的最佳投资水平。Tong等运用系统动力学原理对煤矿安全投资进行动态规划研究[118],运用Vensim软件进行仿真分析,结果表明安全投资存在滞后阶段,并且增加前期安全投资可降低事故成本。Aven 等从安全风险管理视角重新审视经济安全分析基本模型[119]。在安全成本优化方法方面,Star 在风险决策中运用了成本效益法,该方法的侧重点是企业安全投资成本、效益、决策、风险评价等几个方面[120]。从目前研究成果来看,美国、英国等发达国家企业的安全水平远远高于其他国家,且高度关注员工的生命健康及其对企业安全效益的重要性[121]。Levitt 等发现很多企业和项目管理人员存在为了追求更高的净利润,以牺牲安全工作、减少前期预防性安全投入为代价去提高工程的质量和缩减工期的情况[122]。

对于目前国内安全成本优化的研究主要集中在建设项目和煤矿开采企业,研究工作从安全效益方面探寻应用效果更佳的安全成本优化途径,其中,弄清安全成本与安全保证程度的关系是关键。夏鑫等在此基础上,从技术创新、信息化等角度提出了施工安全成本优化的主要策略[123]。陆宁等通过安全保证程度和安全成本指数模型的构建,为企业安全成本的预测和分析提供了科学参考[124]。安全成本优化的目标在于合理分配有限的安全投入资源,并努力提升安全绩效。根据汪赛等的研究,安全效益不仅与项目成本大小有关,而且还取决于成本构成要素[125]。

樊俊南等从静态和动态角度分析,认为新能源项目的安全度是动态变化的,可以通过调整保证性安全成本与损失性安全成本的比例来实现最优安全度[126]。姚庆国在充分调研的基础上,讨论了不同安全生产条件下安全成本的优化策略,认为安全成本有一定的变化区间,不同的区间应采取不同的优化手段[27]。随着新技术、新方法的应用,安全成本的预测和决策模型成为研究的热点,通过建立安全成本投入或者投资决策的目标规划模型,优化安全成本或投资组合,使有限资源或投资取得最佳的效果[127-128]。刘莉君和施式亮建立了安全产出和安全投入的计量经济学模型,指出我国安全生产规模报酬呈递增趋势[129]。杨明基于 ALARP 原则进行模型的构建以研究安全成本分配的科学性[130]。廖向辉借鉴可靠性原理运用数学模型来定量描述安全水平与安全成本之间的关系,并通过安全成本与安全水平之间合理最低的安全成本率的求解,对施工安全成本进行优化分析。陆宁[73]等认为通过 Cobb-Douglas 生产函数法,构建了 SCSO 数学模型,从而为安全成本的预测和优化提供了参考依据。张仕廉等[72]认为必要的安全投入是防控事故发生、提高和改善安全生产条件的重要保障,并借助灰色理论建立了投资和损失的关系模型。程启智等利用均衡方法与收入效应工具构建了生产投入最优决策模型[131]。赵宝福等利用直觉三角模糊数(TIFNs)与层次分析法(AHP)相结合的方法对保障性安全成本的构成要素进行了研究[132]。徐伟等利用时间序列模型对安全生产成本的构成和走势进行了分析[133]。徐强等通过灰色关联分析法,以最低安全成本为目标,构建了安全投入与安全度的关联模型[134]。

综合相关文献分析,新能源发电在安全成本内涵、安全成本构成、安全成本影响因素、利益相关者和安全成本优化方法等方面,都有很大的进展[135-136]。

1.3 复杂电力系统安全成本研究现状

1.3.1 电力系统安全成本优化问题

虽然我国区域电网互联得到了不断发展和完善，但停电事故时有发生。在国外，停电事故也时有发生。2003年美国和加拿大的停电事故以及最近发生的美国德州停电事故，波及面广，一次事故的直接经济损失就多达上亿美元，因此提升电力系统在线安全性监视、评估与控制安全水平就成为目前最为经济有效的方法[13]。传统电力系统安全性评估和控制基于 Dy Liacco 构想[137-138]，依照该构想，只有在确保电力系统安全性的前提下，才会考虑调度的经济性。因此，发电机在调度运行过程中必须采取预防性控制（又称安全性控制）措施，无论经济上的代价有多大，也必须这样做。考虑到每一个预想事故发生的概率是不同的，而事故的损失和恢复性投入也不相同，因此随着电力市场化改革，厂网分开后安全性控制应该考虑成本、效益，在安全性和经济性之间寻求平衡。由于电力系统暂态稳定性过于复杂，长期以来，一直没有考虑其安全成本、效益，因此，文献[139]提出了一种基于危险性指标的系统安全性和经济性的折中原则。David 等基于暂态能量函数法，分别从不同的角度分析了电力市场环境下依发电商呈报的发电量报价的再调度方法，可以看出，运用该法在维持系统暂态稳定的同时，其安全性控制费用最小[140-141]。事实上至今仍缺乏暂态稳定约束下寻求系统安全性与经济性之间平衡点的有效的优化方法。著名电气工程专家余贻鑫院士等对实用动态安全域(Practical Dynamic Security Region, PDSR)的研究成果表明，有功功率注入空间的 PDSR 临界面可用超平面形式表达[142-143]，因此，提出了一种电力市场环境下考虑暂态稳定性约束、事故发生概率及系统失稳损失的安全成本优化（最优安全控制）模型及其算法[13]。

1.3.2 电力系统安全成本分摊研究

在输电网开放及跨区域电能交易过程中，若破坏了输电线路热稳定极限以及系统的电压稳定极限和暂态稳定极限等约束条件，就会造成输电阻塞[14]。此时独立系统操作员需要通过重新调度调整机组输出功率以消除阻塞，由此导致的发电成本增加量为安全成本（也称阻塞费用）。这部分成本必须公平、合理地分配给引起阻塞的市场参与者。节点电价法是安全成本分摊的方法之一。许多学者对费用分摊法展开了研究[144-146]。文献[147]提出了一种基于安全域的有功和无功定价模型及相应的求解算法。该模型所得的分量电价可反映不同节点的功率注入对每一种安全约束的影响。节点电价法是按发电商节点电价和负荷节点电价结算的。费用分摊法是按市场成员对阻塞的贡献大小来分摊阻塞费用的，具有明显的合理特征，而且不会产生盈余，因此，可以采用基于灵敏度或基于潮流追踪等的方法来分摊阻塞成本[148-149]，但由于潮流方程的非线性，交易变化的顺序会影响阻塞的分摊结果。文献[150]提出了多阶段法以反映阻塞线路约束及阻塞消除顺序的影响，但计算过程复杂，且只在负荷侧分摊。与上述方法相比，博弈论中的 Aumann-Shapley 值方法为合理地分摊安全成本提供了有力的工具[151-152]。文献[14]发现逐点法确定系统暂态稳定性的思路存在积分初值不合理的问题,为解决此问题,余贻鑫院士建立了一种修正Aumann-Shapley值积分初值的算法,对其合理性进行论述,并基于安全域的节点电价表达式,提出了考虑输电线路热稳定极限约束、系统静态电压稳定约束和系统暂态稳定约束的安全成本分摊法。运用该方法能够综合考虑电力系统中主要的安全约束。

1.3.3 电力系统安全定价模型与算法研究

在电力系统中,Kaye等较早提出了安全价格的基本概念和算法[153],推导了故障期间发电与用电价格和故障的概率信息。在电力市场环境下,对电力系统安全价值有了新的认识[154]。文献[155]基于风险评价技术及其应用结合经济理论,提出了市场环境下稳态安全定价的一种新方法。文献[156]运用线性规划和动态规划,提出了以维护电力系统安全为目的的机组重新起停计划方法。文献[157]运用边际成本和多目标最优潮流手段解决系统安全定价问题。文献[158]结合事故发生的不确定性提出了安全成本数学模型。文献[159]提出了针对事故不确定性因素的安全成本评估方法。文献[160]运用灵敏度分析法计算可用传输容量下的安全定价及其市场作用效果。Milano等[157]运用风险策略制定了系统的安全成本,提出了可用传输容量的概率论方法。文献[161]提出了一种适合一般竞争模型的安全性定价方法,把电价分成三部分:发电燃料成本、辅助服务成本和系统安全成本。目前,安全成本和安全电价(电价)方面也出现了许多新方法[13-14,162]。在此基础上,文献[163]采用概率方法建立了基于机会约束规划的安全成本数学模型,通过电力系统发电机组发电调度、用户用电可中断性、元件停运概率等不确定性因素来分析安全电价的构成和计算方法。

1.3.4 机会约束规划下电力系统安全成本优化研究

为了使发电商和电网公司在追求利益最大化的同时保证电力系统安全稳定地运行,就需要有效地降低维护系统安全运行的成本[164]。李金艳等采用暂态能量函数的概念提出了市场环境下根据发电商呈报的发电改变量来报价的发电再调度方法,该方法试图在维持系统暂态稳定的同时最小化安全性控制费用。Wang等运用风险策略制定系统的安全成本并提出采用可传输容量的概率论方法来评估系统安全的市场交易效果[159]。文献[14]根据实用动态安全域的概念提出了市场环境下电力系统安全成本的优化模型及算法。该模型通过暂态稳定性等约束来考虑系统的安全成本。上述方法的不足之处在于没有考虑构成安全成本的各因素的不确定性和随机性。为了解决这一问题,吴杰康等[163]运用机会约束规划方法来优化计算电力系统的安全成本。使用该方法可以充分考虑发电及负荷等不确定因素的影响并以概率的形式作为约束条件,其实质是对电力系统典型运行方式的量化处理。由于直接求解复杂的机会约束规划比较困难,因此童明光等采用了蒙特卡罗仿真技术与遗传算法相结合的方法[164]。

1.3.5 电力系统电压安全成本研究

电压安全成本(Voltage Security Cost)一词源于加拿大的Rosehart等对电压稳定约束

最优潮流的研究[165]。该研究将电压稳定指标与传统最优潮流相结合,提出了几种基于不同方法的电压稳定约束最优潮流模型,实现了使系统电压稳定与优化运行的目标。随着电力市场化改革的深入,如何有效利用技术和经济措施改善系统运行环境,使系统在充分展开竞争的前提下变得更加强壮,成为新体制下亟待解决的问题。当前,不少学者提出,在充分考虑系统安全、经济、有效运行的基础上,着重强调维持一定的系统电压安全裕度,以适当增加系统综合运行成本的代价换回系统承受负荷增长和其他扰动事件的能力。该研究采用多目标最优潮流模型,将系统总发电成本与电压安全裕度加权求和作为目标函数,根据不同的权重系数取值对系统电压安全成本的影响,提出了一种估计电力市场环境下维持系统电压安全所耗费成本的可能方法,但对于实际运行采用哪一组相对权重系数才能真正体现系统维持电压安全的价值,该研究并未给出相应的结论,这暴露出加权求和目标函数在求解多目标优化问题时的局限性。刘雪连[17]在研究了最小电压安全裕度指标的概念和表示方法后,利用模糊建模方法处理可松弛约束的有效性,将考虑最小电压安全裕度指标的最优潮流模型转化为以满意度最大化为单目标的最优潮流,提出了一种估计系统电压安全成本的新方法。文献[166]采用预测-校正原对偶内点法求解优化模型,通过数值仿真分析了系统负荷水平变化对维持系统的电压安全裕度需要耗费电压安全成本的影响。研究表明,通过优化得到的系统实际负荷裕度与电压安全成本两个指标可以反映系统优化运行中电压的安全性。

1.3.6 新能源项目安全成本研究

1. 新能源开发安全问题研究

目前,新能源是指以采用新技术和新材料为基础,通过系统地开发利用资源而获取的能源,通常是指常规化石能源之外的其他能源。已知的新能源基本以可再生能源为主[5,167],但新能源的范畴要比可再生能源更广,理论上这些能源是取之不尽用之不竭的,可以源源不断为人类活动提供必需的能源。由于受多种因素影响,新能源安全问题一直备受关注。根据相关资料统计,新能源项目主要包括太阳能、风能、生物质能、氢能、地热能和海洋能等。

(1)太阳能

太阳能主要是指太阳光照射产生光电子,光电子能量转换成电能和热能的能源形式。只要有太阳照射的地方,人类就可以获取光能和热能。目前太阳能是最重要的一种新能源。

(2)风能

风能是人类最早开始使用的一种新能源,其中最常见的利用方式即是风车,人类利用空气流动带动风车运动,将其中的能量转换成可供人类使用的能源形式。

(3)生物质能

生物质能是指由生物质直接产生的能源,生物燃料就是其中一个典型例子。除此之外,焚烧农作物残余物发电也是生物质能现代化应用的一种重要形式。生物质能因其在地球上存在形式众多,因此可能是世界上最大和最可持续的能源。

(4)地热能

地热能由地球内部热量产生。地表下层的地幔温度约为 4 500 ℃,在这种条件下,使用诸如热泵之类的技术可以有效挖掘这种地热能量,热泵可以抽取温度较高的地下热水用以发电和其他用途。理论上,地热可以保证地热能的持续循环利用。

(5) 海洋能

海洋能包括波浪能(Wavepower)、潮汐能(Tidalpower)以及海洋热能(Thermalpower),其中波浪能是指从海水的自然波动中提取动能并将其转化为电能;潮汐能则是利用跨越河口建造的小型水坝,将潮水来回流动时的能量转换为电能;海洋热能的利用主要依靠海洋表面温水和较深处冷水之间的温差,还可依靠海洋表面水流驱动涡轮机并发电。

2. 氢能利用安全成本研究

可再生能源是欧洲项目研发的重要组成部分。尽管可再生能源在环境中是免费的(太阳、风、海洋),但它们需要转化为电能才能被开发利用。由于自然资源的间歇性,可再生能源需要在产量高于人类需求时才能被储存,在产量不足时需要补充利用其他能源。氢似乎是储存这些可再生能源的良好能源载体。Jansen 等通过 MYRTE(混合太阳能-氢能系统)项目,以法国科西嘉项目为例,证实了氢能可用于储存太阳能发电厂或风电场生产的电能[18]。由于生产和储存了大量的氢和氧,此安装面临着安全问题和安全法规约束导致的额外成本。这些额外成本可能包含检测器、监控、屏障设备费用,必须纳入评估系统总成本。该项目的目标是建立一个混合太阳能-氢能系统(MYRTE),具备评估氢气和氧气储存安全成本的能力。借助于 R&D 平台的 MYRTE 实例,开发出一种评估额外安全成本的方法[168]。这项工作成果基于 20 多年的运行检验,可以预测或优化未来大型氢系统的安全成本,以便进一步应用于光伏或风能存储,该研究提出了如下工作步骤:

第一步,确定所有类型的氢气和氧气生产相关风险因素的安全成本[18,169]。第二步,开发出一种方法来评估与 MYRTE 平台上氢能和氧气风险管理相关的成本(安全案例、法国环境发布的分类装置、泄漏检测和爆炸性环境设备、对调试运行和维护平台的影响等)。第三步,从 CEA(法国原子能和替代能源委员会)和科西嘉大学以及太阳能-氢能公司收集成本数据,按类别获得成本分配,然后采用水平化方法从这 20 年向外推。最后一步是根据前面的结果确定优化方法以降低安全成本。同时,根据平台安全成本的演变规律预测未来项目的氢能安全相关成本。

1.4 新能源项目安全成本研究述评

综上所述,目前安全成本内涵、安全成本构成、安全成本优化方法及应用等方面的研究已经取得了重要进展,随着理论的不断发展和应用方法的不断完善,其研究成果将更有针对性,并在实践中不断取得更好、更有价值的成果。这些成果在电力、煤矿、建筑等高危行业投资项目中应用较广泛。从新能源项目安全成本的构成要素、影响因素、优化方法等方面来看[170],具有很好的基础支撑作用,但也存在如下几个方面的问题,需要进一步开展工作。

(1) 分布式新能源项目安全成本优化目标的设定不合理,现有研究仍然将降低安全成本作为其优化的核心目标,忽略了相关法规的强制性和合理性要求。新能源项目,特别是电力设施建设与民生密切相关,其安全的经济性并不是越低越好,而是更强调经济效益与社会效益的总体效果,因此,政府监管部门对此应有专门规定。安全成本优化以追求合理的安全水平为重要目标,根据安全管理目标与安全成本的辩证关系,以足够的安全投入确保项目的安全保障水平。

(2) 从分布式新能源安全成本影响因素来看,目前国内研究只注重少数几个指标,缺乏对安全成本形成机理的认识。大多数研究通过调查分析,运用各种理论方法对安全成本的构成要素及其影响因素进行研究。从安全成本的形成机理来看,项目安全的投入受多种因素影响,涉及安全本质的内在动因和社会效果,具有安全投入的复杂性和敏感性,需要从根本上把握其内在规律和形成机理。

(3) 从新能源项目安全成本优化模型和方法来看,大多趋向于假设和建模,研究的重点是各种先进方法的应用,研究成果理论性较强,与工程实际有一定距离,对项目安全管理不具有可操作性。这主要是由于在现有项目成本核算过程中缺乏具有可操作性的单独财务科目,安全成本被归到其他科目上综合处理,无法得到相关的财务数据,因此还有很长的路要走。

1.5 新能源安全成本研究未来展望

新能源发电系统安全风险研究的发展、安全管理水平的不断提高、对安全成本认识的进一步深化,都将有利于揭示新能源项目安全经济关系的发生、发展及其运动规律,推动新能源的投资、开发,协调新能源安全生产、安全活动、安全生存的途径、方法和措施。具体而言,新能源发电系统安全成本的研究将在如下几个方面取得进展:

(1) 伴随着人工智能的应用,未来新能源项目安全成本的构成将从传统的电网安全概念向智能化和信息化安全的方向转变[167],最大的特点就是创新驱动。产品更新换代快,其安全投入的目标是尽可能确保新能源发电系统能够经受物理的和网络的攻击而不至于出现大面积停电或者不会付出高昂的恢复费用。最终目标是实现新能源发电系统的可靠、经济、高效、环境友好和使用安全。

(2) 市场环境下的新能源建设规划面临更多的市场不确定因素,其规划期内的选址、新能源设施、负荷预测和运维方式等都具有不确定性[171],如何处理这些不确定性因素仍是新能源发电系统安全成本构成要素的重要课题之一。

(3) 随着新能源的大规模开发,安全事故更多地表现为自然灾害的冲击和电力系统设施安全的不确定性,以及事故影响的范围和破坏程度的不确定性。其安全投入要考虑抵御日益频繁的自然灾害和外界干扰,通过经济手段不断提高其安全防御能力和自愈能力。

(4) 在区域综合能源系统运行模式下,多种能源耦合互为补充,通过统一平台为多样化的用户提供稳定的新能源成为可能[172]。安全投入要考虑区域综合能源系统内部能源之间的耦合关系,其安全性以配电系统为核心,综合各种新能源、天然气、地热能、交通等,可从能源环节、装置环节、配电网环节和用户环节分析安全成本的构成要素,提炼出具有多种适应性的指标。

（5）运用现代新兴学科表示新能源安全经济的投入产出关系，如非线性科学、自组织理论等，实际上在各种安全要素不确定的情况下，新能源发电系统安全成本的形成机理具有复杂性，其效益表现为社会性和经济性的统一，需要更加科学地界定安全经济效益及安全效益的含义，这是目前面临的一大课题。

（6）在能源互联网安全模式下，如何加强新能源发电系统的规划建设，增强系统本身的抵抗力，减少电网系统连锁故障发生的可能性，使系统事故的范围尽可能小，持续的时间尽可能短是区域电网安全风险预防与控制研究的目标。安全成本投入要以三道防线建设为基础，如何通过优化设计提出新的安全控制模式，都是未解决的问题。

（7）随着现代科学技术的发展，电力系统的安全问题还涉及一些相关的社会问题，如新能源发电模式下所产生的环境成本怎么测算，人们的安全风险意识及社会责任成本将如何界定，电力事故对经济系统的影响如何，电力安全及相关法规成本将有哪些变化，等等，都是未来需要解决的。

总而言之，未来新能源安全成本研究的总体趋势是在新能源技术的基础上，结合系统科学、经济学、安全科学的方法和理论等多学科知识，对新能源开发利用相关职业、生活、生存活动中的安全经济规律进行考察研究，借助于物联网、大数据平台，探讨新能源投资、开发、运行、维护过程中安全生产（劳动）、安全生活、安全生存的途径、方法和措施，为政府和企业提供科学依据，以便更好地保障人的身心安全和国家能源安全，促进社会与经济和谐发展。

2 安全成本内涵及形成机理分析

2.1 基本概念

1. 安全(Safety)

长期以来,国内外学者对安全的认识都有比较全面的研究,但主要是从社会层面和生活层面对安全的内涵进行界定,而对人的安全或心理安全的认知却较少,缺乏科学性和普适性[173]。《现代汉语词典》中对"安全"一词的解释是"没有危险",即不受威胁、不发生事故,这种解释与"危险"相对应。刘潜等将安全定义为"安全是人的身心免受外界因素危害的存在状态(或称健康状况)及其保障条件"[174]。

吴超等提出"安全是指一定时空内理性人的身心免受外界危害的状态"[175]。哈佛大学劳伦斯·萨默斯认为,安全即为损害概率低或没有受到伤害的状态。持相对安全观的人认为,安全是指物质所释放的能量对人、机、环境的影响及破坏处于不超过允许值范围的状态,世界上没有绝对的安全,安全绝不意味着无危险,安全和危险是相伴相生的。因此,安全是允许存在一定程度危险状态的,安全并不是没有事故发生。简言之,在新能源项目中,人、机、环境的安全均是相对安全,绝对安全是不存在的[176]。罗云在《安全经济学》一书中将"安全"定义为"对人的生命和健康不产生危害、对财产及环境不造成损害和影响的状态或条件";安全是指在外部因素作用下,能够使具备某些特定属性或功能的事物免遭破坏、保持正常完好状态的现象[11]。

因此,安全的概念可以理解为:安全是指系统运行状态对人类生命、财产、环境可能产生的损害在人类能接受水平以下的状态。安全是人类的整体与生存环境资源的和谐相处,是免除了不可接受损害风险的状态。安全的定量描述用"安全性"或"安全度"来反映,其值介于 0 至 1 之间。与安全性相对应的是风险性,两者关系如式(2.1)。

$$安全性(安全度)=1-风险性 \tag{2.1}$$

这反映出人、机、环境所遭受破坏的可能性在一定程度下是可接受的,倘若此可能性超出了一定的范围限制,即为不安全。

2. 安全投入和安全投资

安全投入是指企业为了控制危险源、提升作业安全系数、营造安全氛围、减少或避免事故发生所产生的全部费用。安全投入的主体是企业。对于电力企业和新能源项目而言,安全投入主要用于项目建设过程中危险源的控制、预防安全事故的发生、保障新能源项目的安全状态等。

安全投资是安全生产活动中投入的人力、物力的总和,以货币的形式加以衡量。安全投资一般分为人力和物力两类。其中,前者包括安全教育培训、员工应急救援等,后者包括项目安全设施设备的购买、养护及维修等。这里不包括事故所带来的被动且无益的损失,例如事故的发生所造成的误工、财产损失等。这一特征与安全投入不同。因此,对电力企业来说,安全事故造成企业在信誉、商誉、资质等方面的无形损失不属于安全投资的范畴。安全投资比安全投入更加突出经济属性,而安全投入则能够涵盖更为广泛的资源投入。

3. 安全成本的内涵

安全成本的概念可以追溯到20世纪初,Heinrich等对美国企业的一项研究成果表明,发生职业安全事故的成本是巨大的,许多成本都被隐藏在管理层的视野中[23-24],这就是著名的海因里希法则。Heinrich通过分析工伤事故的发生概率,为保险公司的经营提出了法则。按照这一法则,在企业安全管理过程中,每一件重大安全事故的背后必然有29件轻度的安全事故和300件潜在的安全隐患。在Heinrich的研究之后,类似的研究[177-178]也表明,衡量职业健康安全(H&S)成本应该考虑与职业安全事故相关的一些费用,也就是说,职业健康安全问题将在更大程度上影响管理层的决策。

Hinze认为,安全成本是为追求人们的健康、生命安全和生活保障而支付的费用,其目的是保护工人的健康和身体不受损害以及承包商的物质资产[179]。Hinze还将安全成本视为安全投入,他认为安全成本是由于强调安全而产生的成本,无论是教育培训、药物测试,还是安全激励、安全人员配置、个人防护装备、安全计划,等等,根据Hinze的说法,必须把安全投入视为安全保障的最低要求,这也是减少事故发生率的一种重要手段,而不仅仅是一种运营成本[43]。

安全成本的投入通常被认为对投资项目的安全保障有积极影响[43,180],而这种影响很大程度上是一个概率问题,因为即使在安全方面没有投入,也可能不会造成伤害。Hinze开发的决策树可以更好地说明事故发生的概率问题。它显示了强调安全和造成伤害有关的各种可能的结果。如果在安全方面的投入较高,产生事故损失成本的可能性就相对较小;如果在安全方面的投入较低,产生事故损失成本的可能性就相对较大。而这些研究中大部分分析都是基于假设,几乎没有实证证据支持他们的观点。Crites将安全绩效与11年(1980—1990)的正式安全计划规模和资金进行比较,发现安全绩效独立于安全投入,甚至与安全投入成反比[181]。Tang等考察了香港建设项目安全投入与安全绩效之间的关系[179],发现安全投入与安全绩效之间的相关系数比较弱(0.25),因此认为相关系数较小可能是由于不同公司的安全文化不同,但这没有经验证据的支持。

综合目前对相关问题的研究成果[27],并结合电力投资项目成本和安全工程实践,"安全成本"问题还没有达成统一的认识,企业对安全有关的费用也不进行单独核算[179]。实际上,与安全有关的投入成本是客观存在的,在企业的投资决策和生产过程中发挥着重要作用,确保了项目目标的顺利实现。一个个血淋淋的工程事故表明,必须筑牢安全屏障,增加安全设施、安全设备、安全检测、安全预防和教育培训等方面的投入,尽量避免或减少安全事故损失。因此,结合《现代安全经济理论与实务》中"安全成本"的定义,可以认为:安全成本是实现安全所消耗的人力、物力和财力的总和。对于新能源项目而言,就是电力企业在项目生产中为保证达到一定的安全水平而付出的一切费用和可能的安全事故损失之和。它是衡量新能源项目安全生产活动一切可调度的人力、物力和财力消耗的重要尺度。

4. 安全投入、安全投资和安全成本的关系

安全投入、安全投资与安全成本三者之间具有密不可分的关系,它们都是从安全生产活动视角来衡量企业的安全经济问题。从货币角度来看,不管是安全投资还是安全成本,都属于企业安全投入中资金投入的部分。从人力、物力、财力等资源消耗角度来看,安全投入的侧重点是资源的投入,主要侧重于资源消耗。无论是安全投入还是安全投资,都是电力企业及相关主体主动保持相关活动安全状态的物质投入特性的反映。

5. 事故(Accident)

事故是指造成死亡、职业病、伤害、财产损失或其他损失的意外事件。

6. 安全收益(产出)(Safety Benefit)

安全收益等同于安全产出。安全的实现能够减少或避免伤亡和损失,并维持或提高生产力,从而促进经济生产增值。由于安全收益具有潜伏性、间接性、延时性、迟效性等特点,因此,研究安全收益是安全成本研究的重要课题之一。

7. 安全效益(Safety Efficiency)

根据经济效益的概念,安全效益是安全收益与安全投入的比较。它反映安全产出与安全投入的关系,是安全经济决策所依据的重要指标之一。

2.2 安全成本的构成

过去对安全成本的构成研究已经取得了一些成果[43,179-180],其中,事故预防费用包括安全规划、安全设备和防护装置采购、人员培训、安全人员工资、安全测量和事故调查的费用。Brody 等将安全成本分为三类[39]:固定预防成本(FPC)、可变预防成本(VPC)、意外预防成本(UPC)。无论事故发生率如何变化,固定预防成本(FPC)是项目实施前就已经发生的费用。可变成本(VPC)与事故频率及其严重程度呈正相关,其中包括专家对事故的调查分析和采取纠正措施所花费的时间成本。意外预防成本(UPC)是超出最初项目决策时所预测的措施相关费用。

为了优化施工安全成本,Tang 等收集了香港城市建设项目安全成本的数据[179]。安全成本由三部分组成,即① 安全管理人员费用;② 安全设备费用;③ 安全培训和推广费用。其中安全设备费用包括个人防护设备和其他涉及建设项目安全的设备支出。安全培训和推广支出也是安全成本的重要组成部分。

Hinze 就安全计划各组成部分的成本,咨询了工业界各专业专家(主要是石化和工业部门)。这些安全计划要素包括:① 药物滥用测试;② 人员配备;③ 培训;④ 个人防护设备;

⑤ 安全委员会；⑥ 调查；⑦ 安全计划的制定和实施；⑧ 安全激励。

根据安全成本定义，并结合电力工程实际情况，我们把安全成本分为两大类，即保障性安全成本和损失性安全成本[27]。

保障性安全成本是新能源投资项目为达到一定的安全保障水平而支付的一切费用，包括安全工程支出和安全预防支出两个部分。安全工程支出费用主要涉及安全设施、安全监测设备等费用，主要包括上述各项工程设施的材料费、设备费、人工费以及设备维护、维修费等。安全预防支出费用主要涉及安全设施和设备的运营、监督和管理，教育培训等支出。

损失性安全成本是新能源投资项目因安全事故发生或安全保障水平不能满足需要而影响生产所产生的损失，包括内部损失和外部损失两个部分。内部损失是企业内部因安全事故造成的直接损失和事故处理费用；外部损失是企业因安全事故造成的间接损失补偿费用（包括人员伤亡、补偿及其附加费用）。

2.3 安全成本与安全保证程度的关系

从安全成本的含义可以看出，其与安全保障程度密切相关，这既是一个经济问题，又是一个技术问题，是辩证的统一关系。实际上，对分布式新能源投资项目来说，安全成本既包含了安全保障性成本也包含了安全损失性成本，它们之间既相互联系又相互影响，并随安全保障水平的变化而变化。

一般地说，项目安全保障水平越高，其投入的成本越高，本章用保持性安全成本来描述，相应的项目的损失性安全成本就越低，本章用恢复性安全成本来描述。随安全保障程度由低到高的变化，其安全总成本呈由高到低再到高的变化趋势[27]，如图 2.1 所示。

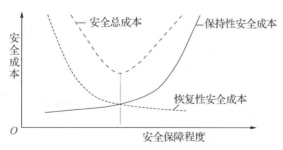

图 2.1　安全成本与安全保障程度的关系

图 2.1 表明，随着安全保障程度的提高，其保持性安全成本逐渐增大，而恢复性安全成本逐渐降低，两者正好形成互补和替代关系，此协同作用决定了项目安全成本的高低变化，这就是求解分布式新能源投资项目最优决策方法的理论基础。

2.4 新能源项目安全成本分类

2.4.1 安全成本一般分类

从目前研究成果来看,关于安全成本的分类方式比较多,其中,比较有影响力的是罗云教授的分类,我们把这种划分称为一般分类。根据不同的划分依据,可以归纳出不同的安全成本分类方法,具体如表2.1所示。

表 2.1 安全成本分类

划分依据	分类	来源
产品	硬件投入、软件投入	罗云《安全经济学导论》
用途	工程技术、人员业务和科学研究投入	罗云《安全经济学导论》
时间顺序	事前投入、事中投入、事后投入	罗云《安全经济学导论》
专业	安全技术、卫生技术、辅助设施设备、安全宣传教育、防护用品、职业病诊治、事故处理和修复投入等	罗云《安全经济学导论》
投保情况	保险成本、非保险成本	李国战《建筑施工企业安全成本核算及其应用研究》
表现形式	显性成本、隐性成本	李国战《建筑施工企业安全成本核算及其应用研究》
安全投入意识	主动性安全投入、被动性安全投入	叶贵《建筑安全成本计量研究——以重庆为例》
安全责任主体	企业成本、家庭成本和社会成本	叶贵《建筑安全成本计量研究——以重庆为例》
项目实施阶段	施工准备阶段、施工阶段	于川《施工项目安全成本的研究》
霍尔三维结构	逻辑维:企业经营层和项目管理层安全成本 时间维:事前、事中和事后投入 专业维:制度、物质和精神投入	冯凯梁《建筑企业安全投入水平与安全绩效之间的关系研究》
可控情况	控制成本、内部故障成本、外部故障成本	姜慧[16]
成本构成要素	变动成本、固定成本和其他成本	Tang 等[179]

从目前分类的特点来看,基本上都是以产品、用途、专业等作为划分依据,这突出了安全成本的功能属性;而将时间顺序、项目实施阶段等作为划分依据,则反映出安全成本的发生时间和阶段特性;将表现形式、安全投入意识、责任主体、可控情况等作为划分依据,则揭示了安全成本的经济属性和社会属性。

显然,上述安全成本分类从不同角度揭示了安全成本的用途和形成机理,突出了达到一定安全状态而必须投入的资源和其他的物质形式。

2.4.2 新能源项目安全成本分类

新能源项目安全成本分类可按不同视角划分为不同类型。根据安全成本的突出表现,可将安全成本划分为隐性成本和显性成本;根据安全成本形成的能动性特征,可将安全成本划分为被动成本和主动成本;根据安全成本的作用和用途,可将其划分为保险成本和非保险成本。安全生产活动过程中,安全成本明细费用的组成相当复杂,涉及人工、材料、设备设施以及事故处理等多方面支出。因此,根据我国实际情况,结合新能源项目安全成本的内涵、安全管理目标、安全特点和管理程序,将新能源项目安全成本大致分为保持性安全成本和恢复性安全成本两类(表2.2、图2.2)。

表2.2 电力企业安全成本的构成

类别	项目	说明
保持性安全成本	员工安全费用	直接用于工人的劳保用品、安全防护器材等
	工程安全费用	直接用于施工现场的安全保障措施、设备等
	安全管理费用	咨询论证、安全奖励、教育培训、安全保险等
恢复性安全成本	员工恢复费用	伤亡人员的医疗费、工伤补助、死亡赔偿金等
	工程恢复费用	修理费、重新购置费、返工停工费用等
	事故处置费用	处置事故的人工费、动力费、设备费、罚款等

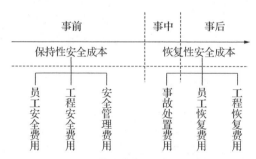

图2.2 新能源项目实施过程安全成本的构成

(1) 保持性安全成本

保持性安全成本是电力企业为控制危险源、减少或避免安全事故、提高施工安全效益所支付的费用,主要包括员工安全费用、工程安全费用和安全管理费用。保持性安全成本属于主动性安全成本。对于电力企业而言,保持性安全成本的资金投入是电力企业进行正常作业的前提条件,其作用是减少员工的伤亡、减少安全事故的发生,进而避免损失的产生。另外,由于保持性安全成本是在安全状态下进行投入的,主要用于安全状态的维护,并不能直接产生效益或者带来立竿见影的效果。因此,保持性安全成本在投入时有可能存在投入不足的问题。

(2) 恢复性安全成本

恢复性安全成本是指事故发生后,企业为了处置安全事故,使项目恢复到原有安全状态,而额外增加的各种花费(如应急装备购置费、加班费等)。主要包括员工恢复费用、工程恢复费用和事故处置费用。

恢复性安全成本属于企业投入的被动性安全成本。就电力企业而言,恢复性安全成本是安全事故发生后的资金投入,是电力企业为了恢复员工和电力工程的安全状态,进行事故处置,以确保电力工程安全运行所发生的费用。所以,恢复性安全成本是一种具有激发响应特性的非固定安全成本。没有安全事故,就不会产生恢复性安全成本。而一旦发生事故,各级组织均会将不惜一切代价开展事故救援处置作为首要工作,相当一部分的恢复性安全成本并不具有优化的初衷,甚至以牺牲安全成本获得更快速、更有效的事故处置效果。事故的发生会给企业带来经济损失,电力企业的经济损失包括直接经济损失和间接经济损失两大类。

直接经济损失包括:安全事故发生前,企业为了保持安全状态所支付的直接费用;事故发生后,企业为了恢复安全状态所支付的直接费用。

间接经济损失包括:事故导致的企业信誉降低、企业被限制招投标、企业资质降级等造成的经济损失。与直接经济损失相比,电力企业间接经济损失数额较大,而且无法以货币形式来衡量,有时是致命性的,因此,没有现实的优化价值,所以电力企业安全成本优化的对象主要是保持性安全成本和恢复性安全成本。

保持性安全成本反映出安全投入或安全投资对于电力企业及相关主体主动保持相关活动安全状态的物质投入特性;而恢复性安全成本更多地体现出被动响应特性,突出事故发生后,开展事故救援处置、项目状态恢复等活动必要资源消耗的特性(图 2.3)。需要特别说明的是:事故损失是一个相对独立的概念,是指与工作相关的各种死亡和伤害带来的损失,包括个人损失、企业的经济损失以及无法定量的无形损失等,它与恢复性安全成本的内涵有一定的交叉,但不完全一致。

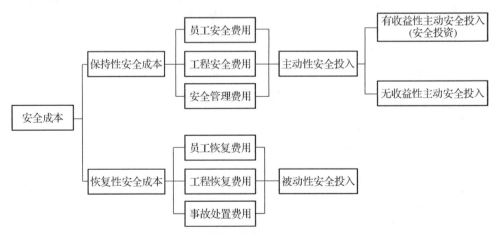

图 2.3 新能源项目安全成本的构成

2.5 新能源项目安全成本的特征

2.5.1 新能源项目安全成本的形成特征

(1) 多功能性

电力企业的安全成本往往具有多功能性,即保持性安全成本和恢复性安全成本所产生的效益体现在多个方面。一方面,保持性安全成本的足额投入有助于保障项目的基础安全,减少甚至避免事故的发生,进而减少事故发生后恢复性安全成本的投入,从而降低企业损失。保持性安全成本在安全设施装备、标识上的投入,有助于为员工营造一个安全的作业环境,使其人身安全得到保障。例如,不少电力企业均表示目前职工安全培训考核方面的投入,有利于提升职工的安全技能,增加职工的安全意识,从而间接地减少事故的发生。另一方面,恢复性安全成本的及时投入,使得员工能够及时得到救助、项目能够及时恢复到安全状态,从而减少了企业的财产损失,企业信誉得到了保护。

(2) 复杂性

对于电力企业而言,安全成本的投入虽然会在短时间内增加企业的总成本,但其所带来的效益是长久的,这不仅体现在电力企业的直接经济收益上,而且能够带来更加深远的潜在效益。安全成本的复杂性表现在其构成的复杂性和统计的复杂性。一方面,从安全成本的构成上来看,由于其形成机理比较复杂,很多因素具有不确定性,常常与其经济指标相混淆,因此不能达成统一的认识;另一方面,安全成本的构成要素随时间的改变也要发生变化,因而其统计指标与其安全投入的效果密切相关,部分指标可以量化,部分指标不能量化,其统计指标量化具有复杂性。

(3) 持续性

因为安全问题贯穿于工程项目始终,所以保持性安全成本也相应地贯穿于整个工程项目全过程。保持性安全成本是一个持续投入的过程,需要根据项目进度、可能的风险进行不间断的调整和投入。这主要取决于新能源项目的规模、技术难度以及风险程度,而这些因素在项目全寿命周期都处于不断变化之中,各种因素的不确定性将导致项目风险多变,因而各种不安全因素相应增多,电力企业需通过持续、足够的安全成本投入,才能保持项目的安全状态,而很多人对这一点认识不足。

(4) 及时性

虽然保持性安全成本的持续投入能够提高项目的安全保障水平,但因为安全成本的复杂性,安全事故还是时有发生,因此及时、足够的安全投入,是确保项目安全事故能够及时处理和生产恢复的前提。恢复性安全成本的投入,既包括在事故发生前通过布置安全防护设施装备、采取事故预防措施等,为员工营造一个安全的作业环境,也包括在事故发生后通过修复被损坏设备、清除环境中不安全因素、向伤亡员工发放抚恤金等,能够发挥一定的效益,具有及时性。例如,事故发生后,电力企业大都能够及时、足额进行恢复性安全成本的投入,这有利于稳定员工的情绪,将事故损失和危害最小化。可见,安全成本的投入使得项目及时恢复到原先的安全状态,确保了电力生产的正常进行,因而恢复性安全成本具有及时性。

2.5.2 新能源项目安全成本的表现形式

(1) 滞后性

新能源项目安全成本的滞后性主要表现为安全成本投入所产生效益的滞后性,特别是对于以预防为主的保持性安全成本投入的效益,只有通过一段时间内恢复性安全成本投入的减少、企业事故损失的减少来体现。例如,电力企业对安全教育和培训活动的投入,旨在提高员工的安全意识,塑造员工的安全行为,但其效果都不是"立竿见影"的,需要通过事故损失的减少等可量化的指标加以反映。而对于事故发生后,员工伤亡的赔偿、设备修复、场地恢复等问题,则可以在一定时期内较快地得到解决,但对于企业社会声誉受损、资质降级等却需要通过较长一段时间的努力才能恢复。需要强调的是,电力企业不能因为安全成本所产生的效益滞后,就不进行安全投入,而应及早地进行安全投入以减少事故的发生,做到防患于未然,从而减少因事故所带来的损失。

(2) 长效性

虽然新能源项目安全成本的投入所产生的效益具有一定的滞后性,但是安全成本的投入所产生的效益往往具有长效性。当电力企业的安全成本投入用到"刀刃上"时,会相应地减少甚至避免事故的发生,进而大大地减少恢复性安全成本的投入,从而使得企业的信誉、资质不受影响。例如,电力企业对员工开展长期、系统的安全教育培训,能够从根本上改变员工的安全认知。虽然安全成本较高,且短期见效不明显,但能够在当前新能源项目中发挥作用,同时对未来新能源项目也将发挥长效作用。

(3) 隐蔽性

安全成本的隐蔽性是由项目安全影响因素的隐蔽性决定的,这里主要指恢复性安全成本的不确定性。恢复性安全成本一般形成于事故发生后,用于员工伤亡的抚恤、项目恢复、环境中不安全因素的清除、被损坏安全设备的修复等。当电力企业保持性安全成本投入到位时,则会产生一定的效益,这种效益体现在一定的可控范围内减少或消除安全事故的发生。由于安全事故的减少,恢复性安全成本会相对减少,且恢复性安全成本的投入发生在事故之后,因此,具有隐蔽性。调研发现,多数电力企业为了追求利润,对恢复性安全成本的隐蔽性认识不足,忽略了安全的投入产出效应,从而将保持性安全成本的投入作为企业财务首要缩减款项。

综上所述,保持性安全成本和恢复性安全成本既存在共性特征,又有相互独立的特性(表 2.3)。在新能源项目中,都会不可避免地发生一些或轻或重的安全事故,而本研究的目的就在于对新能源项目安全成本进行优化,使项目安全状态达到最佳,避免安全事故的发生。

表 2.3 电力企业保持性和恢复性安全成本特性

类别	滞后性	长效性	多功能性	复杂性	持续性	及时性	隐蔽性
保持性成本	✓	✓	✓	✓	✓		
恢复性成本	✓	✓	✓	✓		✓	✓

2.6 新能源企业安全成本调查分析

根据本团队所承担的课题要求,其中实例分析和调研工作采用现场访谈、问卷调查与网络调查等方式,就新能源建设过程中安全成本现状分别对国内多家电力建设企业及监理咨询企业、政府安全监管部门开展了多轮次的调查研究。将调研结果与相关法律法规和安全标准进行对比分析发现,我国新能源项目安全成本管理和安全投入存在如下几个方面的问题:

(1) 安全成本投入不足

相关法律法规中已对建设项目安全费用的计算方法、提取比例做了明确规定,但在实际安全管理过程中,随意压缩安全措施费的现象屡见不鲜。电力企业为谋求利润最大化,以盲目缩减安全费用支出为代价,从而导致新能源项目现场的安全措施得不到保障。主要体现在没有建立配套的安全专项资金使用台账、安全措施相关经费支出没有保障、安全设备不到位等方面。

(2) 专职安全管理人员配备不足及相关经费投入不足

为了节省安全成本,相当多的电力企业减少安全职能部门办公费、安全管理人员工资以及福利等费用的支出,由此造成安全管理人员配备不足,相关经费的投入严重不足。例如,电力企业不重视安全生产管理,将工程项目安全管理组织简化,对安全管理人员的数量进行控制,聘用兼职人员承担安全管理工作,致使重要岗位人员空缺。在工程备案时出现安全员的姓名与项目部登记不一致的现象,工程项目现场不重视甚至忽略安全工作,安全管理组织机构形同虚设,安全管理工作更多地停留在表面。我国相关条例规定建设行业一级资质企业专职安全管理人员不少于3人,二级资质企业专职安全管理人员不少于2人。调研发现,许多企业聘用兼职人员做安全管理工作,甚至一人身兼多职,显然安全管理人员配备明显不足。

(3) 安全教育培训及相关经费投入不足

新能源项目作业人员流动频繁,常常跨专业、跨企业作业,施工工序、交接、操作复杂,因而需要对新进人员进行安全教育和培训。因为电力企业安全教育和培训通常需要投入大量的资源,所以很多企业为了节省成本、缩短项目工期,常常降低安全宣传教育和培训的质量,从而使得企业的安全教育和培训工作走过场。调研发现,我国大部分企业与现场操作人员的关系都是临时雇佣的劳务关系,企业更是不愿在安全教育培训上加大投入。而我国现场项目施工人员以农民工为主,存在文化程度低、流动性大等特点,仅少部分的人员接受过不足一个月的正规安全教育培训,显然安全教育培训的投入严重不足。

(4) 不重视前期保持性安全成本的投入,以恢复性安全成本投入为主,电力企业片面追求利益的最大化,安全生产意识薄弱。调研中发现:在工程项目前期,只重视项目安全检查活动方面的支出,而保持性安全成本的投入流于形式;在工程项目的实施阶段,企业没有制定详细的安全生产资金使用计划表,安全成本的支出主要集中于恢复性安全成本,因此,削弱了安全管理工作的强度,致使发生安全事故的潜在风险增大。

综合以上分析,最突出的是企业安全投入观念淡薄。由此可见,企业易受短期利益的驱使,过多注重眼前的利益,缺乏"底线"思维,忽略了安全投入对工程安全状态的重要保障作用;同时,企业不能正确认识安全投入的产出效益而片面追求企业利润最大化。

2.7 新能源项目安全成本形成机理分析

通过调研发现,政府部门对电力企业的安全管理工作非常重视,出台了与新能源项目安全管理相关的配套政策和法律法规,对电力企业安全管理的规范化和安全成本的投入做出了明确、具体的强制性规定。安全成本投入的规定不仅反映了新能源项目安全成本形成的经济基础,而且是项目安全保障的物质基础,同时,这也是新能源项目安全成本优化必须考虑的重要指标。为此,本节将通过新能源项目安全成本分解结构的解析,对新能源项目安全成本的形成机理进行全面、细致的梳理和分析。

2.7.1 基于分解结构的新能源项目安全成本形成机理分析

1. 新能源项目安全成本分解结构的概念

安全成本分解结构(Safety Cost Breakdown Structure,SCBS)是企业根据安全目标管理和控制需要,按照统一划分标准建立的一种结构化安全成本费用科目体系。安全成本分解结构源于费用分解结构。在项目管理中,费用分解结构(Cost Breakdown Structure,CBS)是形成项目预算或者成本核算的一种目标管理体系。

为了实现新能源项目安全成本的规范化、标准化管理,企业应建立相对稳定的标准化安全费用科目结构体系。根据工程实践,各参与方可以按照规范的安全管理规划,建立项目安全成本数据库,通过多个安全指标、多个费用科目数据的对比分析,对项目的安全管理水平进行评估和预测,从而为新能源项目管理决策提供科学依据。

2. 新能源项目安全成本的分解原则

在新能源项目安全成本的分解过程中应遵循以下原则:

(1) 全面性原则

每一个 SCBS 元素(父层)与下一层(子层)元素之间具有直接的因果关系,子层元素所有费用的总和与父层元素相等,不在一个 SCBS 父层范围内的子层元素费用就不能划入该分解结构内。如安全警示标识配置和维护费属于项目安全费用,不能将其划入安全管理费用中。

(2) 适度性原则

理论上,SCBS 分解程度越细越好,如将员工费用分为体检费、劳防用品费、防暑降温费和工伤保险费这四类。但如果拆分得太细,分解到具体的部位或物品上时,反而会给成本核算增加工程量。此外,如果 SCBS 分解过细,就会对安全成本形成机理的认识变得越来越困难,且很难进行实际核算。

（3）方便核算原则

为了使新能源项目安全成本数据的采集能更加规范化与标准化，应将安全成本的划分标准化，进而可以让企业在工程实施过程中，按照统一标准建立新能源项目安全成本数据库，从而使得管理人员能更加方便地进行成本分析、统计与核算。同时，细化后的安全成本更加有利于企业会计核算的进行。

3. 基于 SCBS 的新能源项目安全成本形成机理的认识

根据 SCBS 的构建原则和方法，可以将新能源项目安全成本分解为三级，并进一步依据国家和地方法律法规，结合调研结果进行详细梳理，从而获取项目安全成本的用途、投入方式、投入区间等应用状况，构建项目安全成本投入的"底线"思维。考虑到实际工程项目中安全成本投入的多元性，以及特定安全成本要素的动态演变，可以将新能源项目安全成本按三级进行分解，其安全成本分解结构归纳如表 2.4 所示。

表 2.4 基于 SCBS 的电力企业刚性安全成本指标体系

一级	二级	三级		刚性适用范围	刚性分析
A1 保持性安全成本	B1 员工安全费用	C11	体检费	包括职工普检费和职业健康体检费	企业可按需选择，由于实际执行情况监管不严，故刚性程度较低
		C12	劳防用品费	用于为职工配备安全帽、工作服、毛巾、口罩、手套等物品的费用	虽然国家对劳防用品使用有着明确的强制规定，但是不同企业之间投入费用差别很大，刚性程度较低
		C13	防暑降温费	用于预防施工作业人员在高温季节现场发生中暑等事故的费用	国家对此有明确的规定，但由于企业没有对防暑降温费进行单独计量，刚性程度较低
		C14	工伤保险费	用于为职工缴纳的工伤保险费用	由于一线作业人员大多以劳务派遣、劳务分包形式承揽工作，加之高流动性影响和员工特质，此项费用缺失较多，刚性程度一般
	B2 工程安全费用	C21	工程安全费	为保障安全生产而对安全卫生设施的投入费用	国家对安全设施设备有着较为严格的检查标准和程序，各企业对此重视程度较高，此项投入费用基本能够得到满足，故刚性程度较好
		C22	安全卫生设施检修维护费	用于专用安全卫生设施的检修维护费用	依据实际情况投入费用，无明确标准要求，故刚性程度较低
		C23	安全警示标识配置维护费	用于配置安全警示标识、安全宣传标语以及交通安全标识等费用	不同项目之间有较大差异，国家有基本的设置要求，故刚性程度一般
		C24	防汛防台费	用于减轻自然灾害造成的损失所采取的预防费用	受环境影响显著，不同地区、不同年份之间差异较大，刚性程度一般

续表

一级	二级	三级	刚性适用范围	刚性分析
A1 保持性安全成本	B2 工程安全费用	C25 安全措施技改工程费	用于改善施工安全生产条件而新增的安全卫生设施费用	受工程特性、企业状况、技术需求等因素影响明显,刚性程度一般
		C26 安全专项科研投入	用于解决安全生产中出现的难题而进行的科研、技术研究所投入的费用	受企业产业升级、技术需求以及管理重视程度等因素影响明显。部分企业无此方面的投入,刚性程度较低
		C27 设备检测检验费	用于国家规定的机械设备及其他安全装备的安全检测检验费用	国家有明确规定,建设项目工程设备的检测试验费用大概占工程总造价的0.2%,企业执行的刚性程度一般
		C28 安全专用工器具费	用于安全专用工器具的购置、养护和维修等费用	国家有明确配置要求,企业可自主选择采购,刚性程度一般
	B3 安全管理费用	C31 安全宣传教育费	用于对项目负责人、作业人员、专职安全管理人员进行安全教育和安全培训的费用	受企业安全意识等因素影响明显,大多数企业能满足基本要求,但刚性程度较低
		C32 安全培训费	用于专职安全人员、新员工进行安全培训与学习所发生的费用	国家对此有明确要求,相关部门会定期举行此类培训,强制要求参加,刚性程度一般
		C33 职业健康安全管理体系运行费	用于职业健康安全管理体系建立和运行所发生的费用	属于可选项目,非强制要求,刚性程度较低
		C34 安全人员工资	用于配置项目专职安全管理人员费用	不同企业、地区、岗位之间差异较大,刚性程度较低
		C35 安全职能部门办公费	用于项目专职安全员的办公费用	不同企业之间差异较大,刚性程度较低
		C36 安全咨询、评估等技术服务费	用于聘请安全咨询中介机构进行咨询、评价、评估等所支付的技术服务费	受企业需求影响明显,差异较大,刚性程度较低
		C37 事故应急救援预备费用	用于事故应急处置的预备性费用。属于专项安全费用,由专人保管、专款专用,并保证能随时支取	有相应的规定、标准,刚性程度较高
A2 恢复性安全成本	B4 员工恢复费用	C41 伤亡人员医疗费	用于事故员工伤亡所需支付的医疗费用	实报实销,甚至需要不惜一切代价抢救生命,刚性程度很高
		C42 工伤补助金	用于事故员工在工作时间内伤残所需支付的补助费用	国家有参考标准,按规定执行或上浮执行,刚性程度很高

续表

一级	二级	三级	刚性适用范围	刚性分析
A2 恢复性安全成本	B4 员工恢复费用	C43 事故丧葬费	用于事故员工伤亡所需支付的丧葬费用	国家有参考标准,按规定执行或上浮执行,刚性程度很高
		C44 死亡赔偿金	用于事故员工伤亡后其家属的抚恤所支付的费用	国家有参考标准,按规定执行或上浮执行,刚性程度很高
		C45 误工费	用于事故员工伤残歇工所支付的工资费用	国家有参考标准,按规定执行,刚性程度很高
	B5 工程恢复费用	C51 清理现场费	用于事故现场清理的费用	国家有参考标准,按规定执行,刚性程度很高
		C52 环境修复费	用于支付项目建设造成的周围人员不安全和环境不良影响的整改或补偿费用	按实际情况发生,刚性程度一般
		C53 安全装备更新购置费	用于更换安全设备,配备安全装置和防护用品的费用	按实际情况发生,刚性程度一般
		C54 停工返工费	用于重大安全隐患或事故处置期间员工的停工返工费用	按实际情况发生,可进行谈判商议,刚性程度一般
		C55 复检费	用于事故发生后对安全防护设施设备进行重新检验、维修和养护的费用	按实际情况发生,刚性程度一般
	B6 事故处置费用	C61 救援人工费	用于事故发生后,救援人员救灾过程中发生的人工费	事故抢险处置阶段属于情况紧急阶段,通常不考虑经济效益,刚性程度很高
		C62 救援动力费	用于事故发生后,救援人员抢险救灾过程中消耗电力、热力等的费用	事故抢险处置阶段属于情况紧急阶段,通常不考虑经济效益,刚性程度很高
		C63 抢险设备费	用于事故发生后,应急救援人员在抢险救灾过程中发生的设施、装置、机械等设备费用	事故抢险处置阶段属于情况紧急阶段,通常不考虑经济效益,刚性程度很高
		C64 事故赔偿金、违约金、罚金	事故发生后需要支付的相应赔偿和罚款费用	依据法律法规、标准、合约规定,刚性程度很高

由此可见,企业对员工安全费用、工程安全费用、安全管理费用的投入具有较高的自主裁量权,不同企业和不同项目之间又存在较大差异,加上安全成本影响因素比较复杂,因此,其安全成本具有不确定性。而员工恢复费用、工程恢复费用、事故处置费用等与安全事故的发生密切相关,在紧急情况下,企业往往会采取不惜一切代价的方式开展事故救援处置,因此,可以按刚性成本处理。另外,新能源项目安全费用受项目性质影响较大,表现为刚柔相济。进一步分析还发现,与物质资源费用相关的安全成本投入,其刚性程度较高;而一些涉及安全教育、管理活动等方面的安全成本则不太容易得到保障,刚性程度不高。企业安全技术研发这类高端的安全成本投入在一些中小型企业中不太容易发生,而一些实力强的企业则会安排投入,这与企业领导的主观认识密切相关。

2.7.2 基于强制性法规的新能源项目安全成本形成机理分析

通常我们将基于强制性法律法规确定的安全成本投入称为"刚性成本"。研究发现,项目刚性安全成本主要表现为如下几种形式:

(1) 新能源项目刚性安全成本是现场员工安全健康保障的底线。目前强制性安全成本投入规定的条目几乎都与项目实施有关,特别是与现场员工的安全健康更为密切相关,这属于安全成本科目中的必要成本。结合其他安全生产和职业安全健康相关法律和规范,国家对劳防用品费、安全卫生设施费等项目的投入均有明确、具体的规定,相关监管部门也会对此严加监管,因此,这些安全成本项目所对应的投入构筑起了新能源项目安全生产的保障底线。

(2) 新能源项目刚性安全成本实际投入存在差异。事实上,新能源项目刚性安全成本的"刚性"应当主要体现在成本投入对象、成本投入方式、成本投入数量等方面的"刚性"。然而,从调研情况来看,不同项目刚性安全成本的投入情况存在较大差异。以安全帽为例,该装备是现场员工最主要的安全防护用具,但调查发现现场员工使用的安全帽普遍质量不过关,且长期不更换,很难起到防护作用,由此反映出相关投入严重不足。同时,大部分新能源建设项目的安全成本都投在了安全网、围栏等施工现场的物理防护措施方面,这是由于国家对此有明确规定,监管较为严格。即使如此,不少企业使用的安全网仍旧存在质量低下、破损修复不及时等问题,安全成本投入明显不足,而且,直接面向现场员工的安全防护成本投入同样严重不足。

(3) 新能源项目刚性安全成本科目设置与新时代要求不符。随着现代工程技术的发展,越来越多的新结构、新材料、新技术投入使用,施工环境和施工活动的复杂程度和危险程度都发生了相应变化,原有的安全成本科目的投入不能完全满足现有安全管理需要,一些新的技术指标和方案未纳入规范,在安全成本核算科目中也未能体现,过去的"可选"项目已经变成了现在的"必选"项目,需要按照新的安全成本科目投入构建现代安全成本分解结构体系。同时,有些强制性安全成本的投入标准,已经不符合时代要求,亟待更新。

综上所述,电力企业的刚性安全成本实质上是不具有投入方向、投入数量等优化空间的强制性必要安全成本,是安全成本投入的底线。因此,电力企业刚性安全成本的优化问题更多地需要从优化投入方式的角度加以考虑,关注安全成本的投入产出效益规律,研究其影响因素及相互作用规律,提高单位安全成本的效益。

2.7.3 基于安全保证程度的安全成本形成机理分析

1. 安全保证程度的内涵

项目实施过程中,安全事故或危害事件虽然可以避免,但无法完全根除。新能源项目安全是指在外界因素或自身因素影响下,能够保持电力系统不受伤害的一种状态。然而,安全状态有多种表现方式,如:工人可以通过自身的技能水平表现其安全状态,工人在生产作业过程中操作越熟练,安全意识越高,则其所表现的安全状态就越好。因此,可以从一定的技术角度对项目所处安全状态进行描述。这里将运用安全保证程度对新能源项目安全状态进行定性评估。

对于电力企业而言,安全保证程度是指安全再生产经营活动中,为了避免造成工人伤害和项目损失,从社会、经济、技术方面进行统一协调的程度[182-184]。安全保证程度的实质是安全再生产活动满足项目安全生产的程度。如果安全再生产活动满足项目安全生产需要的程度越高,则安全保证程度就越高,表明施工企业的安全状况良好,发生安全事故的可能性低,安全管理工作到位;反之,则表明施工企业安全状况堪忧,发生安全事故的可能性大,安全管理工作需要加强。安全保证程度揭示了保持性安全成本投入后施工企业安全状态得到保证的概率,可以作为评价电力企业安全生产状态或安全性的指标。根据管理的需求,采取不同的方式对其进行度量,安全保证程度一般介于0和1之间。

2. 保持性安全成本的形成

保持性安全成本是指为使新能源项目保持所处的安全状态而进行的安全投入。由于新能源项目是一个开放系统,影响因素复杂,不可避免地存在着人的不安全行为、物的不安全状态和环境中的不安全因素。虽然保持性安全成本的投入,能够在一定水平上保持项目的安全状态,但其安全保证程度无法达到绝对安全,即安全保证程度的取值不可能等于1,只能无限接近于1。

新能源项目中,保持性安全成本一般在施工初期以安全技术和安全管理措施的形式投入,这会使项目安全保证度达到一定的初始水平。随着项目实施的逐步展开,各种安全事件无法避免,当安全事件比较轻微时(轻微事故),项目安全状态在一定安全保证度范围内波动。每次轻微事故都会对相关人员产生触动,从而促进保持性安全成本向更高水平发展。当发生较大安全事故时,项目安全保持度则会有较大幅度下降(如图2.4)。因此,只有项目前期,一次性足够的安全投入(包括大量的安全设施、设备、培训等)才能确保新能源项目建设的正常进行。显然,项目前期足够的保持性安全成本投入与领导层的安全意识、项目规模大小有关。

另外,虽然项目前期足够的保持性安全成本投入使得新能源项目处于一定的安全状态,但随着时间的推移,部分前期投入的安全装备和安全设施(如工程安全网、防护栏、劳保用品等)的循环使用,使后期保持性安全成本的投入因此而逐渐减少,各种安全事件或轻微事故会不定时发生,从而使得项目安全保持度在原有基础上有所降低,这就需要加大保持性安全成本的投入,才能使新能源项目接近于或恢复到原先的安全状态。但是,一旦发生较大的安全事故,新能源项目的安全保持度就会受到破坏,导致项目安全性迅速降低。当事故损失达到一定程度,再多的保持性安全成本投入也不能使其恢复到原有安全保持度。

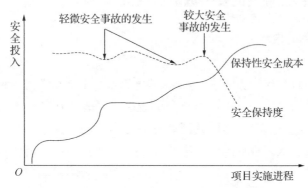

图 2.4　保持性安全成本与安全保持度关系示意图

由此可见,即使保持性安全成本的主动投入不足,在安全保持度变化不大的情况下,保持性安全成本也不会有太大变化。然而,一旦发生事故,电力企业会有意识地"亡羊补牢",加大保持性安全成本投入力度,并将投入调高到一个新的水平,并保持一定时期的稳定,最终呈波浪式上升的态势。

3. 恢复性安全成本的形成

保持性安全成本投入不足,导致新能源项目安全事故时有发生,此时,企业为了恢复项目的安全状态而对安全事故进行相应处置。如在员工恢复方面,对员工进行及时的救助和赔偿;在项目恢复方面,对损坏的机械设备进行重新采购和修补,清除环境中存在的安全隐患等。显然,在工程事故处置方面,需要投入相应的人力、物力、财力等,以提升项目安全水平。恢复性安全成本的投入虽然能够将项目的损失降到最低,使其所处的安全状态得到一定程度的恢复,但却不能完全恢复到原始安全状态,而是有一定程度的下降(图 2.5)。这是因为较大的安全事故给企业带来的损失比较大,主要体现为机械设备的损坏、人员伤亡、施工环境破坏以及对员工身心的不利影响,事故处理和项目恢复都需要一定的时间。随着恢复性安全成本的投入,项目的安全恢复程度呈上升趋势。另外,恢复性安全成本的投入一般是在安全事故发生后进行的,具有一定的滞后性和被动性。这也反映出保持性安全成本和恢复性安全成本之间存在替代与互补的关系。从某种程度上说,保持性安全成本的增加会相应地减少恢复性安全成本的投入。

对于常规的新能源项目,当项目发生较大工程事故时,除了事故处置的费用较高外,还会给企业的声誉、资质等带来较大影响,这些都是无形的损失。因此,企业在进行安全成本投入时需要慎重考虑保持性安全成本的投入及资金的分配情况,根据项目所处的安全状态、员工的安全意识等因素及时检验安全成本投入的效果,以确保保持性安全成本科学、合理地投入,最大程度避免安全事故的发生。

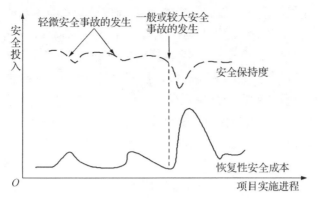

图 2.5 恢复性安全成本与安全保持度关系示意图

2.7.4 基于投入产出的新能源项目安全成本形成机理分析

1. 安全成本投入产出的转换关系

新能源项目安全成本的实质是电力企业为了达到特定的安全保证程度,直接或间接花费的各类费用、资源的总和,一般用货币单位来计量。根据投入产出规律[185],新能源项目安全成本具有生产投入的成本属性,其产出就是通过安全管理活动达到的项目安全状态。安全费用可以作为安全管理活动的资源输入表征,安全状态是安全管理活动的输出结果表征。电力企业既是安全管理活动的组织或操控者,也是安全费用的投入者和安全管理活动产出的受益者。因此,可以认为安全状态的实质就是新能源项目安全成本的投入产出结果或"产品",安全保证程度则是该"产品"质量的表征,也是安全成本投入产出效益的表征。新能源项目安全成本的投入产出转换关系如图 2.6 所示。

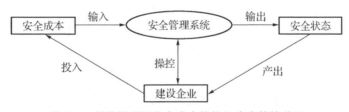

图 2.6 新能源项目安全成本的投入产出转换关系

在安全成本投入产出的转化过程中,电力企业通过组织、实施和操控安全管理活动来确保项目处于安全状态。而在这一过程中,所耗费的人力、物力资源总是有限的,所达到的安全状态水平也不可能无限制地增长。因此,从投入产出关系的角度来看,随着安全成本输入方向、数量、方式等的变化,安全管理活动的运行效率和效果也会发生变化,最终会引起安全成本的投入效益变化,即安全保证程度发生变化。不同的投入要素和不同的投入方式将带来不同的产出效果。

2. 新能源项目安全成本的投入产出效益分析

为了对新能源项目安全成本进行优化,以保证在足够安全成本投入的前提下,充分利用有限资源,尽量提高安全成本投入的产出效益,应当对安全成本的产出效益的变化规律进行分析。

现实中,随着安全成本投入力度的不断加大,项目安全状态会不断改善。但要达到绝对安全是不可能的。当安全保证程度提升到一定水平后,无论如何增加安全成本的投入,其安全保证程度都不可能再提升。基于这一事实,运用新能源项目安全成本的投入产出模型,将安全保证程度作为安全成本投入的效益表征,进一步可运用边际效益递减理论对安全成本投入的边际效应进行分析。项目安全保证程度不仅对安全成本的变化趋势有影响,还会影响其安全成本的构成,本章主要指保持性安全成本和恢复性安全成本[186]。当项目安全保证程度发生变化时,所对应的保持性安全成本和恢复性安全成本也会不同。

如图 2.7 所示,当安全保证程度逐步提高时,保持性安全成本逐步增加,恢复性安全成本会逐步减少,达到一定的水平后,安全保证程度将不再和保持性安全成本的投入呈正比关系,而是出现收益递减效应,表现为保持性安全成本趋向于无穷大,安全保证程度无限接近100%。另外,如果保持性安全成本的投入减少,则有可能降低安全水平,导致事故发生,体现为安全保证程度下降,恢复性安全成本增多。当完全没有保持性安全成本投入时,安全状况极为恶劣,恢复性安全成本急剧增大[11]。保持性安全成本和恢复性安全成本的变化规律符合西方经济学中的边际效用递减规律。同时,随着安全保证程度的增加,项目安全成本总额曲线的变化趋势呈现先减少后增加的状态。

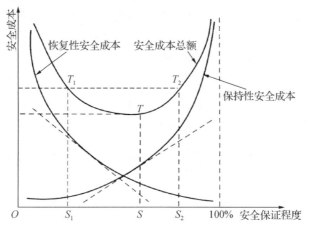

图 2.7 新能源项目安全成本变化规律图

在新能源项目安全成本总额曲线的变动中,曲线会出现最低点 T。此时,点 T 对应的是安全总成本最小值,即保持性安全成本和恢复性安全成本的总和达到最小值。点 S 对应的是安全成本呈现最小值时所对应的安全保证程度。同时,根据新能源项目安全成本变化规律图还可以得出以下结论:

(1) 当新能源项目安全成本总额相等时,恢复性安全成本、保持性安全成本和安全保证程度所对应的取值并不完全相同。例如在点 T_1、T_2 处,当安全成本总额的取值在点 T_2 处时,项目的安全保证程度高于点 T_1 处的安全保证程度,保持性安全成本高于 T_1 处的保持性安全成本,恢复性安全成本低于 T_1 处的恢复性安全成本。因此,当安全保证程度较高时,投入的保持性安全成本较高,相应的恢复性安全成本较低,这表明预防性的保持性安全成本的投入有利于提升项目的安全状态,减少或避免事故的发生,从而提升企业的安全效益。

(2) 项目安全成本总额的变化曲线会存在一个最优点,并且仅有一个。

从图 2.7 可以看出,在点 T 处时,新能源项目安全成本总额可以取到最小值,此时安全保证程度的增加或者保持性安全成本的增加会使安全成本的总额不断增加,不会再出现另一个最低取值点。用 $C(S)$ 表示电力企业的安全成本总额,用 $C_1(S)$、$C_2(S)$ 分别表示保持性安全成本和恢复性安全成本,则有:

$$C(S) = C_1(S) + C_2(S) \tag{2.2}$$

式(2.2)对 S 求导,得式(2.3)。

$$\frac{dC}{dS} = \frac{dC_1}{dS} + \frac{dC_2}{dS} \tag{2.3}$$

令 $\frac{dC}{dS} = 0$,则有式(2.4)。

$$\frac{dC_1}{dS} + \frac{dC_2}{dS} = 0 \tag{2.4}$$

由此得出式(2.5)。

$$\frac{dC_1}{dS} = -\frac{dC_2}{dS} \tag{2.5}$$

式中:$\frac{dC_1}{dS}$——安全保证程度变动所对应的边际保持性安全成本(MC_{C_1});

$\frac{dC_2}{dS}$——安全保证程度对应的边际恢复性安全成本(MC_{C_2})。

换言之,当边际保持性安全成本的绝对值与边际恢复性安全成本的绝对值相等时,电力企业的安全成本总额取得最小值。

令

$$\frac{dF}{dS} = \frac{dC_1}{dS} \tag{2.6}$$

则有式(2.7)。

$$\frac{dF}{dS} = \frac{dC_1}{dS} = -\frac{dC_2}{dS} \tag{2.7}$$

式中:$\frac{dF}{dS}$——安全保证程度变动所对应的边际安全效益(MC_F);

其余同上式。

从式(2.5)和式(2.7)可以看出,当边际安全效益等于边际保持性安全成本,并且等于负边际恢复性安全成本时,企业以相对较少的总成本费用使新能源项目处于较高的安全状态,此时,所获安全效益最大。

3. 新能源项目安全成本形成的外部风险

新能源项目安全成本的形成不仅与内部投入和产出特性的变化有关,而且也会受外部环境因素的影响,造成安全成本的投入产出曲线发生移动[187-188]。

(1) 新能源项目安全成本的替代规律

新能源项目安全成本的替代规律变化曲线会随着安全保证程度的变化而发生相应改

变,并可以划分为 A、B、C 3 个不同的区间。在每个区间中,保持性安全成本和恢复性安全成本不断变化,与此相对应的边际安全成本变化率也在不断变化,因此,保持性安全成本和恢复性安全成本的替代关系较为复杂。新能源项目安全成本区间变化规律见图 2.8。

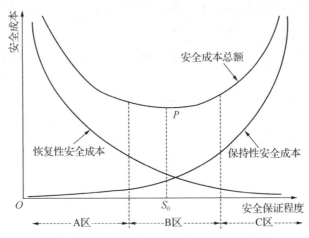

图 2.8　新能源项目安全成本区间变化示意图

从图 2.8 可以看出,在 A 区间,新能源项目安全成本总额曲线随着安全保证程度的增加而呈现逐渐下降趋势。此时,边际保持性安全成本少于边际恢复性安全成本,也就是说,在 A 区间,保持性安全成本的增加量小于边际成本的减少量,恢复性安全成本构成占主导地位。

在 B 区间,新能源项目安全成本总额曲线随着安全保证程度的增加变动较小,总成本趋于最低。值得关注的是:B 区间的左半区,恢复性安全成本大于保持性安全成本,而右半区保持性安全成本大于恢复性安全成本,两者在此区间实现了转换。在安全成本总额相同的情况下,B 区右半区安全保证程度更高,是优选的区域。这进一步说明,在特定安全成本投入数量和安全保证程度下,安全状态变动较小,保持性安全成本和恢复性安全成本存在替代关系。

在 C 区间,新能源项目安全成本总额曲线随着安全保证程度的增加而呈现上升趋势,此时,保持性安全成本大于恢复性安全成本,边际保持性安全成本大于边际恢复性安全成本。换言之,在 C 区间,保持性安全成本的增加量大于边际成本的减少量,保持性安全成本构成占主导地位。

(2) 新能源项目安全成本的形成与安全风险因素密切相关

在项目实施过程中,危险源不可避免,因此可用安全风险来反映。对于电力企业而言,安全风险影响因素可指事故发生的频率、次数、强度等。当项目安全事故发生的频率较高、次数较多、强度较大时,项目所对应的安全形势越严峻、安全风险越大;反之,项目所对应的安全状况较好、安全风险越小。由此造成电力企业安全成本的投入产出效益会发生明显的变化,相应的曲线位置和形态也会发生变化。上述新能源项目安全成本的变化规律分析都以项目的安全风险较小为前提,而当工程的安全风险较大时,还应探究安全风险对新能源项目安全成本总额的影响。

具体而言,安全风险对新能源项目安全成本有着至关重要的影响,主要包括以下两个方面:

① 对安全成本位置变化的影响。当新能源项目形式复杂,不确定性程度大,事故发生的频率较高、次数较多、强度较大时,项目安全风险越大,对项目安全保障的要求越高。相应地,企业需要投入足够的保持性安全成本和恢复性安全成本。因此,新能源项目安全成本曲线会随着安全风险的增加而表现出一定程度的上移,如图 2.9(a)。图中 C_1 和 C_2 分别表示不同安全风险水平下的总安全成本变化曲线。其中,AB 表示安全保证程度为 S_0 时 C_2 的安全成本与 C_1 的安全成本之差。

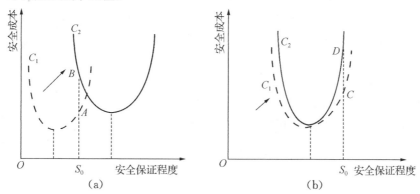

图 2.9　不同安全风险水平下新能源项目安全成本的变化趋势

② 对安全成本变化率的影响。随着项目的安全风险增大,安全保障的难度增加,事故的损失越来越大。因此,边际安全成本率逐渐变大,安全成本的边际效益逐步递减,新能源项目安全成本总额会随之升高,项目安全成本的曲线会由两边向内部逐渐收缩,如图 2.9(b)所示。图中 C_1 和 C_2 分别表示不同安全风险状态下的安全成本曲线。其中,C 处安全风险小于 D 处安全风险。由此可知,DC 表示安全保证程度为 S_0 时,D 处安全成本与 C 处安全成本之差。这也反映出,要实现相同单位数量的安全保证程度,C_2 投入的安全成本比 C_1 要高。

2.8　本章小结

首先,界定了新能源项目安全成本的内涵及相关概念的外延,并从安全保证程度的视角对电力企业保持性安全成本和恢复性安全成本的特性进行了梳理;其次,通过问卷调查、实地访谈、网络调查等方式对新能源项目安全成本的形成机理进行调研与分析。本章的主要成果如下:

(1) 基于安全投入、安全投资和安全成本等相关概念的辨析,并结合我国实际的情况,综合考虑安全管理的目标、特点和程序,将新能源项目安全成本分为保持性安全成本和恢复性安全成本。

(2) 根据安全投入和产出的结果分析了保持性安全成本的多功能性、复杂性、持续性等特点,以及恢复性安全成本的长效性、滞后性等特点。

(3) 通过3轮的现状调研发现,很多企业对项目安全成本及相关科目的认识不够,长期存在着安全专业人员配备不足,相关经费投入不足,安全教育流于形式及相关经费投入不足,不重视前期保持性安全成本的投入等问题。

(4) 基于项目安全成本分解结构(SCBS),重点分析了安全成本的形成机理、强制性规定与刚性程度,并提出刚性安全成本是安全投入的底线,对保障一线员工的生命安全具有重要作用。

(5) 运用投入产出理论,将电力企业的安全管理活动作为项目安全管理系统的一个环节,而项目安全成本的投入是企业安全管理系统的输入,项目安全状态则是工程安全管理系统的输出。电力企业既是安全管理系统的组织操控者、安全成本的投入者,又是安全管理系统产出的受益者。

(6) 根据新能源项目安全成本的投入产出规律,当项目安全保证程度逐步提高时,恢复性安全成本会随着保持性安全成本的增加而减少,两者存在相互替代关系。保持性安全成本和恢复性安全成本与项目安全保证程度之间符合边际效益递减规律,项目安全成本的形成与安全管理活动中的风险因素密切相关。

3 新能源项目安全成本理论基础

3.1 引言

新能源项目安全成本的形成机理是安全管理的一个重要内容,属于经济学与安全科学交叉综合性科学范畴,是社会科学和自然科学相结合的产物。相关理论基础包括安全经济学、企业安全投资理论、事故经济损失估算、事故非经济损失估算、生命的经济价值理论等,本章根据相关文献资料[11,20],主要介绍相关的经济理论基础。

3.2 安全经济学基本理论

3.2.1 安全经济学基本原理

1. 安全与经济双赢原理

项目安全决策者所制定的安全经济政策必须取得安全规律与经济规律的协同效果才能实现项目安全与经济的双赢,称之为安全与经济双赢原理。对于项目决策者来说,只有认识到不同发展阶段事故发生的特点,才能制定出具有针对性的安全投资决策,不能不顾及项目经济发展无限制地追求安全水平的提高,也不能只注重经济发展而忽视安全生产。只有同时兼顾安全性和经济性,才能实现可持续发展。

2. 安全状态转换原理

属于共有态的安全资源需要通过政府引导最大限度地进入市场态或公共态,称之为安全状态转换原理。经济中的物品按照人类对其管理的状态大致可以分为三类:第一类是市场态物品,由市场进行配置;第二类是公共态物品,主要由政府提供;第三类是共有态物品,由自然界提供(无人主动提供)。市场态与公共态的物品由于具有可持续供给与可持续的需求,故运行效果良好。安全资源在一定程度上具有共有态物品的特征,需要政府宏观管制政策的引导,使其进入市场态或公共态。为了控制项目事故的发生,政府需要制定相应的安全生产政策,甚至制定强制性的安全行为规则,从而促使企业在项目实施之前创造安全生产条件。

3. 安全内部化原理

安全事故的负外部性最大限度地内部化,称之为安全内部化原理。安全事故的负外部性表现在:首先,安全生产事故的发生对员工及家庭、亲友等共同体将造成严重的损害,这种损害不仅包括经济上的,也包括精神上的;其次,员工的伤亡使得大量的公共支出费用投入到救援、医疗等领域,而这些领域并不能直接带来社会财富的增加;再次,商家降低安全条件而获取暴利的现实将带来恶劣的示范作用,进而诱导其他商家竞相效仿;最后,还有一个伦理问题,即人们对生命价值和尊严的态度可能会因为重特大安全事故的发生而发生改变,导致社会价值观的腐蚀。由于安全负外部性具有非排他性,因此,要克服生产事故可能引发的负外部效应,政府必须担负起安全生产监管的职责,采取各种努力来保障人们的安全健康。

3.2.2 安全经济学的基本函数

从经济利益角度来看,安全具有减少或避免事故带来的经济消耗和损失,维持生产力与保障社会财富增值的双重功能和作用。从安全的经济功能来看,目前用得比较多的是如下几种安全经济函数[11,189]。

1. 安全损失函数和增值函数

安全具有两种经济功能:第一种是"减损功能",即安全能直接减少或避免事故的发生从而减少对人、企业、社会和自然造成的损害,实现保护人类财富和减少损失的功能;第二种是"增值功能",即安全能保障劳动条件,从而提高生产效率,实现其间接为社会增值的功能。

安全的第一种功能是"减损功能",可用损失函数 $L(S)$ 来表达,如式(3.1):

$$L(S) = L\exp\left(\frac{l}{S}\right) + L_0 \quad (l>0, L>0, L_0<0) \tag{3.1}$$

式中:l——单位安全系数下的损失量(统计常数);

L_0——非安全事故下的正常损失量(统计常数);

L——安全损失变量;

S——安全性。

安全的第二种功能是"增益功能",可用增值函数 $I(S)$ 来表达,如式(3.2):

$$I(S) = I\exp\left(-\frac{i}{S}\right) \quad (I>0, i>0) \tag{3.2}$$

式中:I、i——统计常数;

其他符号含义同式(3.1)。

两种收益功能曲线如图3.1所示,安全增值函数 $I(S)$ 是一条向右上方倾斜的曲线,随着安全性的增加而不断增加,当安全性达到100%时,曲线趋于平缓,其最大值取决于技术系统本身的功能。损失函数 $L(S)$ 是一条向右下方倾斜的曲线,随着安全性的增加而不断减少,当系统无任何安全性时,系统的损失达到最大值(趋于无穷大),即此时($S=0$),从理论上讲损失趋于无穷大;当安全性达到100%时,曲线几乎与横坐标相交,其损失达到最小值,可视为零,即当 S 趋于100%时,损失趋于零。

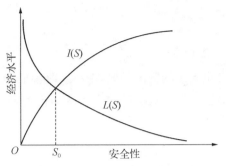

图 3.1 安全损失函数和增值函数

由图 3.1 可知,当安全性为 S_0 时,损失函数曲线和增值函数曲线相交,此时安全增值与事故损失值相等,安全增值产出与事故带来的损失相抵消。当安全性小于 S_0 时,事故损失大于安全增值产出;当安全性大于 S_0 时,安全增值产出大于事故损失,此时系统获得正的效益,安全性越高,系统的安全效益越好。

2. 安全功能函数

"减损功能"和"增益功能"这两种基本功能构成了安全的全部经济功能。用安全功能函数 $F(S)$ 来表达,即将损失函数 $L(S)$ 乘以"−"号后,与增值函数 $I(S)$ 叠加,得出安全功能函数曲线 $F(S)$,如式(3.3)和图 3.2 所示。

$$F(S)=I(S)+[-L(S)]=I(S)-L(S) \tag{3.3}$$

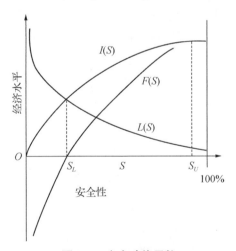

图 3.2 安全功能函数

对 $F(S)$ 函数进行分析,可得到如下结论:

当安全性趋于零,即技术系统毫无安全保障,系统不但毫无利益可言,还将出现趋于无穷大的负利益(损失)。

当安全性到达 S_L 点,由于正负功能抵消,系统功能为零,因而 S_L 是安全性的基本下限。当 S 大于 S_L 后,系统出现正功能,并随 S 增大,功能递增。

随着安全性 S 逐渐增大,功能函数值增加的速率逐渐降低,并最终局限于技术系统本身的功能水平。由此说明,安全不能改变系统本身的增值水平,但保障了系统增值功能,从而体现了安全自身价值。

3. 安全成本函数与安全效益函数

安全功能函数反映了安全系统的输出状况,提高或改善了安全性投入,揭示了安全投入成本,并且安全性要求越高,安全投入成本就越高。从理论上讲,要达到100%的安全(绝对安全),所需安全投入就会趋于无穷大(实际上,这是不可能的)。由此可推出安全成本函数$C(S)$如式(3.4):

$$C(S) = C\exp\left[\frac{c}{1-S}\right] + C_0 \quad (C>0, c>0, C_0<0) \tag{3.4}$$

安全成本函数及效益函数如图3.3所示,从中可看出:

(1)实现系统的初步安全(较小的安全性)所需成本是较小的。随着S的增大,成本随之增大,并且递增率越来越大,当S趋于100%时,成本趋于无穷大。

(2)当S达到或接近100%的某一点S_U时,安全功能费用与所耗成本相抵消,系统毫无效益。这是社会所不期望的。

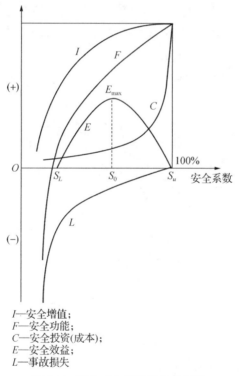

I—安全增值;
F—安全功能;
C—安全投资(成本);
E—安全效益;
L—事故损失

图3.3 安全成本函数及效益函数

$F(S)$函数与$C(S)$函数之差就是安全效益,用安全效益函数$E(S)$来表示,如式(3.5):

$$E(S) = F(S) - C(S) \tag{3.5}$$

从图3.3可看出,在S_0点$E(S)$取得最大值。S_L和S_U是安全经济盈亏点,它们决定了S的理论上下限。在S_0点附近,能取得最佳安全效益。当S从$S_0-\Delta S$增至S_0时,成本增

值 C_1 小于功能增值 F_1，因而当 $S<S_0$ 时，增加 S 是值得的；当 S 从 S_0 增至 $S_0+\Delta S$，成本增值 C_2 大于功能增值 F_2，因而当 $S>S_0$ 时，增加 S 就不合算了。

4. 安全负担函数

安全涉及两种经济消耗：事故损失和安全成本。两者之和表明了人类的安全经济负担总量，用安全负担函数 $B(S)$ 来表示，如式(3.6)：

$$B(S)=L(S)+C(S) \tag{3.6}$$

$B(S)$ 反映了安全经济总消耗，如图 3.4 所示。

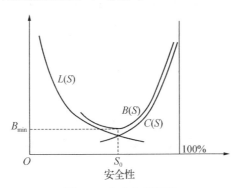

图 3.4 安全负担函数

安全经济优化的一个目标就是使 $B(S)$ 取得最小值。在 S_0 点处有 B_{min}，而 S_0 点处安全效益最大，此时的 S_0 点可由式(3.7)求得：

$$\frac{dB(S)}{dS}=0 \tag{3.7}$$

上述安全经济特征的描述，并不在于是否定量、精确与否，而是在于揭示安全经济活动的某些规律，这有助于正确认识安全经济问题，指导安全经济决策。

3.2.3 安全经济学的基本规律

根据安全经济学的基本特征，安全效益和安全利益存在一定的规律性。研究安全效益与安全利益的内部经济规律，可以寻求安全生产和经济效益的最大化。

1. 安全效益规律

从不同的角度来看，安全效益的表现形式有所不同。按所属层次，安全效益表现为微观效益和宏观效益；按安全投入效益的表现形式，安全效益可以分为直接效益和间接效益；按性质，安全效益可以分为经济效益和非经济效益。

为了使人类获得总体的最佳安全效益，需要对安全与经济进行合理调控。宏观上要避免只顾局部不顾整体、只顾当前不顾长远效益的现象；微观上既要考虑到先进性也要考虑到适用性，既要考虑到企业自身的、内部的、直接的经济效益，也要考虑到社会的、外部的、间接的效益，使社会总体的安全得到合理的规划和发展。

2. 安全经济利益规律

安全经济利益规律是指在实施安全对策的过程中，所发生的人与人、人与社会、个人与企业、社会与企业间的安全经济利益的关系,以及不同条件下的安全经济利益规律。

从空间上分析,安全经济利益有如下层次关系:① 以国家或社会为代表的所有者利益安全与否影响其财富和资金积累,甚至社会稳定;② 以企业为代表的经营者利益安全与否影响其生产资料能力的发挥,以及产品质量与经营效益的得失;③ 以个人为代表的劳动者利益安全与否影响的是本人的生命、健康、智力与心理、家庭及收入的得失。

从时间上分析,安全经济利益一般经历负担期Ⅰ(或称投资无利期)、持续强利期Ⅱ、利益萎缩期Ⅲ、无利期Ⅳ、失效期Ⅴ的多期循环,如图3.5所示。对安全经济利益进行有效控制和引导,缩短安全经济利益的负担期和无利期,延长安全经济利益的持续强利期,使之朝着安全经济利益方向发展,这是研究安全经济利益规律的目标和动力。

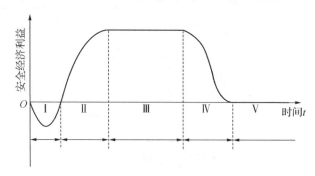

图 3.5　安全经济利益规律

3.3　安全投资理论

3.3.1　安全投资的内涵

1. 安全投资

国内关于安全投资理论的研究目前尚处于起步和发展阶段,其理论体系还不完善,尤其是关于安全投资的概念在理论界还未达成共识。目前主要从如下三个方面来认识:

(1) 从成本角度来讲,安全投资是人们为了安全需要付出的成本。从一般意义上来讲,安全投资是以追求人的生命安全与健康、生活保障和社会安定为目的而付出的成本总和,而非目的性的事故损失和赔偿不属于安全投资的范畴。

(2) 从费用角度来看,安全投资是指为了提高系统的安全性、预防各种事故的发生、防止因工伤亡、消除事故隐患、治理尘毒作业区的全部费用,即为保护职工在生产过程中的安全和健康所支出的全部费用。

以上两个定义从解决安全问题的角度出发,突出了人力、物力和财力的投资内涵。

(3) 从投入产出角度来看,安全投资是为达到预期安全收益,投入一定量的货币将其不断转化为资产的一系列经济活动,包含了把资金投到安全活动中去的内涵。但该定义的目的性不明确,容易使人产生对投资回报能否达到预期效果的歧义。

萨缪尔森(Samuelson)认为投资是为了增加未来产量而放弃目前的消费[11,20]。从这个意义上来讲,安全投资放弃了目前资金的其他用途,而用于安全活动,目的是提高项目的安全水平,增加产量,获得收益。这样,项目管理者在将资金投入安全活动时,必须同时满足以下两个条件:① 该安全活动是必需的动态活动;② 该项投资的收益大于或等于该项投资的机会成本。前者是安全投资活动的前提,是投资的充要条件。后者是安全投资活动衡量的标准,是投资项目的决策依据。该项投资的收益不仅指经济收益,同时也包括社会收益和环境收益,这样才能体现安全活动的目的和社会责任。

因此,本章将安全投资定义为:安全投资是组织为了实现安全活动的既定目标和责任,有效整合各种资源,使之转化为资产的创造性的动态经济活动。

2. 安全投资与安全投入、安全成本的区别

安全投入、安全成本和安全投资有着密不可分的联系,但它们之间也有区别。安全投入是预想达到的,是根据上年度的安全状况而定的,如维修、劳防用品投入等。安全投入既指企业安全生产所进行的一系列活动,还可以是投入到安全活动中的资源(包括人力、财力、物力和时间等),其目的是提高安全水平。安全投入从安全产出的角度来表征安全经济活动,安全成本从消耗的角度来表征安全经济活动,安全投资从资金运动的角度来表征安全经济活动,安全投资是安全投入的货币化形式,而安全成本既包括安全投入也包括事故损失。

3.3.2 安全资金来源

由于企业生产的根本目的在于追求经济利润,在资源紧张的情况下,其安全投入往往被忽视。如果不进行安全投入,企业安全生产就没有保障。因此,需要拓宽安全资金的来源渠道。传统的安全资金来源主要有如下五种:

(1) 国家在工程项目中的预算安排,包括安全设备、设施等内容的项目预算费用。

(2) 国家劳动部门给企业下拨的安全技术专项措施费。

(3) 企业按年度提取的技术设施的更新改造费用(国务院曾于1979年规定:企业每年在固定资产更新和技术改造费中提取10%～20%(矿山、化工、金属冶炼企业应大于20%)用于改善劳动条件。1993年新的会计制度实行后,这一规定被取消)。

(4) 项目生产性费用中用于支付安全或劳动保护的费用。

(5) 企业从利润留成或福利中提取的保健、职工人身保险费用。

随着我国市场经济运行机制的逐步建立,安全投入资金的筹集方式也发生了变化。新形势下,安全资金来源主要有以下五种:

(1) 按照将用于安全的固定资产进行每年折旧的方式,来筹措当年安全技术措施费。

(2) 根据产量(或产值)按比例提取安全资金。

(3) 征收事故或危险源罚金。

(4) 工伤保险基金的提取。

(5) 按需投入。在部分企业中,没有设立专门的安全生产专项经费,而是根据实际情况需要进行拨款,款项来源基本是利润或企业的流动资金。这类没有安全投入预算,属于经验型的随机投入。

3.3.3 安全投资决策方法

1. "利益-成本"分析决策方法

1) 基本理论和思想

根据经济学理论,安全经济效益有两种具体表现方式。

(1) 用"利益"的概念来表达安全的经济效益,如式(3.8):

$$E=\frac{B}{C} \tag{3.8}$$

式中:E——安全经济效益;
B——安全产出量;
C——安全投入量。

(2) 用"利润"的概念来表达安全的经济效益,如式(3.9):

$$E=B-C \tag{3.9}$$

式中:E——安全经济效益;
B——安全产出量;
C——安全投入量。

说明:

① 式(3.8)和式(3.9)表明安全产出和安全投入两大经济要素具有相互联系、互相制约的关系,评价安全经济效益,这两大经济要素缺一不可。

② 式(3.8)表明,安全经济效益反映了单位安全投入所获得的符合社会需要的安全产出成果。

③ 安全经济效益的数值越大,表明安全活动的成果量越大,所以安全经济效益是评价安全活动总体的重要指标。安全经济效益与安全劳动消耗(安全投入量)之积,便是安全的成果(安全产出量),而当这项成果的价值大于它的劳动消耗时,其乘积反映了某项安全活动的全部经济效益,这和经济效益的概念是完全一致的。

"利益-成本"分析决策方法是一种以安全利益(利益成本比)方案为优选依据的一种决策方法,该方法最基本的工作就是把安全措施方案的利益值计算出来。

2) 基本思路

(1) 计算安全方案的效果,如式(3.10):

$$R=U\times P \tag{3.10}$$

式中:R——安全方案效果;
U——事故损失期望;
P——事故概率。

(2) 计算安全措施方案的利益,如式(3.11):

$$B=R_0-R_1 \tag{3.11}$$

式中:B——安全方案利益值;
R_0——安全措施方案实施前的效果;

R_1——安全措施方案实施后的效果。

(3) 计算安全方案的效益,如式(3.12):

$$E=\frac{B}{C} \tag{3.12}$$

式中:E——安全效益;

B——安全利益值;

C——安全方案的投资。

因此,安全措施方案的优选决策步骤为:

① 用有关危险分析技术,如 FTA(故障树分析)技术,计算系统原始状态下事故发生的概率 P_0。

② 用有关危险分析技术,分别计算出各种安全措施方案实施后系统事故发生的概率 $P_1(i),i=1,2,\cdots$。

③ 在事故损失期望 σ 已知的情况下,计算出各种安全措施方案实施前的系统事故效果,如式(3.13):

$$R_0=UP_0 \tag{3.13}$$

④ 计算出各种安全措施方案实施后的系统事故效果,如式(3.14):

$$R_1(i)=UP_1(i) \tag{3.14}$$

⑤ 计算系统各种安全措施实施后的安全利益,如式(3.15):

$$B(i)=R_0-R_1(i) \tag{3.15}$$

⑥ 计算系统各种安全措施实施后的安全效益,如式(3.16):

$$E(i)=\frac{B(i)}{C(i)} \tag{3.16}$$

⑦ 根据 $E(i)$ 值选择最优方案——$\text{Max}E(i)$。

2. 安全投资的综合评分决策法

1) 综合评分决策法的基本思想

该方法是由美国格雷厄姆(Graham)、金尼(Kinney)等在安全评价方法基础上开发出的,用于安全投资决策的一种方法。

该方法基于加权评分理论,根据影响评价和决策因素的重要性,以及反映其综合评价指标的模型,设计出各参数的定分规则,然后依照给定的评价模型和程序,对实际问题进行评分,最后给出决策结论。具体的评价模型——投资合理性计算公式如式(3.17):

$$投资合理性=\frac{事故后果严重性(R)\times 危险性作业程度(E)\times 事故发生可能性(P)}{经费指标(C)\times 事故纠正程度(D)} \tag{3.17}$$

说明:分子是危险性评价的三个因素,反映了系统的综合危险性;而分母是投资强度和效果的综合反映。

2) 综合评分决策法的技术步骤

(1) 确定事故后果严重性 R 的分值

事故后果的严重性是反映某种险情引起的某一事故最大可能的结果,包括人身伤害和财产损失的结果。事故造成的最大可能后果用额定分值来计算,特大事故定为 100 分,轻微的割伤则定为 1 分,根据严重程度往下类推,见表 3.1。

表 3.1 事故后果严重性 R 的分值

后果严重程度	分值
① 特大事故,死亡人数很多,经济损失高于 100 万美元,有重大破坏	100 分
② 死亡数人,经济损失为>50 万美元～100 万美元	50 分
③ 有人死亡,经济损失为>10 万美元～50 万美元	25 分
④ 有极严重的伤残(截肢,永久性残疾),经济损失为>0.1 万美元～10 万美元	35 分
⑤ 有伤残,经济损失为 0.1 万美元及以下	5 分
⑥ 轻微割伤,轻微损失	1 分

(2) 确定危险性作业程度 E 的分值

危险性作业程度是指人员暴露于危险性作业条件下的频率。

(3) 确定事故发生可能性 P 的分值

事故发生可能性是指危险性作业条件下事故发生的可能性大小,其结果会造成各种伤亡和损失。

(4) 确定经费指标 C 的分值

按照表 3.2 确定经费指标 C 的分值。

表 3.2 经费指标分值表

经费	分值
50 000 美元以上	10 分
25 000～50 000 美元	6 分
10 000～<25 000 美元	4 分
1 000～<10 000 美元	3 分
100～<1 000 美元	2 分
25～<100 美元	1 分
25 美元以下	0.5 分

(5) 确定事故纠正程度 D 的分值

企业采取安全措施后,会对事故的发生起到一定的纠正作用,可根据表 3.3 来确定事故纠正程度 D 的分值。

表 3.3 事故纠正程度分值表

纠正程度	分值
险情全部消除（100%）	1分
险情的降低程度为75%～<100%	2分
险情的降低程度为50%～<75%	3分
险情的降低程度为25%～<50%	4分
险情仅有稍微缓和（少于25%）	6分

使用公式时，先查出对应情况分值，代入计算即得合理性的数值。合理性的临界值被选定为10。如果计算出的合理性分值高于10，则经费开支被认为是合理的；如果低于10，则认为是不合理的。

3. 安全投资合理度求算的诺模图方法

诺模图是根据一定的几何条件（如三点共线），把一个数学方程的几个变量之间的函数关系画成相应的用具有刻度的直线或曲线表示的计算图表。利用诺模图对安全投资合理度进行计算方便明了。

安全投资合理度计算的诺模图方法的步骤如下：

（1）根据危险性评价诺模图中事故发生的可能性、作业危险性和事故可能后果确定危险分级。

（2）把危险分级结果代入如图 3.6 所示的危险性评价诺模图。

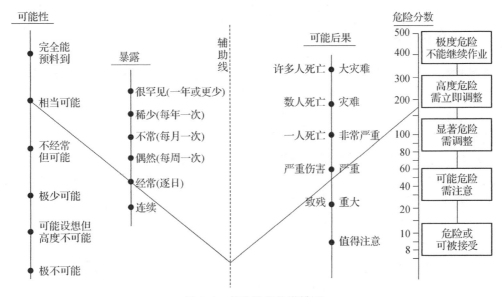

图 3.6 危险性评价诺模图

（3）根据危险分级、措施的可能纠正效果和投资强度（措施费）确定投资合理性，从而做出投资的"很合理""合理""不合理"三种决策，如图 3.7 所示。

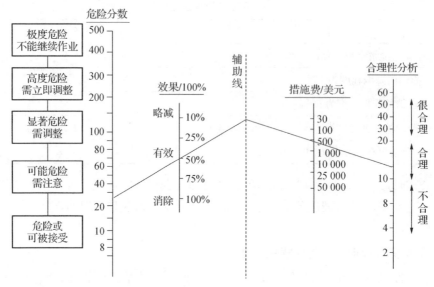

图 3.7 安全投资效果合理性决策诺模图

诺模图方法考虑了决定危险性的主要因素,为采取措施降低危险性,可以通过减少这些因素的分数值来实现。

3.4 事故经济损失估算

3.4.1 事故经济损失的内涵

合理估算各类事故损失,首先需要明确事故损失的相关概念及其内涵。因此,有必要界定事故损失的相关概念,并阐述事故损失的不同分类方法。

(1) 事故损失。事故损失是指由意外事件造成的生命与健康的丧失、物质或财产的毁坏、时间的损失、环境的破坏等,也称为事故费用。

(2) 事故经济损失。事故经济损失是指意外事件造成的一切经济价值的减少、费用支出的增加、经济收入的减少,泛指与事故直接或间接相联系,能够用货币直接估价的损失。

(3) 事故非价值因素损失。事故非价值因素损失又称事故非经济损失,是指意外事件造成的非价值因素(生命、健康、环境、工效、商誉等)的破坏,用货币价值测定。

(4) 事故直接经济损失。事故直接经济损失是指事故发生时,与事故直接相关的,能用货币直接估价的损失。例如事故导致的设备、设施、材料、产品等物质或财产的损失。

(5) 事故间接经济损失。事故间接经济损失是指与事故间接相关的,能用货币直接估价的损失。例如事故导致的处理费用、赔偿费、医疗费、罚款、停工或停产损失等事故非当时的间接经济损失。

(6) 事故直接非经济损失。事故直接非经济损失是指与事故直接相联系的,难以用货币直接估价的损失。例如事故导致的人的生命健康、环境的毁坏等损失。

（7）事故间接非经济损失。事故间接非经济损失是指与事故间接相联系的，不能用货币直接定价的损失。例如事故导致的工效影响、声誉损失、政治安定影响等。

（8）事故直接损失。事故直接损失是指与事故直接相联系的，能用货币直接或间接定价的损失。它包括事故直接经济损失和事故直接非经济损失。

（9）事故间接损失。事故间接损失是指与事故间接相联系的，能用货币直接或间接定价的损失。它包括事故间接经济损失和事故间接非经济损失。

3.4.2 国外事故经济损失要素及其计算方法

1. 日本野口三郎提出的计算方法

日本对于事故损失的计算，采用的是野口三郎提出的计算方法。该方法将事故损失分为七部分，总损失为以下七个部分费用总和。

（1）法定补偿费用（保险支出部分）

① 疗养补偿费（包括长期伤病补偿费）。

② 休养补偿费（由保险支付的部分）。

③ 残疾补偿费。

④ 遗嘱补偿费。

⑤ 祭葬费。

法定补偿费用[保险支出部分总额见式(3.18)]。

$$法定补偿费用（保险支付部分）=（疗养补偿费+休养补偿费+残疾补偿费+遗嘱补偿费+祭葬费）\times \left(1+\frac{15}{115}\right) \quad (3.18)$$

（2）法定补偿费用（公司负担部分）

歇工 4 天以下的歇工补偿费用由公司负担。

（3）法定补偿以外的费用支出

① 各种探望费、补偿费（根据公司规程、协议约定）。

② 退职金补贴。

③ 供品费、花圈费等。

④ 公司举行葬礼时的费用或葬礼补助经费。

⑤ 对住院者的法定疗养补偿以外的经费。

⑥ 其他法定以外的经费。

法定补偿以外的费用支出总额为以上各项之和。

（4）事故造成人的损失

① 受伤者的损失。包括当天的工时损失、停工期间的工时损失、因看病或其他原因造成的工时损失。

② 其他人员的损失。包括救助、护理等造成的工作时间损失，停工、事故调查、研究对策、记录等造成的工作时间损失，为复工准备所用的非工作时间损失，探望、护理等非工作时间损失，混乱、围观、起哄造成的非工作时间损失。

事故造成人的损失为以上2项损失之和乘以平均工资,如式(3.19)。

$$事故造成人的损失 = 平均工资 \times (受伤者的损失 + 其他人员损失) \quad (3.19)$$

(5) 事故造成物的损失

① 建筑物、设备等的损失。

② 机械、器具、工具的损失。

③ 原料、材料、半成品、成品等的损失。

④ 护具等的损失。

⑤ 动力、燃料等的损失。

⑥ 其他物的损失。

事故造成物的损失为以上6项损失之和。

(6) 生产损失

① 恢复因事故造成的减产而多负担的经费。

② 因事故造成停产或减产使利润减少的金额。

生产损失为以上2项损失之和。

(7) 特殊损失费

① 新替换人员能力不足造成的全部工资损失。

② 受伤者返回车间后增加支付的工资损失。

③ 处理事故的旅费、通信费等。

④ 对外接待费。

⑤ 诉讼及根据诉讼结果支付的费用。

⑥ 因未完成合同而支付的延迟费及其他费用。

⑦ 新员工录用费。

⑧ 对新录用人员的培训费等。

⑨ 因工伤而引发的事故直接损失。

⑩ 对第三方的补偿、探望、酬谢等费用。

⑪ 恢复生产所需的金融措施费及利率负担。

⑫ 其他伴随着事故发生而由经营者负担的费用。

特殊损失费为以上12项损失或费用之和。

2. 法国学者伯纳德(Bernard)提出的方法

(1) 时间损失的工资费用

① 受伤害人员:事发当日的工时损失,日后厂内和厂外的治疗时间损失,身体康复保健的时间损失。

② 其他员工:慰问、援助,工作停止(因机械设备受损或对受伤害人员的协助),讲评事故等导致的时间损失。

③ 干部或工会代表:帮助受伤害人员,调查事故原因,雇用和培训新员工,撰写事故报告或回答有关上级部门或司法部门的传讯等导致的时间损失。

④ 企业外的救护人员、独立医疗服务部人员、护士和安全保障人员等(企业内部的安全

保障服务和医疗服务等不计)的时间损失。

⑤ 设备修理、工作场所管理等的时间损失。

⑥ 行政人员(负责申报的编辑工作人员、开工资清单的人员、事故统计登记人员等)的时间损失。

(2) 人员管理费用

包括：雇用费用(选拔、行政开销、体检、培训)；支付给受伤害人员补偿保险费之外的工资补助(劳资协议)；康复治疗费用；为弥补产量损失的加班工资；以社会名义给予的赔偿；社会福利事业的开支；产量降低的损失；受伤害人员复工后能力不足带来的损失；替代人员能力不足带来的损失；工作节奏切断导致的生产率下降带来的损失；受伤害人员个人财产的补偿；新聘员工的个人装备费用。

(3) 物质损失

包括：机器、设备及其他财产损失；原材料、产品等的损失；事故造成的必要的改建费用；因事故受损物体在修补期间租用场地的费用；受损物体保险费用的增加。

(4) 其他费用

包括：鉴定费用；伤害人员的转移费用；急救费用；补偿保险之外企业支付的赔偿，包括对不能继续留在公司内人员的补偿费用；解雇人员时的必要赔款和专门用途拨款；延期交货的赔款；为挽回公司信誉而用于社会效应的费用；为重新提高生产效率而花的费用，包括机械设备方面的费用；支付给受伤害人员的生活补助(房租、暖气、照明、能源费等)。

3. 加拿大学者布罗迪(Brody)等人提出的方法(间接费用)

(1) 时间损失(事故发生日)

事故发生后各种不同岗位的人员未工作的时间，但需支付他们工资。这些损失包括：受伤害人员当日的工作时间；同事观看、援助的时间；因需受伤害人员的工作而被迫停工的时间；直接监督人立即介入事故，其对正常生产活动贡献的时间；被召唤到现场的医生、护士、急救专家的时间；工会代表放下正常的工作职责，介入事故的时间。

(2) 物质损失

物质损失包括：机械修理(内部或外部)费用；原材料损失；最终产品、半成品损坏；清理费用(例如机械人员的保险，保险费是直接损失，但如导致保险费增加，则增加的额外部分是间接费用)。

(3) 管理人员的时间损失

管理人员的时间损失包括：管理人员、医生、护士在事故发生后进行调查、撰写报告和取证的时间(注意：部分调查过程是为预防事故重演，因而属于可变的预防费用)；直接监督人重新组织生产的时间；新员工的招雇和培训时间；人事部门、职业安全卫生管理部门与外部调查机构和保险机构联系事务的时间。

(4) 生产损失

生产损失包括：新员工上岗后能力不足导致的产量降低损失；受伤害人员返回工作岗位后能力不足带来的损失；同事们因缺乏安全保障的环境而情绪不佳致使生产效率下降，未完成原定工作任务而加班的费用；受伤害人员去诊所、参加听证会和调查的时间损失。

(5) 其他损失

其他损失包括：急救物资费用；送受伤害人员去医院的交通费用；增补员工的管理费用；诉讼费用；听证会上医学专家的鉴定费用；受伤害人员缺工期间的附加福利。

3.4.3 国内事故经济损失要素及其计算方法

1.《企业职工伤亡事故经济损失统计标准》中的计算方式

1）事故经济损失要素

1986年制定的《企业职工伤亡事故经济损失统计标准》(GB 6721—1986)，把伤亡事故经济损失定义为企业职工在劳动生产过程中发生伤亡事故所引起的一切经济损失，包括直接经济损失和间接经济损失。事故造成的人身伤亡和处理事故所支出的费用，以及毁坏财产的价值，属于直接经济损失；而产值减少、资源破坏等受事故影响而造成的其他经济损失属于间接经济损失。标准规定了直接经济损失和间接经济损失的统计范围，见表3.4。

表3.4 国标中事故经济损失的统计范围

损失类别	统计范围	
直接经济损失	人身伤亡后所支出的费用	医疗费用（含护理费用）
		丧葬及抚恤费用
		补助及救济费用
		歇工工资
	善后处理费用	处理事故的事务性费用
		现场抢救费用
		清理现场费用
		事故罚款和赔偿费用
	财产损失价值	固定资产损失价值
		流动资产损失价值
间接经济损失		停产、减产损失价值
		工作损失价值
		资源损失价值
		处理环境污染的费用
		补充新职工的培训费用
		其他损失费用

2）事故经济损失要素计算

(1) 事故经济损失。事故经济损失按照式(3.20)进行计算。

$$E = E_d + E_i \tag{3.20}$$

式中：E——事故经济损失（万元）；

E_d——事故直接经济损失(万元);

E_i——事故间接经济损失(万元)。

(2) 医疗费。医疗费按照式(3.21)进行计算。

$$M=M_b+\frac{M_b}{P}D_c \qquad (3.21)$$

式中:M——被伤害职工的医疗费(万元);

M_b——事故结案日前的医疗费(万元);

P——事故发生之日至结案之日的天数(日);

D_c——延续医疗天数,指事故结案后还须继续医治的时间,由企业劳资部门、工会等按医生诊断意见确定(日)。

注:上述公式计算的是一名被伤害职工的医疗费,一次事故中多名被伤害职工的医疗费应累计计算。

(3) 歇工工资。歇工工资按照式(3.22)进行计算。

$$L=L_q(D_a+D_k) \qquad (3.22)$$

式中:L——被伤害职工的歇工工资(元);

L_q——被伤害职工日工资(元/日);

D_a——事故结案日前的歇工日(日);

D_k——延续歇工日,指事故结案后被伤害职工还必须继续歇工的时间,由企业劳资部门、社会保障部门、工会等与有关单位酌情商定(日)。

注:上述公式计算的是一名被伤害职工的歇工工资,一次事故中多名被伤害职工的歇工工资应累计计算。

(4) 固定资产损失价值。固定资产损失价值按下列情况计算:① 报废的固定资产,按固定资产净值减去残值计算;② 损坏的固定资产,按修复费用计算。

(5) 流动资产损失价值。原材料、燃料、辅助材料等均按账面值减去残值计算,成品、半成品、在制品等均按企业实际成本减去残值计算。

(6) 停产、减产损失价值。停产、减产损失按事故发生之日起到恢复正常生产水平时止计算其损失的价值。

(7) 工作损失价值。工作损失价值按照式(3.23)进行计算。

$$V_w=D_L\frac{M}{SD} \qquad (3.23)$$

式中:V_w——工作损失价值(万元);

D_L——一起事故的总损失工作日数,死亡一名职工按 6 000 个工作日计算(日);

M——企业上年利税(税金加利润)(万元);

S——企业上年平均职工人数(人);

D——企业上年法定工作日数(日)。

2. 理论计算方法

根据事故经济损失的定义,事故经济损失由直接经济损失和间接经济损失两部分构成。

1) 事故直接经济损失

事故直接经济损失是指事故当时的,与事故直接相关的能用货币直接估价的损失。包括设备、设施、工具等固定资产的损失,材料、产品等流动资产的物质损失,资源(矿产、水源、土地、森林等)遭受破坏的价值损失。

(1) 设备、设施、工具等固定资产的损失 $L_{设}$,分两种情况。

① 固定资产全部报废时,按式(3.24)计算。

$$L_{设}=资产净值-残存价值 \tag{3.24}$$

② 固定资产可修复时,按式(3.25)计算。

$$L_{设}=修复费用\times修复后设备功能影响系数 \tag{3.25}$$

(2) 材料、产品等流动资产的物质损失 $L_{物}$,按式(3.26)计算。

$$L_{物}=W_1+W_2 \tag{3.26}$$

式中:W_1——原材料损失,按账面值减去残值计算;

W_2——成品、半成品、在制品损失,按本期成本减去残值计算。

(3) 资源(矿产、水源、土地、森林等)遭受破坏的价值损失 $L_{资源}$,按式(3.27)计算。

$$L_{资源}=损失(破坏)量\times资源的市场价格 \tag{3.27}$$

2) 事故间接经济损失

事故间接经济损失是与事故间接相关的,能用货币直接估价的损失,包括事故现场抢救与处理费用,事故处置事务性开支,人员伤亡的丧葬、抚恤、医疗及护理、补助及救济费用,休工的劳动损失价值。

(1) 事故现场抢救与处理费用,按实际支出统计。

(2) 事故处置事务性开支,按实际支出统计。

(3) 人员伤亡的丧葬、抚恤、医疗及护理、补助及救济费用,按实际支出统计。

事故已处理结案,但未能结算的医疗费用可按式(3.21)计算。

其中,补助费、抚恤费的停发日期可按下列原则确定:① 被伤害职工供养未成年直系亲属抚恤费累计统计到16周岁(普通中学在校生累计统计到18周岁);② 被伤害职工及供养成年直系亲属补助费、抚恤费累计统计到中国人口的平均寿命。

(4) 休工的劳动损失价值,是指受伤害人由于丧失一定程度的劳动能力而少为企业创造的价值,其计算方法有如下三种:

① 按工资总额计算,如式(3.28)。

$$L_{E_1}=\frac{D_L P_{E_1}}{NH} \tag{3.28}$$

② 按净产值计算,如式(3.29)。

$$L_{E_2}=\frac{D_L P_{E_2}}{NH} \tag{3.29}$$

③ 按企业税利计算,如式(3.30)。

$$L_{E_3}=\frac{D_L P_{E_3}}{NH} \tag{3.30}$$

式中：$L_{E_1}, L_{E_2}, L_{E_3}$——劳动损失价值(元)；

D_L——企业总损失工作日数(人·天)；

N——上年度职工人数(人)；

H——企业全年法定工作日数(天)；

P_{E_1}——企业全年工资总额(元)；

P_{E_2}——企业全年净产值(元)；

P_{E_3}——企业全年税利(元)。

上述三种方法的区别仅是计算式分子所采用的指标不同。

第一种方法用的指标是工资。工资是指劳动者必要劳动创造的，并作为劳动报酬分配给劳动者的那部分价值，用工资总额进行计算，显然不能反映被伤害职工因工作损失少为国家和社会创造的价值。

第二种方法用的指标是净产值。净产值是指劳动者在一定时间内新创造的价值，包括补偿劳动力的价值和为国家及社会创造的价值两部分。具体来说，包括利润、税金、利息支出、工资、福利费等项目。用净产值计算，劳动损失价值就偏大，因为净产值包括工资、福利费等，这些不是为国家和社会创造的价值，而是用来补偿劳动者本身的一些正常开支，是劳动者本身所要消耗的。所以用净产值这个指标进行计算，也不能如实反映被伤害职工因工作损失少为国家和社会创造的价值。

第三种方法用的指标是税金与利润之和。它是劳动者超出必要劳动时间所创造的那部分价值，也就是职工在一定时间内为国家和社会所提供的纯收入，具体表现为企业销售收入扣除成本之后的余额。因为劳动损失价值用税金加利润进行计算，能如实地反映被伤害职工因工作损失少为国家和社会创造的价值，并且税金和利润这两个指标是目前常用来评估企业经济效益的综合指标，所以用这两者来计算比较符合实际情况。

《企业职工伤亡事故经济损失统计标准》(GB 6721—1986)中，劳动损失价值建议按第三种方法计算。

3.4.4 事故经济损失估算方法

1. 国外事故经济损失估算方法

1) 比例系数法

在工伤保险制度较为完善的条件下，将保险费用作为事故直接经济损失，按照间接损失与直接损失的比值，就可以求得事故间接经济损失，从而求得总损失。不同学者用不同方法，在不同国家、不同行业、不同时期得到不同的比例系数，见表3.5。可以看出，事故比例系数差异较大，主要是因为事故间接经济损失、直接经济损失所统计的范畴不同，并且各自受多种因素的影响。其中，最具代表性的是美国学者海因里希的研究。他把一起事故的损失划分为两类：将生产公司补偿、保险公司支付的金额划分为直接损失，把除此以外的财产损失和因停工使公司受到的损失划分为间接损失，并对部分事故损失情况进行了调查研究，得出直接损失与间接损失的比为1:4。这说明，事故所造成的间接损失比直接损失大得多。

表 3.5 事故间直损失比例系数

研究机构(者)	基准年	事故间直损失比例系数	说明
海因里希	1941 年	4	保险公司 5 000 个案例
Bouyeur	1949 年	4	1948 年法国数据
Jacques	20 世纪 60 年代	4	法国化学工业
Legras	1962 年	2.5	从产品售价、成本研究得到
Bird 和 Loftus	1976 年	50	
Letoublon	1979 年	1.6	针对伤害事故
Sheiff	20 世纪 80 年代	10	
Elka	1980 年	5.7	起重机械事故
Leopold 和 Leonard	1987 年	间接损失微不足道	将很多间接损失重新定义为直接损失
Bernard	1988 年	3	保险费用按赔偿额
		2	保险费用按分摊额
Hinze 和 Appelgate	1991 年	2.06	建筑行业公司调查
英国健康安全执行局(HSE)	1993 年	8～36	因行业而不同

2) 西蒙兹计算法

美国西蒙兹(Simonds)教授对海因里希的事故损失计算方法提出了不同的看法,他提出从企业经济角度对事故损失进行判断。按照这一观点,首先把"由保险公司支付的金额"定为直接损失,把"不由保险公司补偿的金额"定为间接损失,这里的非保险费用与海因里希的间接费用虽然出于同样的观点,但其构成要素不同。他还否定了海因里希的直接损失与间接损失的比为 1∶4 的结论,并代之以平均值法来计算事故总损失,并用式(3.31)表示。

$$L_t = L_d + L_i = F_i + AS_t + BH_t + CA_t + DI_t \tag{3.31}$$

式中:L_t——事故经济总损失(元);

L_d——事故直接经济损失(元);

L_i——事故间接经济损失(元);

F_i——保险费用(元);

S_t——歇工伤害次数(次);

H_t——住院伤害次数(次);

A_t——急救医疗伤害次数(次);

I_t——无伤害事故次数(次);

A、B、C、D——各种不同伤害程度事故的非保险费用平均金额(元/次),是预先根据小规模试验研究(对某一时间不同伤害程度的事故损失进行调查统计,求其均值)而获得的。

西蒙兹没有给出 A、B、C、D 的具体数值,使用时可按不同行业条件采用不同的值,即应根据企业或行业的不同而调整取值,如应根据平均工资、材料费用以及其他费用的变化,A、

B、C、D 的数值随之变化。

上述公式中,不包括死亡和不能恢复全部劳动能力的残疾伤害,当发生这类伤害时,应分别进行计算。

此外,西蒙兹将间接经济损失(没有得到补偿的费用)分成如下几项进行计算:

(1) 非负伤员工由于中止作业而产生的费用损失。
(2) 受到损伤的材料和设备的修理、搬运费用。
(3) 负伤者停工作业时间(没有得到补偿)的费用。
(4) 加班劳动费用。
(5) 监督人员所花费时间的工资。
(6) 负伤者返回车间后生产减少的费用。
(7) 补充新员工的教育和培训费用。
(8) 公司负担的医疗费用。
(9) 进行工伤事故调查付给监督人员和有关员工的费用。
(10) 其他特殊损失,如设备租赁费、解除合同所受到的损失、为招收替班员工而特别支出的费用、新员工操作引起的机械损耗费用(特别显著时)等。

3) 公式法

英国工业联盟在 20 世纪 20 年代提出了一种简单的公式来测定企业因事故和员工疾病引起的财政损失,该公式由斯图普菲格(Stumpfig)在 1970 年提出,并由斯奇巴(Skiba)修正,称为 S-S 公式,S-S 公式提出后受到广泛的肯定,见式(3.32)。

$$C = C_p + C_v = aC_a + bndW_q \tag{3.32}$$

式中:C——职业伤害的全部年费用(元);

C_p——职业伤害的固定年费用(元);

C_v——职业伤害的可变年费用(元);

a——考虑预防事故的固定费用的修正系数,一般取 1~1.5;

C_a——职业伤害保险的年费用(元);

b——考虑企业具体情况的修正系数,一般取 1.2~3;

n——保险予以补偿的年度职业伤害案例数(无量纲);

d——以日计的平均不能工作时间(天);

W_q——日平均工资(元/天)。

这个公式可以包括预防费用,也可以不包括预防费用。该公式将企业职业伤害事故的年费用,通过保险费用和保险补偿的案例统计表达出来,并通过工资来体现。工资是计算保险费用的基础,保险费用按工资的一定比例计算,非保险费用通过案例统计、平均缺工日数、企业支付给受伤害人员的平均日工资三者的乘积来确定。

系数 a、b 要根据不同的国家、行业和企业情况进行调整,使用不同条件的约束。1975 年,德国应用 S-S 公式时所提出的系数值为:a 取 1.1~2.5,b 取 1.2~3.0。

应用该公式需满足如下几个条件:

(1) 工伤保险补偿制度要较为完善。

(2) 企业在生产、运行机制、设备、管理等方面在较长时间内稳定。

(3) 为确定系数的值和平均每个补偿案例的缺工日数,需要通过试验研究或依靠有关的统计数据。

4) 现场跟踪基础上的放大样法

在一个不太长的能代表企业各生产阶段(包含主要生产装置和主要操作程序)的连续或离散的期间内,在现场跟踪记录所有的事故,求出该期间内企业事故经济损失的总费用,然后按考察期间与总体时间的比例折算为总体时间的总费用。欧盟职业安全健康局(EU-OSHA)于1990—1991年开展的此项研究选择了五个不同行业——建筑工地、奶油厂、运输队、海上钻油台、医院,考察时间一般为13周左右,最长的有18周,职工约80~700人,安全卫生水平属于平均水平,对象是可以预防的所有事故。此项研究中的保险费用包括所有种类的保险费用。该方法的可靠性最高,但需要相应的投入也最大,需要大量的人力和时间。

2. 国内事故经济损失估算方法

1) 伤害分级比例系数法

该方法首先需要将人员伤亡分级,并分析其严重度关系,从而确定分级伤害程度比例系数[20,190]。根据国外和我国按休工日数对事故伤害分级的方法,将"休工日规模权重法"作为伤害级别的经济损失系数确定依据。休工日(又称损失工作日)是国际上普遍采用度量伤害严重程度的指标,我国《事故伤害损失工作日标准》(GB/T 15499—1995)对各种伤害的损失工作日做出了明确的规定,以便于在实际工作中统计汇总,通过损失工作日可以方便计算出其经济损失量。

该方法把伤害类型分为14级,以死亡作为最严重级,并将其作为基准级,取系数为1,再根据休工日规模比例,确定各级的经济损失比例系数。考虑到伤害的休工日数与经济损失程度并非线性关系,因此,比例系数的确定按非线性关系处理,见表3.6。

表3.6 各类伤亡情况直接经济损失比例系数

级别	1	2	3	4	5	6	7	8	9	10	11	12	13	14
休工日/天	死亡	7 500	5 500	4 000	3 000	2 200	1 500	1 000	600	400	200	100	50	<50
系数	1	1	0.9	0.75	0.55	0.4	0.25	0.15	0.1	0.08	0.05	0.03	0.02	0.01

在得到各类事故的比例系数后,估算一起事故因人员伤亡造成的实际损失,可用式(3.33)。

$$L_p = V_m \sum_{i=1}^{14} K_i N_i \tag{3.33}$$

式中:L_p——伤亡损失(元);

K_i——第i级伤亡类型的系数(无量纲);

N_i——第i级伤亡类型的人数(人);

V_m——死亡伤害的基本损失,即人生命的经济价值(元/人)。

如果是对一年或一段时期的事故伤亡损失进行估计,则可把N_i的数值用全年或整个时期的伤害人数代替。

2) 伤害分类比例系数法

如果知道各类伤害人员的休工日,但难以确定其伤害级别,而只知其伤害类型时,可采用伤害分类比例系数法进行估算。其分类思想与伤害分级比例系数法是一致的,具体步骤为:

第一步,根据伤亡情况统计比例系数(见表3.7),用式(3.34)计算伤亡直接损失。

$$L_d = V_1 \sum_{i=1}^{14} K_i N_i \tag{3.34}$$

式中:L_d——伤亡直接损失(元);
　　　K_i——第i级伤亡类型的系数(无量纲);
　　　N_i——第i级伤亡类型的人数(人);
　　　V_1——受伤但未住院的伤害的人员基本经济消费(元/人),该值根据不同时期经济水平,按照统计数据取值。

表3.7　各类伤亡情况统计比例系数

伤害类型	1	2	3	4	5
	死亡	重伤已残	重伤未残	轻伤住院	轻伤未住院
系数	40~50	20~25	10~15	3~4	1

第二步,根据直接损失与间接损失的比例系数(见表3.8),按照式(3.35)求出间接损失。

$$L_i = V_1 \sum_{i=1}^{5} n_i K_i N_i \tag{3.35}$$

式中:L_i——伤亡间接损失(元);
　　　n_i——第i级伤亡类型的间直损失比例系数(无量纲);
　　　K_i——第i级伤亡类型的系数(无量纲);
　　　N_i——第i级伤亡类型的人数(人);
　　　V_1——受伤但未住院的伤害人员的基本经济消费(元/人),该值根据不同时期经济水平,按照统计数据取值。

表3.8　各类伤亡事故间直损失比例系数

伤害类型	1	2	3	4	5
	死亡	重伤已残	重伤未残	轻伤住院	轻伤未住院
系数	10	8	6	4	2

3.5　事故非经济损失估算

3.5.1　事故非经济损失的内涵

事故及灾害对社会经济的影响特征可分为两类:一类是可用货币直接测算的事物,如实物、财产等有形价值因素;另一类是不能直接用货币来衡量的事物,如生命、健康、环境等[191]。为了对事故造成的社会经济影响做出全面、准确的评价,安全成本理论不仅要对经济影响因素进行测算,而且还要对非经济影响因素做出客观的测算和评价。

3.5.2 事故非经济损失的构成

事故发生后,造成的非经济损失主要包括生命与健康价值损失、工效损失、环境损失和声誉损失等。

1. 生命与健康价值损失

从社会伦理角度来看,人的生命是无价的,是不能用实物和金钱计量的,通过金钱衡量生命价值有违社会道德。但是,在现实社会中,存在生命价值的概念,尤其是当发生工伤事故时,要对人的生命价值进行测算,以确保受害人得到合理的经济赔偿,同时还有助于对事故的严重性和影响进行合理评估。

2. 工效损失

事故(特别是重大伤亡事故)的发生往往会给员工心理带来极大的影响,使得某些员工的劳动效率无法达到事故发生前的正常值,在其工作效率达到正常值之前的一段时间内的经济损失即为工效的损失价值。

3. 环境损失

环境破坏分为污染破坏与生态破坏。前者指废弃物排放引起的环境污染,后者指自然资源的非持续开发利用导致的生态退化。环境损失价值是企业根据环境破坏状态进行环境损失的量化与货币化。科学合理地计量环境损失是制定环境资源政策的关键。

4. 声誉损失

声誉是指某企业由于各种有利条件,或积累了丰富的从事本行业的经验,或产品质量优异、生产安全,或组织得当、服务周到,以及生产经营效率较高等综合性因素,在同行业中处于较为优越的地位,因而在客户中享有良好的信誉,从而具有获得超额收益的能力,这种能力的价值便是声誉的价值。相应地,安全事故或者灾害等造成的影响,使得企业的声誉降低,便是声誉损失。

3.5.3 工效损失价值计算方法

提高工作效率的实质,就是提高生产力水平,增加社会物质财富积累,加速社会发展的进程。工作效率是一项重要的综合性经济指标,反映了一定时期内企业劳动资源总投入与产品(服务)总产出之间的比值关系,同时也间接反映了企业的产品水平和技术构成,是企业经济效益的有机组成部分。

1. 工效损失的计量标准及评估模型

计量事故造成的工效损失,一般可使用价值指标、利税指标、净产值指标等。本章将使用价值指标,即以企业在事故发生前后的平均价值的增减额来衡量工效的损失价值。

事故发生前后,企业工作效率会发生一定的变化,这里假设:无事故发生时,企业工作效率是一个较为稳定的值,而有事故发生时,工作效率会有一个先急剧下降而后又慢慢恢复的过程。假如事故发生前后企业工作效率分别为 $f_1(t)$、$f_2(t)$,如图 3.8 所示。在不考虑货币时间价值时,图中阴影部分的面积即为事故的工效损失价值,见式(3.36)。

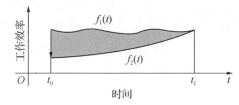

图 3.8　某企业在事故发生前后的工效损失情况

$$\Delta L = \int_{t_0}^{t_1} [f_1(t) - f_2(t)] \mathrm{d}t \tag{3.36}$$

式中:t_1——事故发生后时间;

　　　t_0——事故发生时间;

　　　ΔL——企业在事故发生前后的工效损失值。

对式(3.36)进行简化处理,假设 $f_1(t)$ 为一水平直线,$f_2(t)$ 为线性直线,如图 3.9 所示。

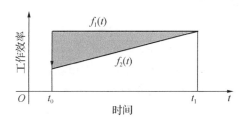

图 3.9　简化后的工效损失情况

在不考虑货币时间价值时,图中阴影部分的面积即为该企业的工效损失,表达为式(3.37)。

$$\Delta L = \frac{[f_1(t_1) - f_2(t_0)](t_1 - t_0)}{2} \tag{3.37}$$

若考虑货币时间价值,式(3.37)可表达为式(3.38)。

$$\Delta L = \int_{t_0}^{t_1} [f_1(t) - f_2(t)] \frac{1}{(1+i)^{t_1-t_0}} \mathrm{d}t \tag{3.38}$$

式中:i——社会贴现率。

2. 工效损失计算实例

某企业有员工 1 385 人,上一年(按 300 天计)的总产值为 1.4 亿元。上月该企业发生了一起事故,停产 5 天,并且给员工带来了一定的心理影响,导致在一段时间内(40 天),工作效率下降 20%,即在 40 天内从原工作效率 80% 逐渐恢复至正常。求这起事故给企业带来的生产总损失。

企业一天的全员劳动生产率:

$$f_1(t_1) = \frac{1.4 \text{亿元}}{300 \text{天}} = 46.7(\text{万元}/\text{天})$$

发生事故后全员劳动生产率：
$$f_2(t_0)=46.7\times0.8=37.36(万元/天)$$

事故造成的停产损失价值：
$$\Delta L_1=f_1(t_1)\times\Delta t=46.7\times5=233.5(万元)$$

事故造成的工效损失价值：
$$\Delta L_2=\frac{[f_1(t_1)-f_2(t_0)](t_1-t_0)}{2}=\frac{(46.7-37.36)\times40}{2}=186.8(万元)$$

事故造成的生产总损失为
$$\Delta L=\Delta L_1+\Delta L_2=233.5+186.8=420.3(万元)$$

3.5.4 环境损失价值计算方法

企业发生事故后，带来的环境破坏给人类和社会造成了很大的伤害，对这种损失进行经济计算，进而以货币形式来表示，是一件非常有意义但却十分困难的工作。环境损失的估算是一个很复杂的问题，它需要大量的统计与监测资料和科研工作作为基础，下面介绍四种估算方法。

1. 直接基于市场价格的估值方法

（1）市场价值或生产率法

环境是一种生产要素，环境质量的变化导致生产率和生产成本的变化，从而导致生产的利润和生产水平的变化，而产品的价值、利润是可以用市场价格来计量的。市场价值法就是利用因环境质量引起的产品产量和利润变化来计量环境质量变化造成的经济损失，用式(3.39)表示如下：

$$S_1=V_1\sum_{i=1}^{n}\Delta R_i \tag{3.39}$$

式中：S_1——环境污染或生态破坏的价值损失(元)；

V_1——受污染或破坏物种的市场价格(元/t)；

ΔR_i——某产品在i类污染或破坏程度时的损失产量(t)；

i——一般分为三类($i=1,2,3$)，分别表示轻、重、严重污染或破坏。

ΔR_i的计算方法与环境要素的污染或损失过程有关，如计算农田受污染损失情况可按式(3.40)计算。

$$\Delta R_i=M_i(R_0-R_i) \tag{3.40}$$

式中：M_i——某污染程度的面积(亩)；

R_i——农田在某污染程度时的单产(t/亩)；

R_0——未受污染或类比区农田的单产(t/亩)。

（2）机会成本法

机会成本是指为了得到某种东西而放弃另一些东西的最大价值；也可以理解为在面临多方案择一决策时，被舍弃的选项中的最高价值者就是本次决策的机会成本。环境经济价值估算中，考虑到环境资源是有限的，被污染和破坏后就会失去其使用价值，在资源短缺的情况下,可利用其机会成本来计算由此造成的经济损失,如式(3.41)。

$$S_2 = V_2 W \tag{3.41}$$

式中:S_2——损失的机会成本值(元);
　　　V_2——某资源的单位机会成本(元/t);
　　　W——某种资源的污染或破坏量(t),其估算方法也与环境要素和污染过程有关。

2. 利用替代市场价格的估值方法

1) 人力资本法

没有人类活动就谈不上社会的发展,所以人是社会发展中最重要的资源。如果人类的生存环境受到污染,环境原有的功能就会下降,就会给人们带来健康的威胁甚至损失。人力资本法就是对这种损失的一种估算方法。

污染引起的健康损失可分为直接损失和间接损失两部分。

(1) 直接费用

这里用式(3.42)作为直接费用的计算公式。

直接用于医疗的费用＝患病或死亡人数×归因于污染造成的患病率×人均医疗费用
$$\tag{3.42}$$

(2) 间接费用

间接费用包括以下部分:

① 因住院短期丧失劳动力损失,按式(3.43)计算。

因住院短期丧失劳动力损失＝患病人数或死亡人数(估计50%不住院)×
住院天数×净产值(按劳动生产率乘以国民收入系数0.5求得) (3.43)

② 因住院需陪住人员照顾的花费,一般按上述患者或死者间接损失的50%计算。

③ 因早期死亡的损失,可由因早死所损失的工作日和人均净产值求得。计算时需有各年龄组有关疾病的死亡率、各年龄组的期望寿命,以及今后数年或数十年的人均净产值和贴现率。也可按假定各年龄组均可活到退休年龄(男60岁、女55岁)推算。

此方案中一些参数如劳动生产率、净产值、人均国民收入、各疾病的死亡率等均可以由各地的统计局和卫生局求得,但患病率、死亡率是需要进一步探讨的问题。

在此方法基础上通过修正的人力资本法估算,其公式如式(3.44)。

$$S_3 = \left[P \sum_{i=1}^{n} T_i (L_i - L_{0i}) + \sum_{i=1}^{n} Y_i (L_i - L_{0i}) + P \sum_{i=1}^{n} H_i (L_i - L_{0i}) \right] M \tag{3.44}$$

式中:S_3——环境污染对人体健康的损失值(万元);
　　　P——人力资本(取人均净产值)[元/(年·人)];
　　　T_i——第i种疾病患者人均丧失劳动时间(年);
　　　H_i——第i种疾病患者陪床人员的平均误工时间(年);
　　　M——污染覆盖区域内的人口数(10万人);
　　　Y_i——第i种疾病患者人均医疗护理费用(元/人);
　　　L_i、L_{0i}——污染区和清洁区第i种疾病的发病率(1/100 000)。

2) 工程费用法

事实上，环境的污染和破坏都可以利用工程设施进行防护、恢复或取代原有的环境功能，因此，可以将防护、恢复或取代其原有环境功能的防护设施的费用，作为环境被污染或破坏造成的损失。事故造成的环境损失价值可按式(3.45)计算。

$$S_4 = V_3 Q \tag{3.45}$$

式中：S_4——污染或破坏的防治工程费用(万元)；

V_3——防护、恢复或取代原有环境功能的单位费用(万元/t)；

Q——污染、破坏或将要污染、破坏的某种环境介质与物种的总量(t)，估算方法与环境要素和污染破坏过程有关。

3) 旅行费用法

旅行费用法作为一种评价无价格商品的方法，用于估算消费者使用环境商品所得到的效益，这个方法被广泛地用于当作商品看待的湖泊、江河和野营地等。但因为这些旅游场所常常只有很少入场费，或更多的是免费入场的，所以收集使用这些设施的付费不能全面地表征其价值，不能反映使用者实际愿意付出的费用。因此利用旅行费用法估算环境价值损失时，为了体现被破坏的环境的真正价值损失，除了考虑使用者的直接付费，还要考虑使用者的总消费剩余(指消费者消费一定数量的某种商品愿意支付的最高价格与这些商品的实际市场价格之间的差额)。旅行费用法用于估算环境损失价值的公式如式(3.46)。

$$环境损失价值 = 使用者的直接付款 + 使用者的总消费剩余 \tag{3.46}$$

4) 资产价值法

此法的基本观点是一种资产的价值是该资产特征的函数。可以将一个区域看作一个住房市场对待，而且设住房市场已经或接近于平衡，那么房屋价格(P_i)、房屋特征(S_i)、位置特征(N_i)与空气污染水平(Q_i)的关系可以表示为式(3.47)。

$$P_i = f(S_i, N_i, Q_i) \tag{3.47}$$

此函数为资产价值函数(或称享乐函数)。从中可见，环境质量(在此是空气质量)是资产价值函数的一个因子。从理论上讲，在其他因子不变的条件下，将式(3.47)进行积分，就可以求出该区空气质量的价值，或者说求出空气质量改善的边际支付愿望，一旦确定了居民对环境质量边际支付愿望的函数，就可以用来计算污染控制政策的效益。

5) 工资差额法

这种方法是运用工资差异确定环境质量和环境风险价值的技术。从员工的角度，一项工作可视为一种有差异的产品，即一种具有许多特征(如工作条件、职业风险程度或与有毒物接触机会等)的货物。因此往往利用高工资吸引员工到污染地区工作或从事风险大的职业，如果员工可以在区域间自由迁移或调换工作，那么工作的差异部分归因于工作地点所处的环境不同(或其他特征不同)，部分归因于工作涉及的风险程度不同，因此，工资水平的差异能反映出与工作或工作环境有关的部分特征的差异。

3. 调查评价法

此法已用来估算公有资源或不能隔断的货物，如空气和水的质量，具有美学、文化、生态、历史或稀缺等特性的宜人资源和没有市场价格的商品，以及很难找到价值估计的危害

(恶臭、噪声等)等经济损失。此法常用专家评估或环境污染受害者的反应来进行估算。此法分为两类:查询支付意愿或受偿意愿;询问关于表示上述意愿的商品与劳务的需求量。

因为工资是劳动力商品的价格,所以可将工资视为一种有差异的产品,企业往往利用高工资吸引员工到污染地区工作或从事风险较大的职业,因此可以利用污染区和非污染区员工工资的差异来计算污染造成的经济损失,如式(3.48)。

$$S_5 = \sum \Delta P_i Q \tag{3.48}$$

式中:S_5——污染所造成的经济损失(万元);

ΔP——污染区和非污染区的人均工资差,可取其平均值(万元/人);

Q——在某一地区工作的员工数(人)。

这样,便可利用式(3.48)计算企业采取安全措施前后环境污染对应的经济损失值,其差值便是环境损失的价值。

4. 基于环保费用的估值方法

当个人受到环境质量损害威胁或者影响时,可假设防护支出为一种必然性费用,通过为降低这种威胁或影响而负担的费用来评估环境价值。该方法关注的是人们在其进行环境保护决策时,在环境损失评估与费用之间的权衡。其公式见式(3.49)。

$$Q = \frac{S_6}{\Delta P} \tag{3.49}$$

式中:S_6——降低环境质量威胁或影响的防护支出费用(万元);

ΔP——降低环境质量威胁或影响的比例(元/批次),估算方法与环境要素和污染破坏程度有关;

Q——污染、破坏或将要污染、破坏的某种环境介质与物种的总量(批次),估算方法与环境损失、污染破坏过程有关。

根据费用的不同,基于环保费用的估值方法具体又分为防护费用法、恢复费用法、影子工程法。

(1)防护费用法

这种方法的思想是:个人对环境质量的最低估价有时能够从他愿意负担消除或减少有害环境影响的费用中获得。这种方法又称防护性开支法或"消除设施"法。

(2)恢复费用法

这种方法的思想是:环境受到破坏使生产性发展财富遭到损失,通过恢复或更新这种财富所需的费用,可以估算其受到的损失,由此可以对环境功能做出间接的评价。

(3)影子工程法

影子工程法是恢复费用方法的一种特殊形式。当环境服务难于评价,或由于发展规划而可能失去评价机会时,可以借助于提供替代环境服务补偿工程费用的形式来估算其受到的损失。

3.5.5 声誉损失计算方法

1. 企业安全对声誉的影响

声誉是企业在可确定的各类资产基础上所能获得的额外高于正常投资报酬率所形成的价值,是企业受法律保护的无形资产。安全生产与企业的声誉息息相关,企业的声誉离不开安全生产的保证,无法想象一个频频发生安全生产事故的企业能稳定地生产出(提供)质量优异的产品(服务),能不断得到客户的订单,能获得超额利润。新能源项目的安全生产状况对于电力企业建立良好的声誉具有重大的影响。如果企业因为安全生产事故失去了原有的良好声誉,要想消除影响,其所花费代价要比原来大得多。因此,根据企业声誉的重要组成(图3.10),有必要研究企业安全声誉的价值。

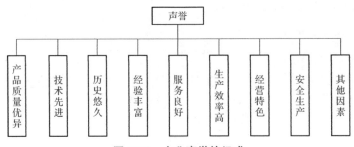

图 3.10 企业声誉的组成

如图3.10所示,欲求得安全生产相对应的价值,只需先求出声誉的价值,然后利用层次分析法求出安全生产占声誉的权重,相乘即可得到安全生产的价值。

2. 声誉损失的估价

根据实际情况的不同,可采用超额收益法或割差法来进行估算。

(1) 超额收益法

超额收益法将企业收益与按行业平均收益率计算的收益之间的差额(超额收益)的折现值作为企业声誉的评估值,即直接用企业超过行业平均收益的部分对声誉进行估算,计算公式如式(3.50)。

$$声誉价值 = \frac{企业年预期收益额 - 行业平均收益率 \times 企业各项资产评估值之和}{声誉的本金化率}$$

$$= \frac{企业各项资产评估值之和 \times (被评估企业的预期收益率 - 行业平均收益率)}{声誉的本金化率}$$

即

$$P = \frac{D - RC}{j} \tag{3.50}$$

式中:P——声誉价值(元);

D——预期收益额(元);

R——行业平均收益率(无量纲);

C——企业各项资产评估值之和(元);

j——本金化率(无量纲),即把企业的预期超额收益进行折现,把折现值作为声誉价值的评估值。

如果以声誉在未来的一个期间内可能带来的超额收益作为前提,可根据年金现值原理计算声誉价值,其公式如下:

$$声誉价值 = 预计年超额收益 \times 年金现值系数 \qquad (3.51)$$

$$年金现值系数 = \frac{1-(1+r)^{-n}}{r} \qquad (3.52)$$

式中:r——贴现率;

n——声誉所带来的超额收益的期限。

(2) 割差法

割差法将企业整体评估价值与各项可确指资产评估价值之和进行比较。当前者大于后者时,则可用此差值来计算企业的声誉价值。

实际计算中,可以通过整体评估的方法评估出企业整体资产的价值,然后通过各项评估的方法分别评估出各类有形资产的价值和各项可确指无形资产的价值,最后在企业整体资产的价值中扣减各项有形资产及各项可确指无形资产的价值之和,所剩余值即企业声誉的评估值。其计算公式见式(3.53)。

$$声誉评估值 = 企业整体资产评估值 - 各项有形资产评估值之和 -$$
$$各项可确知无形资产评估值之和 \qquad (3.53)$$

在声誉得到评估之后,就可以对事故所造成的声誉损失进行评估。在实际工作中,可以用式(3.54)和式(3.55)来进行估算。

$$事故造成的声誉损失值 = 声誉评估值 \times 事故造成的声誉损失系数 \qquad (3.54)$$

$$声誉损失系数 \ C_i = F(Y_i, W_i, M_i, N_{10}) \qquad (3.55)$$

式中:C_i——企业 i 发生事故造成的声誉损失系数;

Y_i——企业 i 发生事故的严重程度;

W_i——企业 i 发生事故的影响范围;

M_i——发生事故后受媒体的关注程度;

N_{10}——企业 i 近10年内发生事故的频率。

3. 企业声誉损失的系数表

经过大量的资料调查,并借鉴壳牌(中国)有限公司的声誉损失评估系数法得出了企业声誉损失的系数,见表3.9。

表3.9　企业声誉损失的系数

严重程度	受媒体的关注程度	影响范围	发生事故的频率		
			很少	适中	频繁
无伤害	无新闻意义	没有公众反应	无	无	无或很小
轻微伤害	可能有当地的新闻	没有公众反应	无	无或很小 (0.05)	很小 (0.05)

续表

严重程度	受媒体的关注程度	影响范围	发生事故的频率		
			很少	适中	频繁
较小伤害	当地/地区性新闻	引起当地公众的关注,受到一些指责及媒体和政治上的重视,对作业者有潜在的影响	很小(0.05)	很小(0.05)	小(0.1)
大的伤害	国内新闻	引起区域公众的关注,大量指责,当地媒体大量报道,群众集会	小(0.1)	较小(0.15)	中(0.2)
一人死亡/全部失能伤残	较大的国内新闻	国内公众反应持续,不断指责,大量负面报道,群众集会	较小(0.15)	中(0.2)	大(0.3)
多人死亡	特大的国内/国际新闻	引起国际关注,国际媒体大量负面报道和/或国际/国内政策关注,来自群众的压力大	中(0.2)	大(0.3)	很大(0.4)
大量死亡	受到国际的非难	企业在政府、社会、国际市场等领域造成了不可弥补的影响,企业无法在市场上生存	大(0.3)	很大(0.4)	很大(0.4)

3.6 生命经济价值评估

3.6.1 生命经济价值的内涵

从伦理学的角度来讲,生命是无价的,但伴随着生命价值问题讨论的深入,对生命价值进行适当的经济估算是不可避免的。另外,估算出生命价值并不意味着当已知一个人的生命濒于危险时(比如发生灾难,被埋于矿井),如果拯救成本大于所估计的生命价值,则放弃营救。因为对于每一个确定的人来说生命是无价的,且只有一次,因此,花费任何代价都必须拯救。同样,估计出生命的价值也不意味着有人会为接受这笔钱而放弃生命,而是认为估算出的生命价值代表了风险降低政策的收益,可以作为政府分配资源时的一个指标。

为有效统计事故经济损失,有必要为生命定价,建立起一套完善的生命经济价值评估理论体系。另外,企业安全投资不仅能够带来经济效益,而且能够带来社会效益,因此,有必要对安全投资效益进行科学评价,正确估算出事故的经济损失,对生命进行合理的估价,使得相关部门及企业对工伤事故赔偿有相应的标准,并让企业承担巨额的赔偿费用,从而激发企业业主增大安全投入的主动性,促进企业的安全生产形势根本好转。

我国的事故损失评估比较复杂,并且方法不同,统计结果差异很大,尤其是对死亡事故的损失更难估计。近年来,各国学者从不同的角度、采用不同方法对生命经济价值进行了定性研究与定量分析[192-195],虽然其观点和方法看起来各异,但概括起来,最常用的是人力资本法和支付意愿法,其中支付意愿法又分为工资风险法、消费者市场法和条件价值法三种类型。

3.6.2 人力资本法评估生命经济价值

在生命经济价值评估方法中,国内主要使用的是人力资本法,而国外主要使用支付意愿法。前述三种类型中,由于消费者市场法获取数据较难,消费者市场上的风险以及产品货币价值很难观测,因此国外研究生命经济价值主要用的是工资风险法和条件价值法。

1. 人力资本法概述

人力资本法(Human Capital Method,HCM)将个人看作一种资本,以工资或者收入表示其产出能力,考虑贴现率,可以粗略估算出人的生命经济价值。国内普遍使用的是人力资本法。与其他评估方法相比,人力资本法评估生命经济价值所需要的数据容易收集,比较容易定量,并且数值相对较稳定。同时,许多研究者也指出人力资本法也存在一些缺陷:首先,该方法仅涉及个人目前与将来收入之间的联系,却没有考虑人们对安全或生命的估价,利用该方法评估的生命经济价值通常比较低;其次,现实劳动力市场中存在一些歧视性因素,而人力资本法却将存在的市场歧视和其他制度因素导致的收入差距换算成了个体生命经济价值的差别;最后,人力资本法还极易受贴现率大小的影响。

2. 国外人力资本法的研究

传统的人力资本法长期被用来评估环境质量和工伤事故等对健康损害的价值,或者用来评估由于采取控制措施和安全技术措施而获得的效益。根据莱克(Ridker)的应用,对过早死亡和医疗费用开支可以按式(3.56)计算。

$$V_x = \sum_{n=x}^{+\infty} \frac{(P_x^n)_1 (P_x^n)_2 (P_x^n)_3 Y_n}{(1+r)^{n-x}} \tag{3.56}$$

式中:V_x——年龄为 x 的人未来总收入的现值(元);

$(P_x^n)_1$——该人活到年龄 n 的概率(无量纲);

$(P_x^n)_2$——该人在 n 年龄内具有劳动能力的概率(无量纲);

$(P_x^n)_3$——该人在 n 年龄内具有劳动能力期间被雇用的概率(无量纲);

Y_n——该人在 n 年龄时的收入(元);

r——贴现率(无量纲)。

1972 年,米山(Mishan)对上述公式进行了改进,其具体形式见式(3.57)。

$$V_x = \sum_{t=T}^{+\infty} Y_t P_T^t (1+r)^{-(t-T)} \tag{3.57}$$

式中:V_x——年龄为 T 的人未来总收入的现值(元);

Y_t——预期个人在第 t 年内所得总收入或增加的价值,扣除由他拥有的任何非人力资本收入的余额(元);

P_T^t——某人从第 T 年活到第 t 年的概率(无量纲);

r——贴现率(无量纲)。

在上述计算公式基础上,人们对传统人力资本法进行了重大改进,提出了潜在寿命损失年(YPLL)法和伤残调整生命年(DLAY)法,将直接计算生命经济价值调整为评估每个生命年的价值。其中 YPLL 法的计算公式见式(3.58)、式(3.59)、式(3.60)、式(3.61)和式(3.62)。

$$Y = Y_1 + Y_2 \qquad (3.58)$$
$$Y_1 = M_1 \cdot YPLL_a \cdot P_1 \qquad (3.59)$$
$$M_1 = NR_1 A_1 \qquad (3.60)$$
$$Y_2 = M_2 T P_2 \qquad (3.61)$$
$$M_2 = NR_2 A_2 \qquad (3.62)$$

式中：Y——环境污染造成的健康损失价值(元)；

Y_1——因污染致过早死亡的健康损失价值(元)；

Y_2——因污染致发病增加的健康损失价值(元)；

M_1——因污染致过早死亡人数(人)；

M_2——因污染而增加的发病人数(人)；

N——所论地区人口总数(人)；

R_1——所论地区总死亡率(无量纲)；

R_2——所论地区总发病率(无量纲)；

A_1——死亡原因中归因于污染的系数(无量纲)；

A_2——发病原因中归因于污染的系数(无量纲)；

$YPLL_a$——每例死亡者的平均潜在寿命损失年(年)；

P_1——社会人均年工资额[元/(人·年)]；

P_2——每例患者每天平均工资、医疗费和陪伴费之和[元/(人·天)]；

T——每例患者平均误工天数(天)。

DLAY法与YPLL法极为相似。它们的不同之处在于，DLAY法考虑了一种疾病对人体生命健康的慢性耗损(残疾)和急性毁灭(早逝)。因为人体受到环境污染伤害后，其健康受损通常是渐变的，发作时间有的很长，表现为慢性病且慢慢演变为死亡。因此，DLAY法可以比较一个长期的死亡风险小的慢性病和一个短期的死亡风险大的急性病哪个对人造成的损失更大。虽然人力资本法存在许多不足，但目前世界银行和世界卫生组织仍然在发展中国家利用人力资本法计量健康、安全效益的货币价值。

3. 国内人力资本法的研究

目前，国内对于生命经济价值的研究还很少，主要是应用人力资本法估算生命经济价值。

(1) 工作损失估算法

按照《企业职工伤亡事故经济损失统计标准》(GB 6721—1986)，因工死亡一名职工按 6 000 工作日计算工作损失价值，该方法计算公式见式(3.63)。

$$V_w = \frac{D_L M}{SD} \qquad (3.63)$$

式中：V_w——工作损失价值(万元)；

D_L——一起事故的总损失工作日数(天)，死亡一名职工按 6 000 工作日计算，受伤职工视伤害情况根据《企业职工伤亡事故分类标准》(GB 6441—1986)的附表确定；

M——企业上年利税(万元)；

S——企业上年平均职工人数(人);

D——企业上年法定工作日数(天)。

从公式可知,工作损失价值反映的是死亡职工少为社会创造的价值,因此 V_w 不能直接表现人的生命经济价值。

(2) 工作价值估价法

文献[20]提出了一种根据工作创造的价值来测定生命经济价值的近似计算公式,见式(3.64)。

$$V_h = \frac{D_H M_{v+m}}{SD} \tag{3.64}$$

式中:V_h——人的生命经济价值(元/人);

D_H——人的一生平均工作日数(天),可按 12 000 天即 40 年计算;

M_{v+m}——企业上年净产值(元);

S——企业上年平均职员人数(人);

D——企业上年法定工作日数,可按 300 天计算(天)。

由上式可知所估算的生命经济价值是指人的一生中所创造的经济价值,它不仅包括人死后少创造的价值,而且还包括死者生前已经创造的价值。

在实际计算中,由于不易获得数据,为计算方便,人们对以上计算方法进行了简化,具体计算公式见式(3.65)。

$$V = YA \tag{3.65}$$

式中:V——生命经济价值(元/人);

Y——预期寿命(年);

A——人均国民生产总值、人均国民收入、人均消费、职员人均工资或收入、城乡人均工资或收入等[元/(人·年)]。

这种方法完全取决于个人一生的收入或消费,简便易行,但比较粗糙,特别是当统计方法、职业、地区、消费等不同时,估计出的生命经济价值也大不相同。此外,该方法也未考虑资金的时间价值和通货膨胀等因素。

(3) 生命阶段模型法

文献[20]等构建了生命阶段模型,他将人的一生分为青年期、中年期和老年期,那么人的一生不同时期的经济价值就分别是青年期的生命经济价值、中年期的生命经济价值和老年期的生命经济价值,因此,统一后模型见式(3.66)。

$$V_h(t) = V_v(t) + V_m(t) + V_0(t) \tag{3.66}$$

式中:$V_h(t)$——个人一生的经济价值(元/人);

$V_v(t)$——青年期生命的经济价值(元/人);

$V_m(t)$——中年期生命的经济价值(元/人);

$V_0(t)$——老年期生命的经济价值(元/人)。

(4) 生命经济价值动态评估法

廖亚立[194]认为,生命经济价值具有动态性,人在不同的生命阶段,生命经济价值规律是不相同的,因此,应分段设计生命经济价值动态评估模型。国内外其他估计方法见

表 3.10。

表 3.10 国内外人力资本法评估生命经济价值成果汇总

研究者(发表年)	评估对象	备注	生命经济价值
王国平(1988)	30 岁因公死亡职工	企业职工经济损失统计	1.14 万元
王亮等(1991)	企业职工	假设职工每个工作日人均净产值为 5 元	6 万元
梅强等(1997)	具有高中文化的企业员工	假设培养费用为 6 万元	38 万元
靳乐山(1997)	北京居民	根据美国人生命经济价值与工资比例折合计算北京居民	50 万元
世界银行(1997)	农村人口和城市人口	根据美国人生命经济价值与工资比例折合计算我国人民	3.18 万美元~6 万美元
李旭彤等(1999)	平均人	按照人均终生 GDP、GNP、工资、消费、收入等计算	6.6 万元~15.9 万元
屠文娟等(2003)	具有高中文化的员工	假设精神损失为 4.3 万元	72 万元
王亮(2004)	26 岁中国体力劳动者	生命阶段模型	65.76 万元
王玉怀(2004)	40 岁的初中毕业矿工	设置生命经济价值系数	42.5 万元
王胜江(2007)	我国死亡赔偿员工	按美国赔偿建立模型分析我国赔偿额标准	35 万元~65 万元
廖亚立(2008)	体力劳动者和脑力劳动者	生命经济价值动态评估法	70 万元~104 万元
程启智等(2014)	中国煤炭工人	考虑个人产值及其增长率、失业率	435.75 万元

3.6.3 人力资本法评估模型

1. 评估假设

由于人的生命是指一个人生的时点到死的时点之间的状态,因此,生命经济价值的测定应包括一个人的一生,并可分成不同的生命阶段:未成年人、成年人和老年人。成年人是社会财富的主要创造者,老年人是成年人的自然延续,因此,本书将成年人与老年人统一作为研究的重点。为能够准确地计算出生命经济价值,暂不考虑未来收入的风险因素。

结合国内外研究,使用人力资本法估算的生命经济价值应包括两部分内容:一部分主要是生命的基本价值,即由劳动创造的价值,该价值是由个人劳动能力决定的;另一部分是附加价值,主要有社会和家庭等投入,包括精神价值。

2. 相关参数设计

人力资本的价格包含四部分内容:初始投资价值、为社会创造的价值、为自己创造的价值和精神价值。综上所述,一个普通劳动者生命经济价值评估模型的参数包括以下几个方面:

(1) 初始投资价值 V_1

所谓人的初始投资价值,是指人们在参加工作以前的各项成本支出,这部分投入成本转化到生命经济价值中去主要包括生活支出、医疗健康支出以及教育支出等,可以运用年鉴统计数据求出不同年龄段的平均支出。

(2) 为社会创造的价值 V_2

劳动者为社会创造的价值可以运用企业(行业)的利税表示劳动者为社会做出的贡献。

(3) 为自己创造的价值 V_3

劳动者除了为社会创造价值外,还为自己创造价值,这部分价值的表现形式是劳动者的收入,但是在实际应用中"收入"的概念比较宽泛,可以运用劳动者的工资表示这部分价值。

(4) 精神价值 V_4

精神价值很难用金钱来衡量,因此,在生命经济价值中,需要将精神价值与其他价值联系起来,解决其本身价值无法衡量的问题。可以设计一个系数(精神价值系数),以反映精神价值依赖于生命经济价值中为自己创造的价值,同时也与事故受害者家属心理因素的影响密切相关。将人的最高精神价值的年龄设为35岁,人的平均寿命设为73岁,成年人的精神价值系数设计见式(3.67)。

$$S = 0.1 \times \left(1 - \frac{|35-i|}{73}\right) \frac{W}{W_{home}} \tag{3.67}$$

式中:S——精神价值系数(无量纲);

W——工资年收入(元/年);

W_{home}——家庭工资总收入(元/年);

i——年龄(岁)。

因此,精神价值 V_4 可表示为精神价值系数 S 与劳动者为自己创造价值 V_3 的乘积,见式(3.68)。

$$V_4 = SV_3 \tag{3.68}$$

3. 计算公式

考虑到贴现率的影响、劳动者的参数设计以及公式描述,生命经济价值公式可表示为式(3.69)、式(3.70)、式(3.71)、式(3.72)、式(3.73)。

$$V = V_1 + V_2 + V_3 + V_4 \tag{3.69}$$

其中:

$$V_1 = \sum_{i=0}^{n} C(1-c)^{N-i}(1+x)^{N-i} \tag{3.70}$$

$$V_2 = \sum_{i=n}^{N} B(1-b)^{N-i}(1+x)^{N-i} + \sum_{i=N+1}^{R} B(1+b)^{i-N}(1+x)^{N-i} \tag{3.71}$$

$$V_3 = \sum_{i=n}^{N} W(1-w)^{N-i}(1+x)^{N-i} + \sum_{i=N+1}^{73} W(1+w)^{i-N}(1+x)^{N-i} \tag{3.72}$$

综上:

$$V = V_1 + V_2 + V_3 + V_4 = V_1 + V_2 + (1+S)V_3 =$$

$$\sum_{i=0}^{n} C(1-c)^{N-i}(1+x)^{N-i} + \left[\sum_{i=n}^{N} B(1-b)^{N-i}(1+x)^{N-i} + \sum_{i=N+1}^{R} B(1+b)^{i-N}(1+x)^{N-i}\right] +$$

$$\left[1+0.1\times\left(1-\frac{\mid 35-i\mid}{73}\right)\frac{W}{W_{\text{home}}}\right]\left[\sum_{i=n}^{N}W(1-w)^{N-i}(1+x)^{N-i}+\right.$$
$$\left.\sum_{i=N+1}^{73}W(1+w)^{i-N}(1+x)^{N-i}\right] \tag{3.73}$$

式中：V——生命经济价值(元/人)；

V_1——个人初始投资的价值，包括生活、健康和教育等支出(元/人)；

V_2——个人为社会创造的价值(元/人)；

V_3——个人为自己创造的价值(元/人)；

V_4——精神价值(元/人)；

C,B,W——基准年的生活各项费用支出、人均企业(行业)净利税、工资收入(元/人)；

c,b,w——模型设计参数(无量纲)，分别代表平均生活支出费、人均净利税、平均工资收入在基准年以前，前一年比后一年的平均倒推递减率，同时它也代表在基准年以后，各种费用每年的平均增长率；

W_{home}——基准年的家庭工资总收入(元)；

S——精神价值系数(无量纲)；

n——开始工作年龄或离开学校年龄(无量纲)；

N——基准年的年龄(无量纲)；

R——退休年龄(无量纲)；

i——年龄(无量纲)；

x——贴现率(无量纲)。

上述模型计算的是生命经济价值的存量，而不是流量。由于事故的发生具有偶然性，人在生命中不知何时会遇上灾祸，因此计算人一生价值的总和，估算的应是死亡那一年的生命经济价值。人的生命经济价值包括生前的投资价值以及为自己和社会所创造的全部价值，因此这是一个既求终值又求现值的公式。

在实际评估中，由于获取数据有限，本评估暂不考虑企业经济增长率、工资增长率以及贴现率的影响。模型中相关参数一律使用全国平均数据，根据《中国统计年鉴》中反映的农村和城镇的经济发展水平，分别给出不同的参考数据。

因此新的简化模型可调整为式(3.74)。

$$V = V_1 + V_2 + V_3 + V_4 = V_1 + V_2 + (1+S)V_3 =$$
$$\sum_{i=0}^{n}C + \sum_{i=n}^{R}B + \left[1+0.1\times\left(1-\frac{\mid 35-i\mid}{73}\right)\frac{W}{W_{\text{home}}}\right]\sum_{i=n}^{73}W \tag{3.74}$$

式(3.74)中各参数的意义与式(3.73)相同。

3.6.4 支付意愿法评估生命经济价值

支付意愿法主要是基于风险交易理论，该方法估算人的生命经济价值的前提是"人的生命经济价值可以通过考察一个人愿意为减少死亡风险而支付的金额来进行估计"。换言之，运用支付意愿法估算人的生命经济价值，并不意味着完全消除死亡风险，也不是估算一个具体的人的生命经济价值，而是估算降低一定死亡概率的价值，这在数学上代表一个"统计学意义上的生命经济价值"(Value of a Statistical Life, VSL)。以下主要介绍工资风险法(Wage Risk Method, WRM)、消费者市场法(Consumer Market Method, CMM)、条件价值法(Contingent Valuation Method, CVM)三种类型。

1. 工资风险法

工资风险法是指根据劳动力市场中死亡风险高的职业工资高(其他条件相同时)的现象,通过回归分析控制其他变量,找出工资差别的风险原因,进而估算出人的生命经济价值。

工资风险法基于对劳动力市场实际行为的观察,但是劳动力市场提供的有效数据可能满足不了研究风险类型或者某些特殊群体工资风险交易的需要,并且存在研究者是否确实将风险-价格均衡分离出来这一计量经济问题。在劳动力市场中,还有许多非货币因素与风险有关,因此必须将风险-价格均衡分离出来。另外,所有的研究结论基于"理性人"假设,如果劳动者没有完全理解风险,或是没有理性地做出反应,则均衡便没有建立在客观风险之上。表3.11为部分国内外学者利用工资风险法估算生命经济价值的比较有代表性的成果。

表 3.11　部分国内外学者利用工资风险法估算生命经济价值的成果

研究者(发表年)	数据来源国家	风险类型	生命经济价值评估值
Thaler 和 Rosen(1976)	美国	职业死亡风险	20 万美元～60 万美元
Viscusi(1978)	美国	工作风险	530 万美元
Marin 等(1982)	英国	职业死亡风险	350 万美元
Gegax 等(1991)	美国	工作风险	210 万美元
Lanoie 等(1995)	加拿大	工作风险	1 800 万美元～2 000 万美元
Shanmugam(2000)	印度	工作风险	76 万美元～102.6 万美元
Kim 等(1999)	韩国	工作风险	50 万美元
赵妍等(2007)	中国	煤矿工作风险	348.95 万元
Naghmeh 等(2016)	欧洲	工作风险	36 万美元～127.7 万美元
杜乐佳(2016)	中国	职业死亡风险	5 751.30 万元

2. 消费者市场法

消费者市场法是利用防护措施(如汽车安全带、空气净化器、灭火器等)降低死亡风险的消费行为支出所带来的风险降低值,计算出生命经济价值的方法。该方法关注的是人们进行消费决策时,在风险与价格之间的权衡。消费者市场法与工资风险法的理论基础相同,所分析的都是个人的可观察行为。主要区别在于,消费者市场法对相应产品价格进行估计,而工资风险法则是估计工资收入。但消费者市场的风险和产品属性的货币价值难以观测,因此,相应的研究成果远远不如工资风险法可靠。

3. 条件价值法

1) 条件价值法概述

条件价值法是指在假定的市场环境下,直接求出人们对风险降低的支付意愿,即在人群中进行抽样调查,询问人们为降低特定数量的死亡风险而愿意支付的金钱,由此求出人的生命经济价值。根据维斯卡西(Viscusi)的分析,条件价值法可以避免上述两种支付意愿法存在的不足:第一,利用条件价值法不必将风险-价格均衡分离出来,或者是进行理性消费假设;第二,利用条件价值法得出的结果适用于一般人群,并不局限于员工和消费者;第三,条件价值法依赖于调查,而不是人的实际行动,研究者可以通过对调查样本及调查程序的设计,获取预想的信息。

2) 条件价值法评估模型

福利经济学、法律经济学和管制经济学认为,对人的生命经济价值评估的正确方法,是通过衡量个人为了避免死亡风险、伤残或疾病而愿意支付的程度来估价。这是由于一个人为减少某种特定致命风险的支付意愿,通常根据一定时期死亡概率的变动和财富与致命风险的边际替代率的乘积来估算,其中,财富与致命风险的边际替代率被定义为人的生命经济价值。

假如人们对安全服务具有消费偏好,不同的安全水平(用死亡概率 P_0 表示)带给消费者不同的效用。在选择安全服务水平时,消费者在其预算约束下,力图获得最大的期望效用,即期望效用函数最大化。

令 $U(w)$ 为一个人在健康状态下收入为 w 时的效用,$I(w)$ 为一个人在死亡状态下的效用,如果死亡概率为 P_0,则个人的期望效用见式(3.75)。

$$E(U) = (1-P_0)U(w) + P_0 I(w) \tag{3.75}$$

假如使死亡概率从 P_0 变动到 P,如果要保持个人效用不变,则个人收入状态要发生变化,收入补偿变化量(受偿额或支付额)大小用 v 来代替,那么它满足的个人效用见式(3.76)。

$$E(U) = (1-P)U(w-v) + PI(w-v) \tag{3.76}$$

当 $P<P_0$ 时,$v>0$,即为降低死亡风险而愿意支付的金钱,表现为个人总收入的降低;当 $P>P_0$ 时,$v<0$,即由于死亡风险增大而要求增加的报酬,表现为个人总收入的增加。

对式(3.76)的 P 求导,并令 $P=P_0$,重新整理就得到个人因风险改变所得的收入状态变化的边际效率,即人的生命经济价值(VSL)被定义为式(3.77)。

$$VSL = -\frac{dv}{dP}\bigg|_{P=P_0} = \frac{U(w)-I(w)}{(1-P)U'(w)+PI'(w)} \tag{3.77}$$

可以看出生命经济价值在形式上是一个导数。但是,在实践中,运用支付意愿法中的条件价值法估算人的生命经济价值,通常是根据被调查者对两个问题的回答,即"为降低某种工作死亡风险而愿意支付的金钱"或者"如果提高这种风险而要求获取的补偿"直接计算得出的,并不是要求员工直接判断其自身的生命价值。相应的生命经济价值计算公式分别见式(3.78)和式(3.79)。

$$VSL = \frac{WTP}{\Delta p} \tag{3.78}$$

$$VSL = \frac{WTA}{\Delta p} \tag{3.79}$$

式中:VSL——员工生命经济价值(元/人);

WTP(Willingness to Pay)——支付意愿,是指为降低死亡风险而愿意支付的金钱

（元/人）；

WTA（Willingness to Accept）——受偿意愿，是指由于死亡风险增大而要求增加的报酬（元/人）；

Δp——死亡危险的变化率（无量纲）。

3.7 本章小结

作为新能源项目安全成本的形成机理重要的理论基础，本章主要从相关概念、模型构建和参数取值等方面对所涉及的安全经济学、企业安全投资理论、事故经济损失估算、事故非经济损失估算、生命的经济价值理论等做了分析和讨论，得出如下认识：

1. 明确界定了安全成本理论基础相关的专业术语，提出在处理安全与生产、经济社会发展等各方面关系时，要遵循安全与经济双赢原理、安全状态转换原理和安全内部化原理，利用安全损失函数、增值函数、功能函数、成本函数、效益函数等进行安全生产的经济分析，并提出了分析时应注意遵循的安全效益规律与安全经济利益规律。

2. 对安全投资的定义、分类、意义及其与安全投入、安全成本的区别进行了界定；对安全资金来源进行分析；探讨了如何开展安全投资决策工作。

3. 事故的发生不仅会给企业造成极大的直接经济影响，而且会对企业的声誉、工效和社会形象造成负面影响，会给员工生命、健康造成损害，会对环境造成破坏等。深入、全面地研究事故损失，不仅是事故处理和管理的需要，而且更重要的是通过系统分析事故的成本，可以找出引导和有效干预安全生产决策的方法和途径。

4. 界定了项目事故损失的相关概念，并从不同角度对事故损失进行了分类，较为系统地阐述了国内外事故经济损失计算要素、计算方法及损失估算方法。

5. 通过分析事故非经济损失的构成，即主要由生命与健康价值损失、工效损失、环境损失和声誉损失构成，分别提出了工效损失、环境损失、声誉损失的计算和估值方法，并通过实例加深了对各种评估方法的理解和应用。

6. 生命经济价值评估结果可以促使企业更好地认识事故损失，激发企业安全投入的动力。分析认为，目前我国死亡赔偿金额偏低，需要制定更为合理的工伤（亡）赔偿标准。认为利用人力资本法评估的生命经济价值结果可为进一步确立死亡赔偿金标准提供依据，为涉及人身的各种民事争议纠纷提供仲裁或判决依据。另外，利用支付意愿法评估的生命经济价值结果有助于估计事故经济损失，激发企业加大安全投入，有助于政府有效配置公共资源。生命经济价值评估结果有利于计算事故的损失和安全投资的经济效益，有利于做出安全投入的科学决策，实现资源的有效配置。

4 新能源智能微电网项目安全风险模糊综合评估

4.1 引言

  风能、太阳能等新能源发电由于具有绿色高效、取用便捷等优点而越来越受到大众青睐。同时,随着需求侧对电网的参与度日益提高,相关技术也得到飞速发展,新能源的使用成为减少排放的重要途径。在高集中度的电网实际应用中,微电网可以跟大电网并网同时工作,也可作为大电网的补充,当大电网不能运行时,可以独立运行。但由于多能源供配电并网存在随机波动大、调度难度高、互动水平低等困难而面临着许多安全运行风险[196]。

  智能微电网可根据用户对于用电需求的不同进行自动调节电量、电压,还具有确保稳定和安全的作用。此外,智能微电网还减少了传输过程中的电力损耗,避免能源的浪费,提高能源的利用率。然而多能源并网会改变配电网的潮流方向,其运行也具有不确定性,大量接入配电网将影响用户供电可靠性,一定程度上也将影响传统配电网的安全可靠性[197],因此需要综合评估智能微电网系统的风险,提高安全运行水平。本研究[198]通过分析智能微电网安全风险的特点和运行中可能存在的问题,构建其评价指标体系,通过各指标权重的量化处理,提出了安全风险模糊综合评价模型,为智能微电网建设的安全风险评价和推广应用奠定了基础。

4.2 智能微电网相关研究现状分析

  21 世纪初,国际大电网会议(CIGRE)曾专门对电力系统的规划、发展问题进行过研究,并提出目前电网发展面临的主要问题是:面向快速发展的电力系统的挑战;规划、技术和体制的改革问题;发电、输电的新技术和新需求;电力市场对电网结构和电力系统发展的影响等。近年来,国际社会对传统能源枯竭的焦虑使各国加速了对新能源技术的利用和开发,多能源电网的应用和实践在世界各地都已屡见不鲜,在此基础上,越来越多的学者对此进行了专门研究,并发表了"关于智能电网分布式能源优化调度与控制方法"等方面的论文。如通过设计双层电能博弈机制来实现微电网的最优弹性能量交易,在单个微电网内多个家庭间建立起非合作博弈机制,该机制能够显著提高微电网可再生能源利用率,降低用电成本,也为降低新能源并网安全风险提供了可参考的途径[199]。另外,吴雅琪提出建立分布式电源的配电网(包括风力发电机、光伏出力和负荷)风险评价模型,以及风力发电机、光伏出力和负荷概率换算模型[200]。国外 Pavani 和 Singh 提出重构配电网、优化配电网规模和选址等问题,并对配电系统的可靠性与损耗进行有效评估,从而在多种运行约束条件下提高配电系统的可靠性[201]。以上这些研究多集中于多能源负荷分配的安全风险或提高多能源电网利用率,通过合理的手段提高电网能源调控能力的同时降低其安全风险。

研究表明,基于多能互补的微电网建设是目前电网技术的发展趋势,而对于其安全可靠性的认识还缺乏系统性的认识,需要进一步从定性和定量两方面对其安全风险进行深入研究,以更好地推广智能微电网的应用和开发。

4.3 智能微电网安全风险的特点

化石能源消耗导致污染严重,环境保护迫在眉睫,发展清洁能源和可再生能源是唯一途径,因此,智能微电网的概念应运而生。它能够将多种能源、储能装置、能量转换装置、相关负荷和监控、保护装置汇集成为一个小型发配电系统,即通过微电网控制器实现对整个区域电网的集中控制,既可以配合外部电网运行,也可以孤立运行[202]。智能微电网的安全风险主要有以下几点。

第一是电源安全风险。主要包括风力发电和太阳能发电等新能源发电,这些都是源于自然的可再生能源,受自然环境的影响较大,面临的最大安全威胁是自然灾害风险。根据发电装置所处的自然环境不同,其风险水平也不同,其中对太阳能发电设施影响较大的主要因素有台风、雷击、雪灾等,这些风险因素可能造成大面积风电机组损坏,都会对储能设备产生影响,出现多能源微电网并网安全风险。由于微电网之间不同能源电能可能存在电压差、能量波动,设施及系统受天气环境影响,承受压力大且不确定性因素较多,因此,需要通过特定设备和保护机制确保多能源电网的稳定性,降低安全风险。

第二是信息安全风险。主要涉及通信信息安全与智能终端安全。智能微电网对前端采集模块测量得到的运行数据及其准确性的要求十分高。采集模块通过 RS232、RS485 等协议连接到站点监控主机再送到区域控制中心,或通过 IP 协议连接智能系统核心交换机等方式上传到区域控制中心,由于各种设备品牌厂商所用的协议标准不同,因此可能会出现数据延迟或数据失真等情况。此外,通信设备和相关系统的保障还涉及备用系统的设计和安全可靠性运行以及流程管理等问题。

第三是微电网安全风险。主要涉及智能微输电系统、调度系统和用户侧安全问题。这是智能微电网安全的重要组成部分。智能微电网的重要功能就是通过能源需求预测和调度,使多种能源能够有效输送给用户,发挥其经济效益和社会效益。其电能波动受环境影响较大,安全风险也较大。能源集成的微电网对能源的整合要求十分严格,例如风能和太阳能发电电源波动受环境影响较大,当风力大或阳光充足的情况下发电量较多,而当无风或阴雨天气时发电量较少,因此对能源进行合理的调度和整合显得十分重要。

第四是运营管理风险。主要涉及安全管理诸多方面,其中运行维护、安全防护和监控、应急管理最为突出。良好的运营管理是指为保障微电网安全运行需要充分考虑人员、周边环境、内部物理环境、智能化系统相关信息系统的安全,因此能否建立相应的管理制度,且这些管理制度是否符合规范标准和监管要求,能否及时反馈和控制可能存在的潜在风险将直接影响到微电网的安全运行。

第五是外部安全风险。目前,考虑较多的是自然环境风险、电力市场化风险、法律法规风险。这与政府和地方经济发展等外部因素有密切关系,不同的经济社会和自然环境,其影响程度也不同,将间接或直接构成安全威胁。如法规的变化或缺陷,使得电力设施的设计理念、标准与材料及制造工艺等无法匹配,这将在微电网系统中形成潜在安全隐患而且是不可忽视的。

4.4 智能微电网安全风险评价指标体系的构建

4.4.1 智能微电网安全风险评价指标的分解

智能微电网系统,一方面提高了电力系统的运行效率,另一方面也增加了系统运行的不确定性,任何局部安全因素的变化都可能使系统受到扰动而波及整个电网,造成严重后果[203-204]。本书在充分考虑智能微电网安全风险特征的基础上,构建了1个一级、5个二级评价指标,15个三级基本指标(如图4.1)。参考国内外相关领域安全风险等级的划分标准,本书将智能微电网安全风险评价体系划分为4个等级,以便采取相应的对策措施。

4.4.2 智能微电网安全风险等级的确定

参考国内外相关领域研究成果,本章将智能微电网安全风险划分为四级。

第一级,定义为高,表示系统受到破坏后,会对微电网内社区秩序和公共利益造成特别严重的损害,甚至对相邻电网造成严重损害。

第二级,定义为较高,表示系统受到破坏后,会对微电网内社区秩序和公共利益造成特别严重的损害,但不会对相邻电网造成损害。

第三级,定义为较低,表示系统受到破坏后,会对微电网内社区秩序和公共利益造成一定程

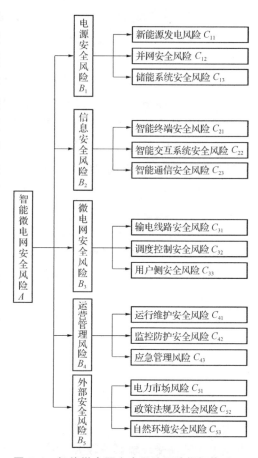

图 4.1　智能微电网安全风险评价指标体系

度的损害,影响较小。

第四级,定义为低,表示系统受到破坏后,会对微电网内局部社区秩序和公共利益造成损害,但影响较小。

4.5 基于模糊集理论的智能微电网安全风险评价模型

模糊集是模糊数学的基础,模糊数学则是研究和处理模糊性现象的数学方法,也就是对不确定性、模糊的事物量化后运用数学知识进行科学分析的一门科学工具[205],现在已被广泛应用在建模、控制、模式识别等多个领域的科学研究中。

传统确定权重的方法有定性的专家赋权法、层次分析法、定量的简单关联函数法等。层次分析(Analytic Hierarchy Process,AHP)法是美国运筹学家撒汀(Saaty)等于20世纪70年代提出的对复杂问题做出决策的一种简明有效的方法[206-207]。层次分析法可以根据问题的总目标和决策方案分为三个层次:目标层 A、准则层 B、方案层 C(如图4.2所示),然后应用两两比较的方法确定决策方案的重要性,即得到各个决策方案相对于目标层重要性的权重,从而得到比较满意的结果。

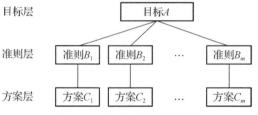

图 4.2 层次分析法层次划分

本章采用 AHP 法分析智能微电网安全风险,分为四个步骤,具体过程如下:

(1) 明确问题,建立层次结构

首先对问题有明确的认识,然后分析系统中各因素(决策方案)之间的关系。

(2) 构造判断矩阵

用两两比较的方法得到判断矩阵 $A=(a_{ij})_{n\times n}$,其中 a_{ij} 按表4.1取值,其余取值介于两值之间的为双数或其倒数值。

表 4.1 两两比较判断标准

B_i 比 B_j	相同	稍强	强	很强	绝对强	相同	稍弱	弱	很弱	绝对弱
a_{ij}	1	3	5	7	9	1	1/3	1/5	1/7	1/9

并且满足: $a_{ii}=1, a_{ij}=1/a_{ji}, i,j=1,2,\cdots,n$。

(3) 层次单排序及其一致性检验

在构造判断矩阵 A 之后,求出判断矩阵 A 的最大(绝对值)特征值 $\lambda_{\max}$,再利用它对应的特征方程 $AW=\lambda_{\max}W$ 解出相应的特征向量 W,然后将其特征向量 W 归一化,即为同一层次的各因素相对于上一层某一因素的重要性权重。通过衡量判断矩阵不一致程度的数量指标来反映其一致性指标,记为 C,定义为式(4.1)。

$$C = \frac{\lambda_{\max} - n}{n - 1} \tag{4.1}$$

当 $C=0$ 时,判断矩阵是一致的,C 的值越大,判断矩阵不一致程度越严重。当随机一致性比例 $C_R = C/\gamma < 0.1$ 时,A 的不一致性仍可接受,否则必须调整判断矩阵。这个 0.1 是由撒汀根据经验得到的。对于随机一致性指标 γ 的值,撒汀利用大小 500 个子样,对不同的 n 得到如表 4.2 所示的结果[208]。

表 4.2 随机一致性指标

n	1	2	3	4	5	6	7	8	9	10	11
γ	0	0	0.58	0.90	1.12	1.24	1.32	1.41	1.45	1.49	1.51

判断矩阵 $A = (a_{ij})_{n \times n}$ 的最大特征值对应的特征向量 $W = (w_1, w_2, \cdots, w_n)$ 的近似计算公式如下:

$$w_i = \sum_{j=1}^{n} b_{ij}, i = 1, 2, \cdots, n \tag{4.2}$$

$$b_{ij} = \frac{a_{ij}}{\sum_{k=1}^{n} a_{kj}}, i, j = 1, 2, \cdots, n \tag{4.3}$$

将所得值作为权重,再将 W 归一化,判断矩阵 A 的最大特征值 $\lambda_{\max}$ 满足式(4.4)。

$$\lambda_{\max} = \frac{1}{n} \sum_{i=1}^{n} \frac{(AW)_i}{w_i} \tag{4.4}$$

(4) 层次总排序及其组合一致性检验

计算方案层的各因素对于目标层的相对重要性权重,称为层次总排序,如式(4.5)和式(4.6)。

$$c_j = \sum_{i=1}^{m} a_i b_{ij}, j = 1, 2, \cdots, n \tag{4.5}$$

$$C_R = \sum_{i=1}^{m} a_i C_i \bigg/ \sum_{i=1}^{m} a_i \gamma_i \tag{4.6}$$

当 $C_R < 0.1$ 时,认为层次总排序结果具有满意的一致性。

(5) 建立模糊评价矩阵

由专家根据提供的各指标因子的背景材料,按规定的标准集 V_φ 给出各指标 c_i 隶属等级 $v_j \in V$,然后统计出 c_i 隶属于 v_j 等级的频数 f_{ij},最后用专家总数除各频数,得各因子指标所属评价等级的隶属度,见式(4.7)。

$$r_{ij} = f_{ij} \bigg/ \sum_{j=1}^{m} f_{ij} \quad i = 1, 2, \cdots, m \tag{4.7}$$

由此可得到最低评价因子的模糊评价向量,见式(4.8)。

$$\boldsymbol{R}_i = (r_{i1}, r_{i2}, \cdots, r_{im}) \tag{4.8}$$

从而得到上一级综合评价指标的模糊评价矩阵(4.9)。

$$R = (R_1^T, R_2^T, \cdots, R_n^T) \tag{4.9}$$

(6) 多指标综合评价和最大隶属度原则

由各因子得到单因素评价矩阵 R 后,与同级因素权重进行计算得到评估结果。再根据最大隶属度原则确定风险评估等级。

4.6 智能微电网应用实例分析

4.6.1 某智能微电网项目安全风险评估

(1) 工程背景

某智能微电网工程由风力发电、光伏发电、混合储能系统、交直流电动汽车充电桩和配用电设备组成,是集风、光、储、辅于一体的多能互补微电网工程。该工程总发电量近 500 kW·h,通过工程范围内独立 400 V 交流母线互联,经 400 V/10 kV 升压变压器升压后送入 10 kV 配电线路并网发电。工程的最大特点在于采用了不同类型的光伏发电技术和风力发电技术,包括 84.15 kW 楼顶固定式光伏发电系统、73.5 kW 车棚薄膜光伏发电系统、96 kW 建筑一体化光伏幕墙发电系统、10 kW 光伏逐日发电系统、一台 200 kW 水平轴风力发电机、一台 20 kW 垂直轴风力发电机、100 kW·h 磷酸铁锂电池储能系统和 150 kW·h 铅酸电池储能系统。工程运行可按照系统需求主动地调整各分布式电源的接线方式,实现并网/孤网不同模式运行,并可开展各分布式电源协同优化控制策略的研究,是一个典型的集发电、科研、示范于一体的复杂智能微电网工程,其安全风险与多能互补系统内部安全可靠性以及外部环境的影响密切相关,需要从定性与定量方面进行评估。

(2) 智能微电网安全风险评价指标体系

根据该智能微电网工程安全的特征,可以建立三个层次的结构形式,各层级及影响因子如图 4.1 所示。

(3) 构造判断矩阵

根据实例项目的情况,结合相关工程建设的实践经验,首先根据表 4.1 的重要性划分标准对二级因素集各因素进行两两比较,由此构造判断矩阵 $A = (B_1, B_2, B_3, B_4, B_5)$,得到表 4.3。

表 4.3 二级因素判断表 A

	B_1	B_2	B_3	B_4	B_5
B_1	1	5	3	6	8
B_2	1/5	1	1/2	3	5
B_3	1/3	2	1	5	7
B_4	1/6	1/3	1/5	1	3
B_5	1/8	1/5	1/7	1/3	1

① 归一化后得到各因素的权重如下：
$$a=(0.497,0.147,0.249,0.069,0.037)$$

求解最大特征值 $\lambda_{\max}$ 得：
$$\lambda_{\max}=\frac{1}{5}\left(\frac{2.487}{0.497}+\frac{0.736}{0.147}+\frac{1.245}{0.249}+\frac{0.347}{0.069}+\frac{0.185}{0.037}\right)\approx 5.01$$

代入一致性指标公式：
$$C=\frac{\lambda_{\max}-n}{n-1}$$

得到 $C=0.003$。根据随机一致性比例：
$$C_R=C/\gamma=0.003/1.12\approx 0.003<0.1$$

可知该判断矩阵满足一致性检验的要求。

用同样的方法对三级因素集各因素进行两两比较，由此构造判断矩阵 $\boldsymbol{B}_1=(C_{11},C_{12},C_{13})$，$\boldsymbol{B}_2=(C_{21},C_{22},C_{23})$，$\boldsymbol{B}_3=(C_{31},C_{32},C_{33})$，$\boldsymbol{B}_4=(C_{41},C_{42},C_{43})$，$\boldsymbol{B}_5=(C_{51},C_{52},C_{53})$，如表 4.4—表 4.8 所示。

表 4.4 三级因素 B_1 判断表

	C_{11}	C_{12}	C_{13}
C_{11}	1	3	5
C_{12}	1/3	1	2
C_{13}	1/5	1/2	1

表 4.5 三级因素 B_2 判断表

	C_{21}	C_{22}	C_{23}
C_{21}	1	1/2	1/6
C_{22}	2	1	1/3
C_{23}	6	3	1

表 4.6 三级因素 B_3 判断表

	C_{31}	C_{32}	C_{33}
C_{31}	1	1/5	3
C_{32}	5	1	7
C_{33}	1/3	1/7	1

表 4.7 三级因素 B_4 判断表

	C_{41}	C_{42}	C_{43}
C_{41}	1	3	5
C_{42}	1/3	1	2
C_{43}	1/5	1/2	1

表 4.8 三级因素 B_5 判断表

	C_{51}	C_{52}	C_{53}
C_{51}	1	1/3	1/6
C_{52}	3	1	1/2
C_{53}	6	2	1

重复上述方法可得到各三级因素相对一级因素重要性的权重系数 a_i 如下：

$$\boldsymbol{B}_1 = (C_{11}, C_{12}, C_{13}) : \boldsymbol{a}_1 = (0.654, 0.226, 0.120)$$
$$\boldsymbol{B}_2 = (C_{21}, C_{22}, C_{23}) : \boldsymbol{a}_2 = (0.111, 0.222, 0.667)$$
$$\boldsymbol{B}_3 = (C_{31}, C_{32}, C_{33}) : \boldsymbol{a}_3 = (0.193, 0.724, 0.083)$$
$$\boldsymbol{B}_4 = (C_{41}, C_{42}, C_{43}) : \boldsymbol{a}_4 = (0.648, 0.230, 0.122)$$
$$\boldsymbol{B}_5 = (C_{51}, C_{52}, C_{53}) : \boldsymbol{a}_5 = (0.100, 0.300, 0.600)$$

② 建立评判矩阵

对已得到的各三级因素运用专家赋权法进行评判。10 位同行专家将三级因素 C_{11}，C_{12}，…，C_{53} 等 15 个智能电网安全风险划分为高、较高、低、较低四个等级，如表 4.9 所示。

表 4.9 智能微电网安全风险因素专家评判表

因素	等级			
	高	较高	低	较低
新能源发电风险	6	3	1	0
并网安全风险	2	4	2	2
储能系统安全风险	4	4	1	1
智能终端安全风险	0	3	1	6
智能交互系统安全风险	2	2	4	2
智能通信安全风险	1	3	5	1
输电线路安全风险	8	2	0	0
调度控制安全风险	4	4	2	0
用户侧安全风险	1	2	6	1
运行维护安全风险	2	5	3	0
监控防护安全风险	2	4	2	2
应急管理风险	2	4	2	2
电力市场风险	0	3	6	1
政策法规及社会风险	0	2	4	4
自然环境安全风险	5	4	1	0

归一化后，得到其单因素评判矩阵 $\boldsymbol{R}_1, \boldsymbol{R}_2, \cdots, \boldsymbol{R}_5$。

如对于电源安全风险(B_1),可得到其关于三级因素 C_{11}, C_{12}, C_{13} 的单因素评判矩阵 R_1:

$$R_1 = \begin{bmatrix} 0.6 & 0.3 & 0.1 & 0 \\ 0.2 & 0.4 & 0.2 & 0.2 \\ 0.4 & 0.4 & 0.1 & 0.1 \end{bmatrix}$$

同样地,可以得到 R_2, R_3, R_4, R_5 分别是:

$$R_2 = \begin{bmatrix} 0 & 0.3 & 0.1 & 0.6 \\ 0.2 & 0.2 & 0.4 & 0.2 \\ 0.1 & 0.3 & 0.5 & 0.1 \end{bmatrix}$$

$$R_3 = \begin{bmatrix} 0.8 & 0.2 & 0 & 0 \\ 0.4 & 0.4 & 0.2 & 0 \\ 0.1 & 0.2 & 0.6 & 0.1 \end{bmatrix}$$

$$R_4 = \begin{bmatrix} 0.2 & 0.5 & 0.3 & 0 \\ 0.2 & 0.4 & 0.2 & 0.2 \\ 0.2 & 0.4 & 0.2 & 0.2 \end{bmatrix}$$

$$R_5 = \begin{bmatrix} 0 & 0.3 & 0.6 & 0.1 \\ 0 & 0.2 & 0.4 & 0.4 \\ 0.5 & 0.4 & 0.1 & 0 \end{bmatrix}$$

再根据公式 $b_i = a_i R_i$ 得到关于各二级因素风险的评判如下:

电源安全风险 $b_1 = (0.486, 0.335, 0.123, 0.057)$
信息安全风险 $b_2 = (0.111, 0.279, 0.433, 0.178)$
微电网安全风险 $b_3 = (0.452, 0.345, 0.195, 0.008)$
运营管理风险 $b_4 = (0.200, 0.465, 0.265, 0.070)$
外部安全风险 $b_5 = (0.300, 0.330, 0.240, 0.130)$

③ 以上二级因素 $B_1, B_2, \cdots, B_5$ 安全风险的评判构成了总单因素(一级)评判矩阵。

$$R = \begin{bmatrix} 0.486 & 0.335 & 0.123 & 0.057 \\ 0.111 & 0.279 & 0.433 & 0.178 \\ 0.452 & 0.345 & 0.195 & 0.008 \\ 0.200 & 0.465 & 0.265 & 0.070 \\ 0.300 & 0.330 & 0.240 & 0.130 \end{bmatrix}$$

最后利用模型 $b = aR$ 得到关于该智能微电网项目安全风险的评判如下:

$$b = (0.396, 0.338, 0.200, 0.066)$$

根据最大隶属度原则,这一评估结果表明该智能微电网安全风险等级评估结果为高风险,必须采取措施,积极应对。

4.6.2 智能微电网安全风险应对策略

以上风险评估结果,表明该智能微电网项目存在高风险,必须加以控制和管理。针对各指标的风险等级,提出以下对策:

(1) 电源安全风险和微电网安全风险均处于高风险级别，必须采取措施将其安全风险降下来。由安全风险评判矩阵可以看出这两个指标的风险等级为高，建议根据各类新能源发电的特点，在工程设计时充分考虑供配电设备的安装位置、材料选用及其并网技术方案等，设计特定的多层并网机制以降低微电网安全风险。此外，须明确智能微电网全生命周期管理，即施工准备阶段、建设实施阶段、投产运行阶段、后期维护阶段的安全风险管控。

(2) 信息安全风险，处于低风险级别，应采用常规管理方法，密切关注风险的动向。由于信息通信系统的安全性和通信数据准确性关系到智能微电网各能源供应的协调性，建议对微电网的信息采集系统、智能网络系统和调度控制系统建立整体安全管控流程，并建立相应的容灾备份系统，定期检测传感器或控制单元的基本性能是否符合要求，定期修正校准，保障其可靠性和准确度。

(3) 运营管理风险处于较高风险级别，必须加强风险管理，采取措施控制和降低其安全风险等级。由安全风险评断矩阵可以看出，该指标风险等级相对较高，建议在智能微电网投产前由专业人员根据现场实际情况明确相应的管理制度，并以文件的方式确定相关设施和系统运行维护的物理范围和边界，同时建立与边界周边设施的应急协调机制，建立合理管控程序，通过合理的控制措施和规划落实，降低安全风险级别，控制风险的发生。

(4) 外部安全风险处于较高风险级别，必须要加以控制。建设项目所在地的电力市场环境和政策法规环境可能对微电网的经济效益产生较大影响，这会引起项目参与方之间，为了自己的利益而忽视安全性，而当地的自然、社会经济环境则直接关系到智能微电网的稳定运行安全。建议在智能微电网工程项目立项阶段对当地政策和管理规定进行全面解读，进行可行性研究的同时充分考虑当地社会经济和自然环境的影响，做好建设场地的安全性评价和环境影响评价等，以控制和降低智能微电网安全风险。

4.7 本章小结

本章通过分析智能微电网可能存在的电源安全、信息安全、微电网安全以及运营管理和外部安全风险特征，构建了智能微电网安全风险评价指标体系和模糊综合评价模型，通过实例分析，运用专家赋权法并结合模糊集理论对该指标体系进行了安全风险评估和验证，并根据评估结果提出了相应的对策措施。研究结果表明该模型能有效地提高智能微电网安全风险评估的准确性，可以较好地解决因多名专家赋权导致主观评价值出现偏差的问题，对智能微电网的建设和推广应用具有重要意义。

由于在评价过程中，有些指标信息难以量化，且评价结果过分依赖专家主观性判断，因此后续需要探索更优的分析手段以提高评估结果的可信度和客观性，更好地完善相应的对策措施。

5 基于故障树和改进灰色关联法的新能源汽车加氢站安全风险评价

5.1 引言

在能源危机和环境污染的当前世界,氢能作为无污染、热效率高、可循环利用的清洁能源,发展潜力巨大,是全球能源战略转移和研究的重点。在探索氢能应用的道路上,新能源燃料电池汽车是一项重要的应用领域,而其配套设施的规划布局是重要基础。但由于氢气相较于压缩天然气、液化天然气甚至液化石油气,更易燃易爆,其储存方式存在着安全隐患。同时,加氢站作为一项新型的建设工程,其相应的技术标准和安全管理尚不完备和规范。尤其在我国政府推行政策规划以及新能源汽车市场日趋成熟的背景下,加氢站必将随之加快发展的步伐,加氢站的安全问题必然要得到重视。

因此,本研究[208]结合国内研究资料,分析加氢站的安全风险因素,建立氢燃料电池汽车加氢站的安全风险指标体系。以国内某一加氢站为例,应用故障树和改进灰色关联法对新能源汽车加氢站的安全风险进行定量分析,得出该加氢站的安全风险等级,同时与加氢站的可接受安全标准相比较,在此基础上,提出加氢站安全风险防控措施。该风险评价结果对今后新能源汽车加氢站的建设和安全风险管理具有指导意义。

5.2 加氢站的发展与安全特征

5.2.1 氢燃料汽车与加氢站的发展

目前,氢燃料电池汽车是最具产业化潜力的氢能经济,是氢能经济的主要发展方向。而加氢站是氢燃料汽车产业化、商业化发展的重要基础。加氢站的工作原理类似于加气(天然气)站,是向氢燃料电池汽车提供氢气的补给站[209],即将站外运输的氢气或站内生产的氢气,以压缩机加压的方式储存在高压罐当中,然后通过加气机给氢燃料汽车注入氢气作为动力补给。

据世界公开资料数据显示,至 2019 年底,全球建成并投入使用的新能源汽车加氢站总数达432座,各地区数量分布如图5.1所示。加氢站的建设要数日本、美国及欧洲国家最为先进,这主要得益于这些国家的氢能燃料汽车技术较为成熟。近年来,随着相关技术的不断发展和氢能燃料汽车市场的蓬勃兴起,到2020年1月,我国加氢站总计建成61座,地理位置多分布在南部地区和东部沿海地区。据国内前瞻产业研究中心预测显示[210],我国今后近10年的氢燃料电池汽车和加氢站数量预测如图5.2所示。按照规划,到2030年,我国将建成1 000座加氢站。我国加氢站的建设规模扩大趋势与氢燃料汽车的发展趋势一致,两者是相辅相成的。

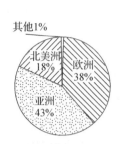

图5.1 全球氢燃料电池汽车加氢站数量分布

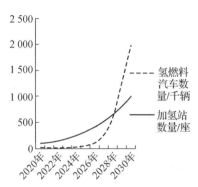

图5.2 我国氢燃料电池汽车和加氢站数量预测

5.2.2 加氢站的安全风险特征

2019年的上半年,接连发生三起加氢站爆炸事故。在韩国江原道江陵市,一家太阳能制氢公司员工在进行氢气生产和使用测试时,加氢站的燃料储存罐发生爆炸;美国加州硅谷,一座加氢站在向外部输送氢气时,造成一辆氢气配送车爆炸;挪威发生一起因加氢站无人值守与管理而造成的安全事故。在氢能产业快速发展及新能源汽车加氢站规模化逐渐加快的当下,短时间内发生三起加氢站安全事故,这理应对世界氢能产业及其基础设施的安全发展起到警示作用。

总结当今新能源汽车加氢站的运行管理信息,加氢站的安全风险多表现为氢气的泄漏和火灾爆炸。前者发生频率较高,后者发生则会造成较大损失。因此,为了新能源汽车加氢站的安全运行,需要定期对加氢站进行安全评估,制定合理有效的应急处理方案。

5.3 新能源汽车加氢站安全风险评价指标体系的确立

5.3.1 加氢站安全风险评价原理

根据氢气的来源不同[210],可分为站内制氢加氢站和外供氢加氢站两种(图5.3)。本章以外供氢加氢站为例,对其工作原理进行描述[209-211]:氢气在某专门生产厂制备完成,用槽罐车运至加氢站,经压缩机压缩后,储存到高压罐中,通过加气机随时给氢能汽车加注氢气,以补充动力。当然,如果管束槽罐车内的压力足够高的话,可以直接给氢能源汽车加注氢气,而不需要经压缩机加压后从高压罐中给汽车加氢。

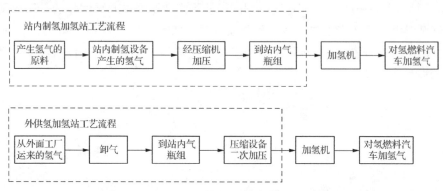

图 5.3 加氢站供应氢燃料汽车的工艺流程图

本章以上海安亭加氢站(外供氢加氢站)为基础,建立加氢站的安全风险评价体系。加氢站作为新能源基础设施,不同于加油、加气站,故障概率统计数据相对缺乏,所以本章利用故障树的分析手段从基本事件出发,找出顶上事件的概率,从而构建加氢站的安全风险评价指标体系。另外,将模糊层次分析法与灰色理论相结合改进综合评估方法,对新能源汽车加氢站的安全风险进行评估。

5.3.2 建立加氢站安全风险指标体系

经前文介绍,加氢站的工作流程简言之为供氢、压缩、储存、加注。其主要安全风险为氢气运输、储存风险以及为燃料汽车充装过程中气体泄漏、静电、火灾、爆炸等危险[211-213]。本章以上海安亭加氢站运行数据为基础,并结合加氢站的相关研究文献对加氢站工艺流程进行分析,把加氢站的安全风险因素归为站内工艺布局影响、承压设备故障、安全保障系统故障、控制系统故障、人为因素、环境因素以及规章制度不规范共七个大类,以这七个大类为系统的顶上事件,整理出 59 个可能造成加氢站安全事故的基本事件,构建故障树分析模型如图 5.4 所示。

依据构建的新能源汽车加氢站故障树模型,对 59 个加氢站安全基本事件进行分类总结,建立新能源汽车加氢站的安全指标体系(图 5.5)。根据安全风险发生的概率和影响后果,并参考相关文献资料[214],本章将新能源汽车加氢站的安全风险划分为五个等级:Ⅰ级(好)、Ⅱ级(较好)、Ⅲ级(一般)、Ⅳ级(较差)、Ⅴ级(差)。

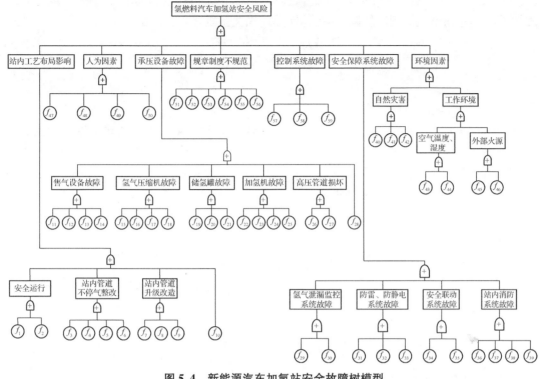

图 5.4 新能源汽车加氢站安全故障树模型

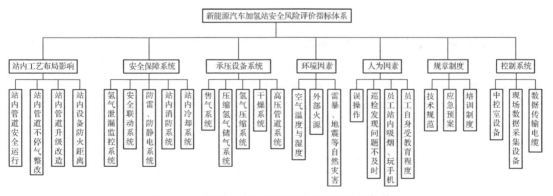

图 5.5 新能源汽车加氢站安全风险评价指标体系

5.4 加氢站安全风险评价数学模型

5.4.1 模糊层次分析法确定指标权重

根据建立的新能源汽车加氢站安全风险评价指标体系，结合加氢站研究文献和资料，利用模糊层次分析法[215-216]计算各安全指标的权重。

1) 设安全风险指标评价集 $F=(F_1,F_2,\cdots,F_n)$，该矩阵是各指标按照重要程度进行优先关系的排序而形成的判断矩阵，即指标间的优先关系矩阵(5.1)。

$$F=\begin{bmatrix} f_{11} & f_{12} & \cdots & f_{1n} \\ f_{21} & f_{22} & \cdots & f_{2n} \\ \vdots & \vdots & \vdots & \vdots \\ f_{n1} & f_{n2} & \cdots & f_{nn} \end{bmatrix} \tag{5.1}$$

其中，$0<f_{ij}<1$，$f_{ii}=0.5$，$f_{ij}+f_{ji}=1$。f_{ij} 表示指标 F_i 比指标 F_j 的重要隶属度，f_{ij} 越大，表示指标 F_i 比指标 F_j 越重要；f_{ij} 为 0.5 时，表示指标 F_i 和指标 F_j 同等重要。结合加氢站研究文献和数据资料，确定加氢站各个安全指标间的重要隶属度，得到优先关系矩阵。

2) 将该优先关系矩阵改造成模糊一致判断矩阵，即 $F=(f_{ij})_{n\times n}$，$\forall i,j,k=1,2,\cdots,n$，满足式(5.2)。

$$f_{ij}=f_{ik}-f_{jk}+0.5 \tag{5.2}$$

3) 计算指标权重 W_i，见式(5.3)。

$$W_i=\frac{\sum_{j=1}^{n}f_{ij}-0.5}{n(n-1)/2} \tag{5.3}$$

其中，$\sum_{j=1}^{n}f_{ij}$ 表示模糊一致判断矩阵每行元素之和。

5.4.2 关联矩阵的确定

1. 标准参照序列和比较序列

根据改进灰色关联法[217]的分析步骤，需要选择一组标准参照序列，记作 $X'_0=\{X'_0(1), X'_0(2),\cdots,X'_0(m)\}$，其具体标准可以根据实际评价的目的进行选择。参考相关文献，这里将各安全风险指标等级划分为五个等级，其标准参照序列如下：

$$\text{Ⅰ级}=\{95,95,\cdots,95\}$$
$$\text{Ⅱ级}=\{85,85,\cdots,85\}$$
$$\text{Ⅲ级}=\{75,75,\cdots,75\}$$
$$\text{Ⅳ级}=\{65,65,\cdots,65\}$$
$$\text{Ⅴ级}=\{55,55,\cdots,55\}$$

2. 对指标数据进行无量纲化处理

为便于标准参照序列的应用，需对所获指标数据进行无量纲化处理。一般的处理方法有：均值化法、初值化法和 $\frac{X-\overline{X}}{S}$ 变换等。这里采用初值化法对安全指标进行数据的无量纲化，见式(5.4)。

$$X_i(k)=\frac{X'_i(k)}{X'_i(1)} \tag{5.4}$$

其中，$i=0,1,2,\cdots,n$，n 为评价对象的个数；$k=1,2,\cdots,m$。

得到如下矩阵(5.5)。

$$(\boldsymbol{X}_0, \boldsymbol{X}_1, \cdots, \boldsymbol{X}_n) = \begin{bmatrix} X_0(1) & X_1(1) & \cdots & X_n(1) \\ X_0(2) & X_1(2) & \cdots & X_n(2) \\ \vdots & \vdots & \vdots & \vdots \\ X_0(m) & X_1(m) & \cdots & X_n(m) \end{bmatrix} \tag{5.5}$$

3. 关联系数矩阵计算

将标准参照序列对应元素相减取绝对值,见式(5.6)。

$$\Delta_i(k) = |X_0(k) - X_i(k)| \tag{5.6}$$

关联系数矩阵的计算见式(5.7)。

$$\varepsilon_i(k) = \frac{\min\limits_{i}\min\limits_{k} \Delta_i(k) + \rho \max\limits_{i}\max\limits_{k} \Delta_i(k)}{[\Delta_i(k) + \rho \max\limits_{i}\max\limits_{k} \Delta_i(k)]} \tag{5.7}$$

其中,ρ 为分辨系数,取值范围为 $(0,1)$。ρ 越小,表示关联系数间的差异越大,这里取 0.5。

5.4.3 改进关联分析法的安全风险综合评价

将单因素的关联系数矩阵,分别乘以前文中得到的安全风险评价体系中相应指标的权重,得到每个风险因素的安全评价集,见式(5.8)。

$$\boldsymbol{R}_i = \boldsymbol{W}'(k) \times \boldsymbol{\varepsilon}_i(k) \tag{5.8}$$

其中,$\boldsymbol{W}'$ 为二级指标权重集,$i = 0, 1, \cdots, n$,n 为评价对象的个数。

再对单因素安全评价集 $\boldsymbol{R}_i = [R_i(1), R_i(2), R_i(3), R_i(4), R_i(5)]$ 进行归一化处理,见式(5.9)。

$$\boldsymbol{R}'_i = \boldsymbol{R}_i \Big/ \sum_{j=1}^{5} R_i(j) \tag{5.9}$$

整个加氢站的安全风险评价集见式(5.10)。

$$\boldsymbol{S} = \boldsymbol{W}'' \times \boldsymbol{R}' \tag{5.10}$$

其中,$\boldsymbol{W}''$ 为一级指标的权重集,$\boldsymbol{R}'$ 为一级单因素安全评价集。将式(5.10)计算结果的集合,与风险等级集合一一对照,根据最大隶属度原则,可以确定该加氢站的安全风险等级,并分析应该采取管控的应对策略措施。

5.5 氢燃料汽车加氢站应用实例分析

上海安亭加氢站作为上海最早建成的固定式加氢站,从 2007 年至今已持续安全稳定运营了 14 年。它由上海舜华新能源系统有限公司和同济大学共同建设,其采用外供氢气的设计,外观与普通的加油、加气站的差别不大,只是多了储气瓶组、压缩机、加气机这些设施,另外还配有氮气和安全监控系统等。其储气瓶组分移动式储气瓶组和固定式储气瓶组,保障站内氢气的大量储存。该加氢站每月的供氢量大约在 2 000 kg,每日可为 20 辆氢能源汽车加注氢气。目前,该加氢站已成为氢能认知示范点,这对普及氢能知识和提高环保意识具有模范作用和意义。同时,该加氢站将进行升级改造,改造的加氢站可供应于原先数量10 倍的新能源汽车的日常运营。

5.5.1 安全风险评价指标权重的确定

按照前述改进灰色关联分析法的分析步骤,分别计算各指标权重,其三级指标安全风险等级判断利用专家打分法综合统计取值。表 5.1 是 10 位同行专家综合打分的取值和权重计算值。

表 5.1 新能源汽车加氢站安全风险评价指标体系及其指标值

目标层	准则层	权重	指标层	权重	打分
加氢站安全风险	站内工艺布局影响	0.071 2	站内管道安全运行	0.375	85
			站内管道不停气整改	0.291 7	80
			站内设备防火距离	0.208 3	90
			站内管道升级改造	0.125	75
	安全保障系统	0.381 4	氢气泄漏监控系统	0.352 3	90
			防雷、防静电系统	0.287 7	85
			安全联动系统	0.188 5	85
			站内消防系统	0.113 7	80
			站内冷却系统	0.057 8	80
	承压设备系统	0.267 5	售气系统	0.484 2	90
			压缩氢气储气系统	0.239 3	80
			氢气压缩系统	0.143 6	85
			干燥系统	0.051 2	80
			高压管道系统	0.081 7	80
	环境因素	0.075 2	外部火源	0.422	90
			空气温度与湿度	0.422	85
			雷暴、地震等自然灾害	0.156	80
	人为因素	0.051 6	员工站内吸烟、玩手机	0.312	80
			误操作	0.312	85
			巡检发现问题不及时	0.233	80
			员工自身受教育程度	0.143	75
	规章制度	0.031 5	技术规范	0.418 6	75
			应急预案	0.383 6	85
			培训制度	0.197 8	80
	控制系统	0.121 6	中控室设备	0.681 3	80
			现场数据采集设备	0.196 8	85
			数据传输电缆	0.121 9	90

5.5.2 计算加氢站安全指标关联系数矩阵

(1)以"承压设备系统"这一指标为例,确定参照序列和比较序列,见表5.2。

表 5.2 安全风险参照序列和比较序列数据

准则层	指标层	比较序列	I	II	III	IV	V
承压设备系统	售气系统	90	95	85	75	65	55
	压缩氢气储气系统	80	95	85	75	65	55
	氢气压缩系统	85	95	85	75	65	55
	干燥系统	80	95	85	75	65	55
	高压管道系统	80	95	85	75	65	55

(2)计算关联系数,得到关联系数矩阵如下:

$$\varepsilon = \begin{bmatrix} 0.7776 & 0.7776 & 0.5384 & 0.4118 & 0.3333 \\ 0.5091 & 0.7568 & 0.7568 & 0.5091 & 0.3836 \\ 0.623 & 1 & 0.623 & 0.4525 & 0.3552 \\ 0.5091 & 0.7568 & 0.7568 & 0.5091 & 0.3836 \\ 0.5091 & 0.7568 & 0.7568 & 0.5091 & 0.3836 \end{bmatrix}$$

5.5.3 加氢站安全风险综合评价

由表5.1中的指标权重和求出的关联系数,得到承压设备系统的模糊评判集:

$$R_3 = (0.6555, 0.8018, 0.6318, 0.4539, 0.3552)$$

将其归一化,得

$$R_3' = (0.2262, 0.2767, 0.2180, 0.1566, 0.1226)$$

由最大隶属度原则可知该加氢站承压设备系统的风险等级为II级。

同理,站内工艺布局影响的模糊评判集为:

$$R_1 = (0.5968, 0.8319, 0.6915, 0.4781, 0.3608)$$

归一化后,得:

$$R_1' = (0.2017, 0.2811, 0.2337, 0.1616, 0.1219)$$

可知该加氢站站内工艺布局影响的安全风险等级为II级。

安全保障系统的模糊评判集为:

$$R_2 = (0.6327, 0.9164, 0.6301, 0.4545, 0.3558)$$

归一化后,得:

$$R_2' = (0.2117, 0.3065, 0.2108, 0.1520, 0.1190)$$

可知该加氢站安全保障系统的安全等级为II级。

环境因素的模糊评判集为:

$$R_4 = (0.6705, 0.8682, 0.6082, 0.4442, 0.3504)$$

归一化后,得:

$$R'_4 = (0.227\ 9, 0.295\ 2, 0.206\ 8, 0.151\ 0, 0.119\ 1)$$

可知该加氢站环境因素的安全风险等级为Ⅱ级。

人为因素的模糊评判集为：
$$R_5 = (0.508\ 4, 0.795\ 9, 0.732\ 7, 0.479\ 4, 0.357\ 6)$$

归一化后，得：
$$R'_5 = (0.176\ 9, 0.276\ 9, 0.254\ 9, 0.166\ 8, 0.124\ 4)$$

可知该加氢站人为因素的安全风险等级为Ⅱ级。

规章制度的模糊评判集为：
$$R_6 = (0.492\ 7, 0.768\ 1, 0.794\ 1, 0.498\ 8, 0.365\ 9)$$

归一化后，得：
$$R'_6 = (0.168\ 8, 0.263\ 1, 0.272\ 0, 0.170\ 8, 0.125\ 3)$$

可知该加氢站规章制度的安全风险等级为Ⅲ级。

控制系统的模糊评判集为：
$$R_7 = (0.564\ 2, 0.807\ 2, 0.703\ 8, 0.486\ 1, 0.371\ 9)$$

归一化后，得：
$$R'_7 = (0.192\ 4, 0.275\ 2, 0.239\ 9, 0.165\ 7, 0.126\ 8)$$

可知该加氢站控制系统的安全风险等级为Ⅱ级。

以上 $R'_1 \sim R'_7$ 构成了该新能源汽车加氢站的安全指标矩阵 R'，则该加氢站的安全风险评价集为

$$S = W'' \times R' = (0.071\ 2, 0.381\ 4, 0.267\ 5, 0.075\ 2, 0.051\ 6, 0.031\ 5, 0.121\ 6) \times$$

$$\begin{bmatrix} 0.201\ 7 & 0.281\ 1 & 0.233\ 7 & 0.161\ 6 & 0.121\ 9 \\ 0.211\ 7 & 0.306\ 5 & 0.210\ 8 & 0.152\ 0 & 0.119\ 0 \\ 0.226\ 2 & 0.276\ 7 & 0.218\ 0 & 0.156\ 6 & 0.122\ 6 \\ 0.227\ 9 & 0.295\ 2 & 0.206\ 8 & 0.151\ 0 & 0.119\ 1 \\ 0.176\ 9 & 0.276\ 9 & 0.254\ 9 & 0.166\ 8 & 0.124\ 4 \\ 0.168\ 8 & 0.263\ 1 & 0.272\ 0 & 0.170\ 8 & 0.125\ 3 \\ 0.192\ 4 & 0.275\ 2 & 0.239\ 9 & 0.165\ 7 & 0.126\ 8 \end{bmatrix} =$$

$$(0.210\ 6, 0.289\ 1, 0.221\ 8, 0.156\ 9, 0.121\ 6)$$

根据最大隶属度原则可知该加氢站的安全风险等级为Ⅱ级，属较好级别，只要按照已有的安全风险管理方案，加强监控即可，但也要关注各指标因素的变化，采取相应的措施。

5.6 本章小结

由上述研究结果可知，该新能源汽车加氢站安全风险等级为Ⅱ级，属较好级别，符合国家新能源汽车加氢站的安全标准。针对新能源汽车加氢站的安全风险管理，结合加氢站安全风险评价结果，对加氢站的前期建设和后期运营提出几点建议：

1）加氢站的建设前期，其选址和安全布局应按照国家标准进行，尤其是建筑物之间和站内设备之间的安全距离应保证符合要求；

2）加氢站内的压缩机、储氢罐、加氢机是保障其运行的核心设备，因此，这些设备应符合质量标准和技术标准，同时对这些主要设备按照其功用加装对应的安全保护设施；

3）需要制定必要合理的应急处理方案，以处理加氢站可能发生的氢气泄漏、火灾、爆炸等事故。

目前，我国加氢站发展还处于初步阶段，安全技术标准体系较为单一，但随着未来我国新能源电池汽车和加氢站的快速发展，许多技术标准规范需要与时俱进，不断成熟规范。

新能源汽车加氢站作为一项新能源基础设施项目，其内部的管理运行和故障数据相对缺乏，本章是在参考前人研究以及加氢站现行标准的基础上，利用故障树的方法获取故障概率数据，以实现对新能源汽车加氢站安全风险的量化研究。

为了加氢站的安全评价更加完善精确，需要在加氢站的发展中不断整理归纳所有的不安全事件，得出一套更为完备的符合实际运行的安全管理体系。本章的研究成果丰富了氢能的安全基础研究，为氢能基础设施建设提供了科学依据，有利于推动新能源汽车加氢站安全建设与发展。

6 基于安全成本优化模型的 SH&E 案例分析

6.1 引言

根据 Michael Behm 等作者的研究成果,我们对工效学的成本进行了分析,结果发现,在某些行业,SH&E(安全、健康和环境)专业人士往往因为自己在遵从法规方面取得成功而被忽视。许多企业高管都认为超出合规性的开支是不应该的[218]。这使得该问题变得更加复杂,究其原因主要是 SH&E 专业人士很少使用商业模式或商业术语来描述这样的问题。安全用语通常被认为是与标准业务和目标没有直接关联性[219]。如果 SH&E 部门不了解安全怎样给组织带来财务损失,那么高层管理人员就认为安全部门不会产生财务效益[220]。最终结果就是,SH&E 的问题不会被充分考虑纳入标准业务框架范围。

SH&E 专业人士需要为他们的努力建立商业案例这一事实是有据可查的[219]。商业会计方面的知识有助于 SH&E 专业人士与管理层沟通并保持可信度[221]。为了更有效地与其他财务和运营管理人员合作,有人建议 SH&E 专业人员必须更好地掌握商业通用术语[222]。成本分析模型可以帮助 SH&E 专业人员从商业角度度量、分析和传达安全策略。本章将从质量安全的角度详细分析这一模型。

6.2 安全与质量的关系

许多学者,包括 Blair、Adams、Manzella、Weinstein、Manuele 等,都明确地指出了质量管理和安全管理之间的联系[221-225]。在综述了质量管理相关文献后,Manuele 等得出结论[225]:"质量"一词可以与"安全"一词互换。为了说明安全如何反映质量功能,Manuele 在下列论述中引入了"质量"的"安全"。

当质量(安全)与组织的日常运作方式无缝结合时,质量(安全)就不会成为委员会和团队的单独活动,而是每个员工履行其职业工作的方式[225]。

建筑行业安全与质量的相似性得到了很好的总结。Coble 等引入了质量成本(COQ)模型,其可作为一种评估安全成本的工具。

本章的研究建立在这些概念的基础上,描述了 COQ 模型如何应用于安全领域,并运用实例研究来论证两个工效学项目相关的成本是怎样收集的。SH&E 专业人员可以运用此模型跟踪、分析和报告 SH&E 职能相关费用。因此,该模型可以通过在 SH&E 职能部门内推动决策制定和操作行为来帮助他们建立商业案例。

6.3 质量成本(COQ)框架及其应用

质量成本(COQ)框架由四个主要成本支出部分组成:预防、检测、内部故障和外部故障,这四个部分的划分与安全管理实践一致。

1. 预防支出

预防支出旨在防止缺陷的发生。此类支出被视为避免下游缺陷的最佳方法。其支出根据具体情况确定,该预算内的支出,旨在防止安全事故的发生。SH&E 专业人员开展预防活动,以避免员工受伤以及财产损失等。此类支出的例子包括安全职能部门涉及的新产品、新工艺、新技术和服务的设计,员工培训,以及安全材料采购。

2. 检测活动

检测活动,也称为鉴定活动,包括对正在进行的工作进行检查,以尽量减少缺陷。一个组织开展这些活动是因为它知道并不是所有的缺陷都可以预防,或者有些缺陷的预防成本太高。因此必须有针对性地制定出相关规程标准,并雇佣质量控制检查员来进行验证。预防和检测活动之间的关键区别在于前者更容易避免缺陷,但通常成本更高,而后者在缺陷发生后识别并纠正缺陷。在总体预算效益分析中,应采取主动预防措施,减少安全事故的发生,将预防和检测成本降到最低,并比较其综合成本与总故障成本。SH&E 职能部门负责各种检测活动,包括安全检查、工业卫生监测、安全委员会活动和安全行为观察。

3. 内部故障成本

内部故障成本是与返工、报废和其他性能缺陷相关的成本,这些缺陷发生在产品传递给客户之前。内部故障发生在设施内部,它们是企业试图通过适当的预防管理措施和检测活动来避免的成本。

与安全相关的内部故障成本案例有现场受伤害工人的补偿(WC)费用、事故调查费用、新员工再培训费用,以及提供给个人的防护用品费用。

4. 外部故障成本

外部故障成本包括保修费用和产品召回成本。这些费用发生在产品离开工厂并发送给客户或分销商之后。与安全相关的外部故障成本包括监管罚款、与外部代理相关的行政成本以及与公众形象相关的费用。工作场所不安全将导致公众形象受损,构成声誉成本,这可能会对商业造成不利影响。例如,2003 年 1 月一个名为"危险企业"的公共广播服务现场特别节目报道了 McWane 公司恶劣的安全记录。如果产品购买者或最终用户因为某个组织的不良安全记录而抵制该组织,那么未能出售产品的费用就将划归为外部故障成本。

6.4 安全成本优化分析

安全成本模型可以评估总安全成本随时间的变化趋势。安全成本类别的划分为跟踪和分析已发生的成本费用以及协助编制未来 SH&E 计划的预算提供了有用的工具。理论上 COS 模型存在一个最佳平衡点,在该点处总预防和检测成本等于总故障成本。这个点是动态的,是通过线性回归找到的。理论上的最优平衡点表明,预防和检测费用的预算金额是实时变化的,但其应使总 SH&E 成本之和最小或最优。

图 6.1 为 COS 模型,由图可知,当预防和检测成本较低时,故障成本就很高;随着预防和检测成本的增加,故障成本就会降低,因为更多的费用被用在应对风险上。COS 模型必须与零事故目标组织的概念相区别。要实现非常高的安全性(质量)和零缺陷(事故)的目标,安全成本就会变得非常高。对于 SH&E 行业,该模型表明,为了实现零事故或接近零事故,必须大幅增加预防和检测费用。

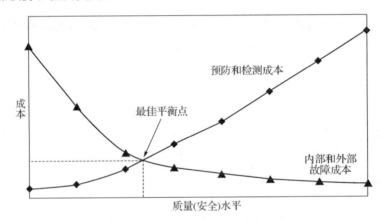

图 6.1 质量(安全)水平与成本关系

根据 Chalos 的说法,虽然"零缺陷"和"质量就是头等工作"等口号很有吸引力,但如果不付出大量的预防和评估成本,这些目标是无法实现的。

最优成本法就是将事故(故障)成本降到最低,组织只需花费必要的费用就可以使安全相关的总体成本最小化。这一观点可能会与 SH&E 职业中先前的观点形成鲜明的对比。然而,从财务角度来看,COS 模型为管理者提供了一个分析成本、编制预算和设定现实目标(绩效、成本等)的架构。

该模型是短期模型,因此不会出现收益率递减的现象,必须每年对其进行监测。从风险管理的角度来看,该模型也是有意义的。所有活动都存在一些固有的风险[225]。某些风险是不可能消除的或者不花费大的代价几乎是不可能消除的,而其他风险则可以付出很少的努力和较低的成本就可以消除。任何成本分析的目的都是为了识别出这些"悬而未决的成果"。

从 COS 模型可以看到,对于一个企业的财务稳定来说,某些风险必须被认为是可接受的。人们还应该认识到,每一个企业都必须确定什么程度的风险是可接受的,能够采取什么策略来应对风险,以及在什么程度上为这些策略提供资金。与大多数财务工具一样,应该由企业根据其内部标准和管理理念来解释数据,以便做出适当的财务决策。

COS模型并没有强行规定这些决策,它只是提供可用于推动决策制定和运行行为的财务信息。每一个COS模型的解释都是个性化的,可用下列案例研究来说明。

6.5 安全成本优化案例研究

作为本研究的一部分,收集、分析并解释了两个企业工效学相关活动的成本。A公司是一家大型跨国公司的财务部门,约有1 600名员工。B公司是一家拥有约300名员工的小型设备制造厂。两家公司都将工效学相关问题描述为主要的安全和成本问题。本研究分析的是工效学成本,而不是整个SH&E计划成本。

1. 数据收集

这两家公司被要求在三年内回顾性地记录与工效学项目相关的成本。每家公司都收到了一份研究说明和一份工作表,其中列出了按预防、检测、内部故障和外部故障分类的工效学成本示例。要求每家公司提供每个表格栏目的估计成本,并将其添加到认为合适的项目栏,并提供每年的估计总运营成本。总运营成本为数据标准化提供了一个基准,使每年发生的成本按百分比进行比较。表6.1给出了工效学成本工作表的示例。

表6.1 工效学成本工作表示例

总运营成本(TOC)	第1年	第2年	第3年
预防成本			
雇员人体工学训练			
管理人员人体工学训练			
主动进行工作场所评估和改善			
总预防成本			
总预防成本占总运行成本的百分比			
检测成本			
人体工效学委员会			
伤害前,工作场所评估和改善			
总检测成本			
总检测成本占总运营成本的百分比			
故障(内部 & 外部)成本			
工效学伤害和疾病相关的职工补偿成本			
伤害后,工作场所评估和改善			
离职、失业等再培训间接成本			
总故障成本			
总故障成本占总运营成本的百分比			

根据两家公司对工效学相关问题的描述,对照主要SH&E项目成本,将工效学成本用于其案例研究,并根据这些成本的发生时间,将工作现场评估和改善相关的成本进行分类。例如,如果一家公司决定对整个部门内的工作现场进行评估和改善,那么这一成本就可以归为预防成本类。由于员工担忧和不适应而引起的工作现场的评估和改善被归为检测这一类。两者的区别在于:在预防活动中,企业主动预防故障发生;在检测活动中,员工或其主管检测到不适症状后才请求干预。如果相同的活动发生在员工受到工效伤害、误工或经历其他类型的故障之后,则该活动被归为内部故障一类。由于两家公司均未报告与其工效项目相关的外部故障成本,因此,将内部和外部故障合并为一个类别,以下统称为"故障成本"。

在收集和量化工效成本的过程中,确定与COS模型相关的费用需要面对很多的挑战和观察工作。与许多企业一样,B公司的工效成本很难准确定位和计算。验证每个栏目的数据需要大量时间和精力,而事实是这些成本很不易得到,这有力地表明了其费用在公司内部没有得到充分论证和讨论。

值得注意的是,与数据收集相关的时间成本不得超过数据分析应用所获得的收益。因此,一些企业可能决定建立适当的费用数据收集机制,该数据收集机制的原理是前瞻性地而不是回顾性地收集数据。在开始开发会计系统或升级变更系统时,企业创建会计科目表时就应同时纳入SH&E费用项目的功能。

能否包括安全人员薪金的费用,如果能,应该放在哪一部分。与所有成本一样,这将取决于各个企业或负责经理。如果目标是向管理层报告所有SH&E费用,那么最好包括安全人员的工资。

其中一种方法是估计用于执行预防、检测和故障活动的时间百分比,然后根据该计算结果分配工资支出。在这种情况下,是不包括SH&E员工工资的,因为参与公司的目标是检查工效活动及其财务影响。

在收集和量化工效成本的过程中也会面临其他的挑战。用于工艺改进的某些资本支出是否应包括在COS模型中?例如,购买了一台新设备,并且已知该设备会降低工效的风险因素,那么它的费用成本是否应该作为工效成本包括在内?这一答案将取决于成本支出对象,支出对象被定义为任何需要费用度量的项目。如果成本支出对象是安全,那么它就应包含在安全成本中。然而,企业或许在多个成本分析中包含相同的费用支出(例如安全和质量)。

WC(工人的补偿)和其他安全相关保险的基本费用又如何考虑呢?企业需要购买相关保险才能安全经营,因此,基本费用是否应该包含在模型中?同样,这取决于几个因素。如果目标是报告、跟踪和分析与企业安全项目相关的所有成本,则应包括该成本。然而,如果目标是分析特定的项目成本,例如员工工效项目的成本,那么将这些固定成本包括在内是不合适的。为应对上述和其他类似的挑战而做出的决策取决于费用分析的目标。

2. 分析:A公司

表6.2给出了A公司已发生的工效成本的四个主要成本支出及其项目总成本占总运营成本的百分比。图6.2给出了三年期间这些费用的变化趋势和关联性。该公司的工效项目在第1年之前还没有得到很好的发展,只提供了工效成本和伤害控制相对应的趋势。该企业认识到,与工效有关的费用和安全事故已成为一个财务问题。第1年,从那些被识别为较

高风险的工作现场和工作任务开始,就决定在随后的两年期间对每个工作现场进行评估和改善。如图 6.2 所示,工效项目的总成本在这三年中每年都有所下降。进一步分析表明,预防和检测成本的总和是增加的,而总故障成本是减少的。这一趋势证明,预防和检测活动所做的预算成功地影响了故障成本的支出。

表 6.2　A 公司工效成本数据*

时间	预防成本	检测成本	内部故障成本	外部故障成本	总成本
第 1 年	0	0.000 08	0.002 48	0	0.002 56
第 2 年	0.000 32	0.000 05	0.002 03	0	0.002 40
第 3 年	0.000 41	0.000 05	0.001 43	0	0.001 89

注:* 表示占总运营成本的百分比。

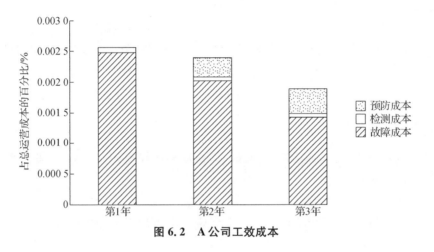

图 6.2　A 公司工效成本

图 6.3 显示了这一趋势,并提供了工效项目的理论最优成本。

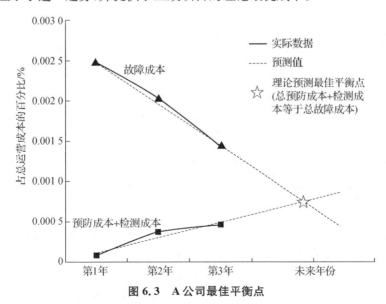

图 6.3　A 公司最佳平衡点

建议未来几年A公司应增加工效预防和检测活动的预算支出。可自由支配预算的增加应该会降低故障成本。此外,如果项目管理得当,其总体成本应该会降低。注意,这种情况下的最佳点是实际发生的,而不是理论计算的。

基于这家公司以前的应对策略和后来的财务决策,最优点很有可能相当准确。当A公司采取行动时,它是以一种结构良好、资金充足的方式采取行动的,势必要在分析预防和检测成本与故障成本之间的权衡上花费时间,其结果是总体工效成本逐渐降低,并预计未来几年将继续下降。

3. A公司的具体建议

A公司已经从工效的角度分析了每个工作现场。在短期内,除了针对新员工的工作场所或针对现有员工增加的新工作场所、任务外,它可能在预防活动方面取得的成果微乎其微。此外,之前进行的预防活动将继续,直到今后几年故障减少。

必须对这些预防措施进行监测,以确保这些措施持续有效,这是一种检测活动。工效安全委员会是第2年和第3年唯一的检测活动机构。为实现降低工效学总成本的目标,为了识别先前资助预防活动相关的风险因素,A公司应考虑增加检测活动支出。任何额外的SH&E投入都将以获得类似回报率为假设条件,并将其作为对任何其他投资进行合理分析的前提。

具体建议如下:

1) 确保工效安全委员会得到适当发挥,其作用和职能得到适当界定,并相应地对委员会进行支出预算(检测)。

2) 聘请工效顾问以定期评估改善工作站(检测)。

3) 实施项目员工的自我革新计划,旨在促进早期发现工效相关的问题、难题或关注点(检测)。

4) 实施工效教育计划,解决员工的非工作活动和习惯(预防)。

4. 分析:B公司

表6.3给出了B公司报告的工效成本的四个主要成本支出及其项目总成本占总运营成本的百分比。图6.4给出了三年期间这些费用的变化趋势和关联性。

表6.3 B公司工效成本数据*

时间	预防成本	检测成本	内部故障成本	外部故障成本	总成本
第1年	0.000 28	0.000 22	0.000 29	0	0.000 79
第2年	0.000 43	0.000 22	0.000 32	0	0.000 97
第3年	0.000 23	0.000 34	0.000 34	0	0.000 91

注:*表示占总运营成本的百分比。

如前所述,该公司在核算具体的工效成本方面有困难。在第1年之前,它已经建立了一个工效项目,但是没有有效地分析或跟踪成本支出。实际上,公司已为员工培训和改善工作场所进行了财务支出。

图6.4显示了工效的总成本在三年期间稳步上升。故障成本逐年增加,并在第3年出

现显著增加。该公司将这一增长归因于一项大额 WC 索赔,并预计随后几年的成本将下降。然而,数据表明有理由对此继续关注。可以得出的结论是,用于预防和检测活动支出的预算分配并不是一直完全有效果。

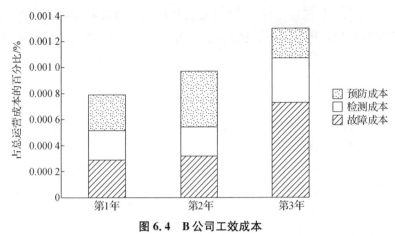

图 6.4　B 公司工效成本

这些活动并没有充分降低工效相关的伤害风险,因此,应重新进行评估。如果不能通过适当的资金支出来充分控制风险,就有可能出现额外的、代价高昂的故障支出。

比较这两家公司,其变化趋势明显是相反的。在 A 公司,故障成本开始很高,而后逐渐下降;预防和检测成本开始很低,而后逐渐增加,但是还没有达到或超过故障成本。A 公司就是一个典型的说明预防和检测支出的应对策略资金是如何减少故障成本和降低总体项目成本费用的例子。

相比之下,B 公司预防和检测成本在开始时较高,而故障成本相对较低。第 3 年,故障成本急剧增加,预防和检测的支出并没有减少故障成本。

图 6.5 显示了 B 公司的理论最优点。由于只有三个数据点可用,而且该公司以前没有量化和分析工效成本,因此使用理论最佳点是不明智的,因为它是高度推测性的,在随后的几年中将会出现明显的动态演变特征。

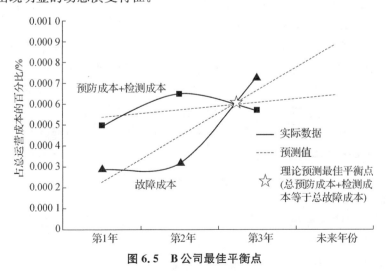

图 6.5　B 公司最佳平衡点

不建议将这个模型视为制定自由支付预算的工效项目的唯一模型。B公司应该正确评估风险影响因素,并制定有效的财务预算策略来应对其风险。例如,考虑是否只有第1年和第2年的数据可用于B公司;建议将这些数据用于分析预防和检测费用,并尽可能降低成本以满足故障成本要求。如果做出这一决定,那么与第3年事故有关的风险将仍然存在。因此,COS模型应与其他管理实践结合使用,以便为B公司的工效项目制定可自由支配的预算支出。

另一个需要考虑的财务因素是评估不进行投入抵消与第3年伤害相关的任何费用的成本节约。如果目前预防伤害的费用被认为大于伤害的成本,那么进行财务投入就没有经济意义。然而,从人道和商业伦理的角度来看,这样的投入肯定是有意义的。此外,同样的风险因素可能影响的不仅仅是一名受伤员工。

现有的观察结果表明,使用不确定负债模型能够很好地反映预防和检测活动,以防止故障发生,即使它们一直不会发生。所谓不确定负债是一种现有的条件、情形或一系列涉及未来可能发生的财务损失的不确定性情况。如果将来发生某些事件(如事故、故障),则可能产生财务支出。高层管理人员往往对减少财务支出感兴趣,特别是在活动成本削弱竞争力的情况下,要记录在财务报表中,不确定负债必须既有可能发生(发生概率大于50%)又能够合理估计。虽然很难准确地描述和量化不确定负债,但它们对职业安全与健康实践非常重要,不应被忽视。了解企业的潜在财务损失将有助于SH&E专业人员选择和确定预防和检测活动的优先级别。在金融工具中使用不确定负债建模数据或将是未来研究的一个新领域。

与商业研究人员讨论的结果表明,运用COS模型评估潜在故障成本的这一方法是合理的,但必须谨慎应用。与其他金融工具一样,每年使用的不确定负债数据必须是一致的,而且数据必须与实际情况相吻合才具有财务意义。

大部分SH&E投入是为了减少那些尚未发生事故的风险因素,而其成本是不可见的。研究结果揭示了理解这些无形数据的重要性,并提出只使用有形数据来管理一个企业才是困扰大多数西方公司的七大致命疾病之一。如果使用COS模型的目的是报告与项目相关的所有成本,那么不确定负债建模是不实际的。然而,当目标是了解成本的相互关联性和编制可自由支配的预算时,就必须考虑不可见成本。

针对B公司数据的具体建议更强调了解具体SH&E项目相关成本的重要性。如果不收集和分析工效成本数据,那么预防和检测活动以及其他活动就将不可能像原来设想的那样有效。此外,本案例研究表明SH&E职能与其他商业职能没有关联,而这些商业职能可以跟踪、分析并为业务的成功提供费用资助。B公司的数据也揭示了人员伤害对SH&E项目财务报表有重要影响。数据表明,应重新评估预防和检测活动,以提高有效性。

B公司需要重组这些活动,以更好地降低未来的故障风险,同时又不会大幅增加其可自由支配的预算。此外,费用数据难以收集这一事实表明,数据可能不像所描述的那样精确。B公司的具体建议是:

1) 将预防和检测预算更多地用于工程控制,而不是用于培训。该计划一直很重视培训。然而,培训和行为改变常常被错误地用作问题的解决方案,并且只考虑工作场所安全事故产生的原因和改进工作方法来做决策,其效果是有限的。

2) 从开始就要跟踪所有的 SH&E 项目相关成本，以便从财务角度分析其活动。了解了安全的真实成本，企业就可以制定管理计划和预算，以减少所有 SH&E 计划的故障成本，包括员工工效。

6.6　本章小结

通过对比 A 公司和 B 公司，揭示出主动分析和建立 SH&E 项目基金的重要性。为了使企业打破固有规则，真正保障员工安全，SH&E 专业人员必须为那些被认为适合应对风险的策略建立商业案例。SH&E 专业人员使用的财务组合工具必须不断发展，但要与其企业的发展战略保持一致。

与总体运营成本相比，两家公司的工效总成本可能都不是很高，其他企业也可能如此。在这些例子中，工效总成本约为 1.00~2.50 美元（总运营成本为 100 000 美元）。从这个角度来看，特别是当人道主义和合规性成为影响 SH&E 项目预算决策的主要考量时，与项目相关的成本分析可能就显得微不足道。然而，在被动型组织中或在经济衰退期间，当企业只关注历史上增值的活动时，仅使用这些习惯方法来判断计划的合理性，这正是为什么 SH&E 职能总是被排除在预算决策之外的原因。

案例研究说明了使用 COS 模型分析工效成本的方法，该模型可应用于其他任何 SH&E 项目。另外，该模型还有其他潜在用途，如：

1) 可以分析特定部门、设施或企业的 SH&E 总成本。

2) 可以使 SH&E 成本跨部门或制定基准（只要成本以相同方式计量）。这项工作可以揭示出具体预防和检测活动的成本效益。

3) 跟踪和报告内部和外部的 SH&E 相关费用，例如在企业的年度报告中体现。

COS 模型并不完善，但可以作为建立 SH&E 职能的商业基础。预防和检测成本很容易量化，而故障成本可能很难量化和估计。该模型提供了一种财务工具，企业可以利用该工具在安全职能部门内做出决策和运营管理。除此之外，公司高层管理人员还可以通过案例与公司内部的安全管理人员进行更有效的沟通。

7 新能源项目投资风险评估研究
——基于突变级数法

7.1 引言

随着石油、煤炭等化石能源的日益枯竭及全球气候变暖、环境恶化不断加剧,世界各国面临着能源短缺和环境的可持续性发展问题,因此,许多国家都在大力开发和利用新能源。一些发达国家甚至提出至2020年要将新能源发电的比重提高到20%,到2050年甚至要达到50%。我国"十二五"规划将新能源产业作为政府重点发展的支柱产业,各种形式的新能源项目投资、建设如雨后春笋般地发展起来。资料显示,随着我国新能源开发力度不断加大,其投资风险越来越突出,正引起人们的广泛关注。

近年来,学术界对新能源项目的相关研究成果日益增多。Mohsen 等对太阳能系统各影响因素进行了比较研究,发现在收益指标中可靠性指标最为重要[226],并从企业自身和政府两个层面研究了境外电力工程项目投资风险防范与控制体系;Chatzimouratidis 等运用层次分析法,从经济和可持续发展的角度对新能源发电项目进行了研究[228],并分析了发电项目融资和建设风险问题;王兰运用因子分析法对新能源发电项目的财务状况进行了研究[229]。Streimikiene 等从新能源项目中选取了13个指标,并运用这些指标就各种新能源发电项目对经济、环境和社会的影响进行了综合研究[230]。

综合近年来国内外新能源开发和利用情况的研究成果来看,其研究方法主要有因子分析法、层次分析法、模糊综合评判法等[229]。虽然这些方法各有特点,但权重赋值的主观性较大或计算过于烦琐。突变级数法是近几年发展起来的一种新的数学方法,目前这一方法已经在多个行业得到应用[231]。本研究[232]将根据新能源项目投资风险影响因素的复杂性、评价系统的综合性等特征,尝试性地应用突变级数法对其投资风险进行综合评价,从而更好地为开发利用新能源,推动能源产业健康发展提供决策支持。

7.2 突变级数法的基本思想和评价步骤

7.2.1 突变级数法的基本思想

突变理论是法国数学家勒内·托姆(René Thom)于20世纪70年代创立的[232]。按照这一理论,自然现象和社会活动中许多不连续变化现象都可以用动态系统的拓扑数学模型来描述,它是目前唯一研究由渐变引起突变的系统科学。突变理论的研究对象是系统的势函数,用以描述系统的控制变量与状态变量之间的关系,由系统行为状态变量和影响因素控制变量组成[231-233],据此将系统突变临界点进行分类,适用于各种内部作用未知的系统。

突变级数法是以突变理论为基础,通过实践逐渐发展起来的一种综合评价方法,该方法的最大特点是无须考虑各指标的权重,但须考虑各评价指标的相对重要性。在应用该方法时,首先建立评价总目标(总指标描述),再对评价总目标进行多层次分解,以形成倒立树状结构的指标体系[234]。各层指标构成不同类型的突变系统,用状态变量和控制变量构成的系统势函数来表述(表7.1)。当前研究的突变系统有7个类型,而常用的有4个,包括折叠型突变系统、尖点突变系统、燕尾突变系统和蝴蝶突变系统。

表 7.1 初等突变模型形式

突变类型	状态变量数	控制变量数	势函数表达式
折叠	1	1	$V_a(x) = \frac{1}{3}x^3 + ax$
尖点	1	2	$V_{ab}(x) = \frac{1}{4}x^4 + \frac{1}{2}ax^2 + bx$
燕尾	1	3	$V_{abc}(x) = \frac{1}{5}x^5 + \frac{1}{3}ax^3 + \frac{1}{2}bx^2 + cx$
蝴蝶	1	4	$V_{abcd}(x) = \frac{1}{6}x^6 + \frac{1}{4}ax^4 + \frac{1}{3}bx^3 + \frac{1}{2}cx^2 + dx$
双曲脐点	2	3	$V_{abc}(x,y) = x^3 + y^3 + axy + bx + cy$
椭圆脐点	2	3	$V_{abc}(x,y) = x^3 - xy^2 + a(x^2+y^2) + bx + cy$
抛物脐点	2	4	$V_{abcd}(x,y) = x^2y + y^4 + ax^2 + by^2 + cx + dy$

7.2.2 突变级数法的评价步骤

1. 突变级数法评价指标体系的构建

根据评价系统的内在作用机理,将系统总目标分解成若干个二级评价指标的子系统,接着对每个二级指标进行再分解,得到相应的三级指标子系统,如此类推,直至分解的次级指标可以计量为止。由突变理论可知,对于一般的突变系统,其状态控制变量不会超过4个(图7.1),所以各层级指标(各指标的次级指标)分解不会超过4个。

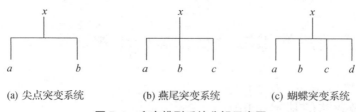

(a) 尖点突变系统　　　(b) 燕尾突变系统　　　(c) 蝴蝶突变系统

图 7.1　突变模型系统分解示意图

2. 突变模型各控制变量的归一化处理

(1) 初始数据的无量纲化处理

在实际研究过程中，所获得的基层指标初始数据往往具有不同的量纲，这些量纲无法进行统一计算，因此，需要运用极差变换法对基层指标数据进行无量纲化处理[232-234]。具体步骤是：先对基层指标（控制变量）的初始数据进行标准化处理，即在使用归一化公式之前，将控制变量的初始数据转化为 0~1 范围内的无量纲数值。如果控制变量值在 0~1 范围内，则不需要处理，可直接用于突变模型计算。而对于

① 指标越大越好型，令：

$$y_{ij}=\frac{x_{ij}-x_{\min(j)}}{x_{\max(j)}-x_{\min(j)}} \quad (7.1)$$

② 指标越小越好型，令：

$$y_{ij}=\frac{x_{\max(j)}-x_{ij}}{x_{\max(j)}-x_{\min(j)}} \quad (7.2)$$

式(7.1)和式(7.2)中，x_{ij} 为原始数据；$x_{\max(j)}$ 为 j 行数据的最大值；$x_{\min(j)}$ 为 j 行数据的最小值；y_{ij} 为极差变换后的数据。

(2) 控制变量的归一化公式

由突变系统的分歧集方程(1)，尖点突变系统归一化公式为式(7.3)。

$$x_a=a^{\frac{1}{2}},\ x_b=b^{\frac{1}{3}} \quad (7.3)$$

由突变系统的分歧集方程(2)，燕尾突变系统的归一化公式为式(7.4)。

$$x_a=a^{\frac{1}{2}},\ x_b=b^{\frac{1}{3}},\ x_c=c^{\frac{1}{4}} \quad (7.4)$$

由突变系统的分歧集方程(3)，蝴蝶突变系统的归一化公式为式(7.5)。

$$x_a=a^{\frac{1}{2}},\ x_b=b^{\frac{1}{3}},\ x_c=c^{\frac{1}{4}},\ x_d=d^{\frac{1}{5}} \quad (7.5)$$

式中，x_a、x_b、x_c、x_d 分别是对应于 a、b、c、d 的 x 值。

3. 突变隶属函数值的归一计算

各控制变量的初始模糊隶属函数值一般分布在 0~1 范围内，可由归一化公式直接计算得出。而状态变量的总突变隶属函数值的计算，需要考虑互补与非互补原则。若控制变量（如 a,b,c,d）间相互关联作用不明显，则 x 值应遵循大中取小的非互补原则；若控制变量间相互关联作用明显，则应遵循互补原则（取控制变量相应的突变级数值的算术平均值作为系统的 x 值）。同样逐层递阶运算，即可得到总突变隶属函数值。由于初始突变级数均为"越大越好"型，因此总的隶属函数越大越优，本章表现为项目投资越来越有利，投资风险水平越来越低。因此，可按照总突变隶属函数值排序进行投资决策[231-233]。

7.3 新能源项目投资风险评价指标体系的构建

7.3.1 新能源项目投资风险识别及评价指标的选取

新能源投资风险就是指在整个投资项目寿命期内,投资费用的不确定性,可能使回报率低,实际投资收益低于预期收益,从而使投资人遭受受经济损失。我国可开采的新能源十分丰富,仅目前已经开发或正在开发的新能源就有风能、水能、太阳能、生物质能、海洋能、地热能等,这些新能源项目构成种类多,分布广,地理环境复杂,开发难度较大,项目前期投入较大,建设成本高,开发利用相关政策还不完善,建设过程具有不确定性等特点。根据国内外学者对项目风险管理理论的长期实践和研究[234],我们将新能源项目投资风险评价目标分解为4个二级指标,13个三级指标,建立起新能源项目投资风险的评价指标体系(图7.2)。

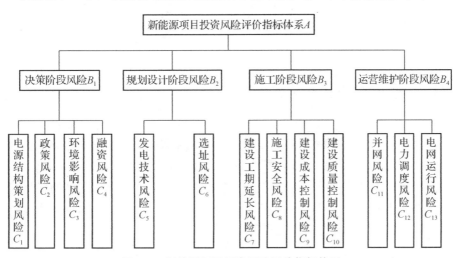

图7.2 新能源项目投资风险评价指标体系

7.3.2 基层指标的确定

根据新能源项目投资风险的主要影响因素分析,采用定性与定量相结合的方式来选取具有突出性、代表性的13个基层指标(表7.2),这些指标从不同角度描述了新能源项目投资风险评价指标体系的特性。

表7.2 新能源项目基层指标特性

三级指标	基层指标特性	描述
电源结构策划风险 C_1	电源结构策划的不确定性	风电与太阳能发电装机容量所占比例(%)
政策风险 C_2	新能源税收政策的不确定性	税率水平

续表

三级指标	基层指标特性	描述
环境影响风险 C_3	环境影响的不确定性	恶劣天气持续时间(d)
融资风险 C_4	项目融资风险	融资利率(%)
发电技术风险 C_5	机组选择和安装风险	设备和安装技术的先进性
选址风险 C_6	发电站选址风险	选址的优越性
建设工期延长风险 C_7	建设工期延长风险	电力工程项目按时竣工率(%)
施工安全风险 C_8	施工安全的不确定性	安全事故发生次数(次)
建设成本控制风险 C_9	建设成本控制风险	单位装机容量工程造价(元/kW)
建设质量控制风险 C_{10}	建设质量控制风险	施工质量状况
并网风险 C_{11}	并网的不确定性	区域同类新能源工程的并网率(%)
电力调度风险 C_{12}	供用电调度的不确定性	节能发电调度实施状况
电网运行风险 C_{13}	运行安全维护的不确定性	运行维护安全事故发生次数(次)

7.4 新能源项目应用实例分析

本节选用风电场开发项目作为研究实例。根据国家风能资源区划[235],将我国风能资源划分为四大区域:第Ⅰ类风能资源区包括内蒙古自治区除赤峰市、通辽市、兴安盟、呼伦贝尔市以外的其他地区,以及新疆维吾尔自治区乌鲁木齐市等地区;第Ⅱ类风能资源区包括河北省部分地区,内蒙古自治区赤峰市等地区,以及甘肃省张掖市等地区;第Ⅲ类风能资源区包括吉林省白城市等地区,黑龙江省鸡西市等地区,甘肃省除张掖市、嘉峪关市、酒泉市以外的其他地区,新疆维吾尔自治区部分地区,以及宁夏回族自治区;除上述三类风能资源区外的其他地区属于第Ⅳ类风能资源区。参考已有的文献和资料[236-237],从这四类风能资源区已投产的风力发电项目中选择7个建设项目(分别用项目1,项目2……项目7表示)作为实例进行分析,以探讨突变级数法在新能源项目投资风险评价中的适用性。

7.4.1 基层指标的无量纲化处理

(1) 基层指标原始数据

新能源项目的投资风险评价对象为新能源项目投资风险水平(A),通过项目全寿命期各阶段风险因素的识别,得出4个二级指标(B)和13个三级指标(C),这些评价指标比较全面、客观地概括了主要新能源工程项目共同存在的风险因素。表7.3是从7个风电投资项目收集到的13个基层指标的初始数据描述[235-236],其中8个指标是定量描述,5个指标是定性描述(表7.3)。

表 7.3　风电项目基层指标初始数据

基层指标	项目1	项目2	项目3	项目4	项目5	项目6	项目7
C_1	5	12	1	16	3	6	13
C_2	低	低	高	低	中	低	低
C_3	21	17	5	8	15	18	9
C_4	6.71	6.71	6.71	6.71	6.71	6.71	6.71
C_5	优	良	优	良	优	优	优
C_6	良	优	中	优	中	良	优
C_7	90	94	100	95	88	96	85
C_8	9	7	0	16	6	5	13
C_9	8 800	8 500	9 400	8 200	8 900	9 100	8 300
C_{10}	良	优	良	良	优	优	良
C_{11}	86	78	100	75	95	92	78
C_{12}	优	良	优	良	优	优	良
C_{13}	2	5	1	7	3	4	6

(2) 基层指标初始数据的无量纲化处理

由表 7.3 可知,由于各基层指标的性质相差较大,无论是定性或是定量描述,都很难直接用于突变模型计算,因此,需要对风电投资项目基层指标初始数据进行归一化处理。在此之前,首先要对 13 个基层指标分别进行无量纲化处理,这是突变级数法应用的重要一步。对于风电投资项目而言,当基层指标表现为越大越好型时,运用公式(7.1)做无量纲化处理,反映出该指标对风险分析有正面影响,其数值越大,代表项目越优,则投资风险越低,而投资回报率越有保障;当基层指标表现为越小越好型时,运用公式(7.2)做无量纲化处理,反映出该指标对风险分析有负面影响,其绝对值越大,代表项目越差,则投资风险越高,而投资回报率越没有保障。定性评价指标将最优值定为1,中间值定为0.5,最差值定为0。表 7.4 是 7 个风电投资项目的 13 个基层指标数据的无量纲化处理结果。

表 7.4　风电项目基层指标初始数据无量纲化处理

归一值	项目1	项目2	项目3	项目4	项目5	项目6	项目7
C_1	0.733	0.267	1.000	0.000	0.867	0.667	0.200
C_2	0.000	0.000	1.000	0.000	0.500	0.000	0.000
C_3	0.000	0.250	1.000	0.813	0.375	0.188	0.750
C_4	1.000	1.000	1.000	1.000	1.000	1.000	1.000
C_5	1.000	0.000	1.000	0.000	1.000	1.000	1.000

续表

归一值	项目1	项目2	项目3	项目4	项目5	项目6	项目7
C_6	0.500	1.000	0.000	1.000	0.000	0.500	1.000
C_7	0.444	0.667	1.000	0.722	0.333	0.778	0.167
C_8	0.438	0.563	1.000	0.000	0.625	0.688	0.188
C_9	0.500	0.750	0.000	1.000	0.417	0.250	0.917
C_{10}	0.000	1.000	0.000	0.000	1.000	1.000	0.000
C_{11}	0.440	0.120	1.000	0.000	0.800	0.680	0.120
C_{12}	1.000	0.000	1.000	0.000	1.000	1.000	0.000
C_{13}	0.833	0.333	1.000	0.000	0.667	0.500	0.167

7.4.2 指标体系各状态变量的归一计算

(1) 二级指标的计算

以项目1为例，B_1 与三级指标 C_1、C_2、C_3、C_4 构成蝴蝶突变系统，按互补求均值，根据归一化公式(7.5)求得：

$$X_{B_1}=(\sqrt{X_{C_1}}+\sqrt[3]{X_{C_2}}+\sqrt[4]{X_{C_3}}+\sqrt[5]{X_{C_4}})/4=(\sqrt{0.733}+\sqrt[3]{0.0}+\sqrt[4]{0.0}+\sqrt[5]{1})/4\approx 0.464$$

B_2 与 C_5、C_6 构成尖点突变系统，按互补求均值，根据归一化公式(7.3)求得：

$$X_{B_2}=(\sqrt{X_{C_5}}+\sqrt[3]{X_{C_6}})/2=(\sqrt{1.00}+\sqrt[3]{0.50})/2\approx 0.897$$

B_3 与 C_7、C_8、C_9、C_{10} 构成蝴蝶突变系统，可参照 B_1，按归一化公式(7.5)计算，结果见表7.5。

B_4 与 C_{11}、C_{12}、C_{13} 构成燕尾突变系统，按互补求均值，根据归一化公式(7.4)得：

$$X_{B_4}=(\sqrt{X_{C_{11}}}+\sqrt[3]{X_{C_{12}}}+\sqrt[4]{X_{C_{13}}})/3=(\sqrt{0.440}+\sqrt[3]{1.0}+\sqrt[4]{0.833})/3\approx 0.873$$

同理，可得出项目2、项目3、项目4、项目5、项目6、项目7的风险评价指标体系二级指标的归一化计算值，结果见表7.5。

表7.5 风电项目投资风险评价指标体系二级指标归一化计算值

指标值	项目1	项目2	项目3	项目4	项目5	项目6	项目7
X_{B_1}	0.464	0.556	1.00	0.487	0.877	0.619	0.594
X_{B_2}	0.897	0.500	0.500	0.500	0.500	0.897	1.000
X_{B_3}	0.565	0.893	0.250	0.462	0.809	0.868	0.490
X_{B_4}	0.873	0.369	1.00	0.00	0.933	0.889	0.328

(2) 一级指标的计算

以项目1为例，目标函数 X 由二级指标 B_1、B_2、B_3、B_4 构成蝴蝶突变系统，按互补求均值，根据归一化公式(7.5)求得：

$$X=(\sqrt{X_{B_1}}+\sqrt[3]{X_{B_2}}+\sqrt[4]{X_{B_3}}+\sqrt[5]{X_{B_4}})/4=$$
$$(\sqrt{0.464}+\sqrt[3]{0.897}+\sqrt[4]{0.565}+\sqrt[5]{0.873})/4\approx 0.871$$

同理,分别得出项目2、项目3、项目4、项目5、项目6、项目7的投资风险评价指标体系一级指标的归一化计算值,见表7.6。

表7.6 风电项目投资风险评价指标体系目标函数值

指标值	项目1	项目2	项目3	项目4	项目5	项目6	项目7
X	0.871	0.833	0.875	0.579	0.916	0.923	0.852

7.4.3 计算结果分析

由上述计算结果可知,本实例中7个风电项目投资风险评价指标体系目标函数值的排序为:项目6＞项目5＞项目3＞项目1＞项目7＞项目2＞项目4,这也反映出各项目投资开发优势的顺序:目标函数值越高,投资风险越低,投资回报率越好,具有较好的投资优势;目标函数值越低,投资风险越高,投资回报率越低,不具有投资优势。

从我国风能资源区的划分来看,并结合风电上网标杆定价水平可以看出:项目5和项目6分别属于第Ⅳ类和第Ⅲ类风能资源区,其目标函数值分别为0.916和0.923,具有很好的投资优势,投资回报率有保障,投资风险相对较低;项目4属于第Ⅰ类风能资源区,其目标函数值为0.579,投资回报率没有保障,投资风险高,项目投资优势很低;项目1、项目2、项目3和项目7属于第Ⅱ类风能资源区,其目标函数值分别为0.871、0.833、0.875和0.852,不具有投资优势,投资风险较高。这一结果正好与当前我国风力发电项目的开发利用情况相吻合。从2008—2013年中国各风能资源区新增风电装机容量的比重变化(图7.3)就可以充分反映出这一规律。过去几年,我国大规模风电建设一般都是在第Ⅰ、Ⅱ类风能资源区,该区域风能资源丰富,是早期风电开发的集中区域,但这些地区大多位于中西部偏远地带,地广人稀,电力系统负荷小,风电消纳能力低。风电消纳是一项复杂的系统工程,需要系统性的解决方案,风力发电卖不出去,只能废弃,因此,投资风险水平较高,不具有投资优势,风电装机容量比重逐年减少,相当于突变模型隶属函数值较低的范围。而第Ⅲ、Ⅳ类风能资源区主

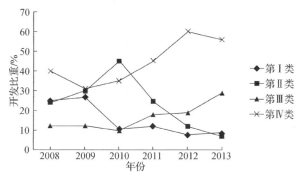

图7.3 2008年—2013年中国各风能资源区新增风电装机容量的变化
[数据来源于中国风能资源区划(CWEA)]

要分布在沿海或靠近沿海的地区,这些地区人口比较集中,经济发展比较快,电力系统负荷较高,电力需求大,风能消纳能力强,投资回报率有保障,风电投资风险水平较低,具备较好的投资优势,风电装机容量比重逐年增加,相当于突变模型隶属函数值较高的范围,是未来风电项目投资开发的重点。

由此可以看出,基于突变级数法的风电项目投资风险评价结果与实际风能资源开发的趋势基本吻合,这在一定程度上印证了突变理论适用于我国新能源发电项目开发投资风险评价,将对未来我国新能源投资开发的科学决策具有很好的指导作用。

7.5 本章小结

以上研究表明,突变级数法作为一种动态评价方法,既克服了静态评价方法的不足,同时又减少了权重赋值的主观性,因此,将该方法运用于评价新能源项目的投资风险决策,其主观性因素影响较小。应用实例表明,基于突变级数法的风电开发项目投资风险评价结果与实际风能资源开发的趋势基本吻合,这在一定程度上印证了突变级数法应用于新能源项目投资风险评估是合理和可行的,它为解决新能源开发利用的风险评估问题提供了一种新的思路,且计算量小、简单易行、具有很好的可操作性。

本章运用突变级数法,以风电开发项目为研究实例,结合我国新能源开发项目全寿命期的特点,构建了新能源项目投资风险评价指标体系,该指标体系具有一般性,可用于不同区域新能源投资风险的评价与比较,但在指标选取中,由于一部分指标数据不易获得和定性指标的定量化条件限制,可能会使的隶属度函数值的计算结果出现一定的偏差,因此,今后应在指标体系的设计上进一步完善。

8 基于边际投资效益的新能源项目安全成本优化研究

8.1 引言

安全生产一直受到高度重视,对于新能源项目来说,却很少考虑为保证安全而投入的成本是否合理,通常按经验来决定安全投入的多少。根据相关的理论[237],安全经济效益有两方面的含义:一是在满足某种安全标准条件下,使安全投入最小;二是在给定的安全投入下,使安全度最高。本研究试图利用经济学基本原理[238],通过分析新能源发电项目的利润与产量、利润与安全投入之间的关系,研究新能源发电项目最佳利润下的最优产量,以及最优产量下的安全投入,并将其作为最佳安全投入。

8.2 安全边际投资效益理论

8.2.1 安全边际投资优化特征

在技术条件和生产费用既定的条件下,新能源项目必须确定一个能够获取最大安全产出的安全度。虽然安全度难以用量化指标进行描述,但是安全投资与安全度呈正相关关系,事故损失与安全度呈负相关关系,则安全投资与事故损失也呈负相关关系[239]。

所以,当安全度增加一个单位时,可以将新能源项目安全投资的增加额与事故损失的减少额近似看作边际投入和边际损失,边际效益 $U(q)$ 即为二者之差,见式(8.1)。

$$U(q) = MR - MC \tag{8.1}$$

式中:$U(q)$——安全度增加一个单位时的边际效益(元);

MR——安全度增加一个单位时的边际收益,损失的减少量(元);

MC——安全度增加一个单位时的边际投入(元)。

以下分3种情况对边际投资优化进行分析:

1) $MR > MC$。若边际收益大于边际投入,即 $U(q) = MR - MC > 0$,则说明安全度增加获得的减损增量大于安全投入的增量,因此,增加安全投资提高安全度是值得的。

2) $MR < MC$。若边际收益小于边际投入,即 $U(q) = MR - MC < 0$,则说明增加一个单

位的安全度时需要增加的安全投入大于安全减损的增量,即产生的边际利润为负,继续增加投入会使总利润减少,这时企业就要减少投入资金总量。

3) $MR=MC$。若边际收益等于边际投入,即 $U(q)=MR-MC=0$,则安全度处于最佳水平。此时边际投资量等于边际损失量,增加或减少投入都会使总利润降低。

总而言之,当新能源项目安全度处于较低水平阶段,边际损失很高,此时较小的安全投入就可获得较好的边际效益;而当安全度较高时,边际损失很低,此时增加安全度需要的安全投入量很大,安全投资边际效益会减小甚至变为负数,该规律在短期安全生产工作中是普遍适用的[240-241]。

8.2.2 安全投资效益最优判断准则

安全投资的效益是将安全资本配置在某一安全生产过程中,对降低事故损失和增加生产增值等产出的贡献度。根据基数效益论观点及安全生产条件的离散性特点[240],安全投资的总效益可以定义为安全投资在促进安全生产过程中的效益总和,即所有单位安全资本配置的边际效益总和。安全效益与边际效益曲线如图 8.1 所示。

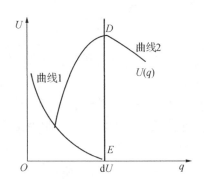

图 8.1 安全投入边际效益与总效益曲线

1) 在其他生产要素不变的情况下,安全投资的边际效益递减,直到变为负数,如图 8.1 中曲线 1 所示。在安全资本配置过程中,当某一安全生产保障条件处于较低水平时,配置给该项目产生的效益最大。当安全度超过某个点后,同样投入资本产生的边际效益将会降低,导致整个安全资本配置的总效益降低。安全资源配置行为构成了一个 n 元非线性问题,可以证明的是总效益函数是一个非线性凹函数,如图 8.1 中曲线 2 所示。

2) 安全资本配置总效益的增速先快后慢,当边际效益递减为零时(见图 8.1 中的 E 点),总效益最大(图 8.1 中的 D 点),之后若继续加大投入则总效益将减少。

3) 安全效益具有最大值,且当资本总量一定时,单位资本配置在各要素中的边际效益均衡时总效益最大,即满足边际效益均衡原理。设安全投入资本总量为常数 C,配置在第 1 个要素上的资本量为 q_1,产生的效益为 U_1,配置在第 2 要素中的资本量为 q_2,产生的效益为 U_2,配置在第 i 种要素中的资本量为 q_i,产生的效益为 U_i,总效益写成各投资项目产生效益的总和,求效益最大的约束极值问题可以写成非线性规划数学模型,如式(8.2)所示。

$$\text{s.t.} \begin{cases} \max U(q) \\ \sum q_i - C = g(q_i) = 0 \end{cases} \tag{8.2}$$

由条件极值求解理论可知,当 $\dfrac{\partial U_1}{\partial q_1}=\dfrac{\partial U_2}{\partial q_2}=\cdots=\dfrac{\partial U_n}{\partial q_n}=\gamma$ 时,总效益实现最大值,即安全投入资源配置效益具有最大值,且当单位资本配置在各要素中的边际效益均衡时总效益达到最大。

8.3 新能源项目安全成本构成分析

新能源项目成本分析是正确区分和控制安全成本、评价安全投入经济合理性的前提。这里以会计成本作为项目成本分类的基础,在此基础上分离出安全成本。这样的安全投入分析方法在实践中便于操作,在理论上能保证其总体的准确性。

发电项目安全投入和低成本运营是一对矛盾,但又互为条件,互有联系。即没有一定的资金投入,设备的安全运营将得不到保证,项目也无效益可言;如果投入过多,超过项目的经济承受能力,将导致企业利润减少,对设备进行技术改造和定期维修的投入也会相应减少,安全生产得不到保证,同样会影响发电企业的效益。本研究引入安全成本这一概念。安全成本是指为了达到新能源项目安全运营的目的而付出的所有直接费用和支出,也称为安全投入。根据安全成本支出目的的不同,安全总成本可分为安全预防成本和安全预见成本两部分。安全预防成本由改造费、日常维护费、修理费等构成。安全预见成本由安全管理费、安全用具定期试验费、教育培训费等构成。本项目没有将安全损失成本考虑在内,这是因为安全损失成本的减少最终反映为其利润的变化,从而可以将其包括在项目利润分析中。新能源项目成本构成见图8.2。

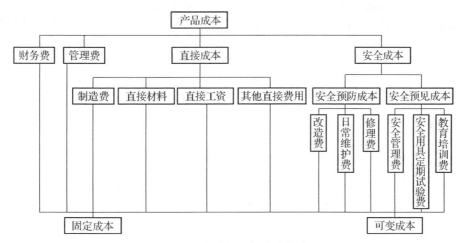

图8.2 新能源项目成本构成

8.4 新能源项目最优成本运营原理

8.4.1 最优产量原理

追求利润最大化是企业的本性,无论其具体目标是追求既定效益水平的成本最小化,还是追求既定成本条件下的效益最大化,或净效益的最大化,都必须依据边际决策规则,采用最优化技术方法制定战略决策,才能实现资源配置的帕累托最优,从而实现最优目标。为了决定有效率的资源配置,需要将某项活动(投资)水平变化的边际效益与此变化的边际成本进行比较,找到总效益与总成本差距最大的活动(投资)水平。

边际在经济学里表示增量。边际成本表示某一产量下每增加一单位产量总成本的增加。如图8.3所示,成本曲线$C(Q)$的斜率就是该点对应产量下的边际成本[239-240]。同样,收益曲线$R(Q)$的斜率可用来衡量每增加一单位产量时总效益的增加量,也就是边际效益。

记MC表示边际成本,MR表示边际收益,则有式(8.3)。

$$MC = \frac{dC}{dQ}, MR = \frac{dR}{dQ} \tag{8.3}$$

如果一项经济活动水平变化的边际收益MR超过了边际成本MC,即总收益的增加量超过了总成本的增加量,那么该活动就是可取的。反映在图8.3中,产量低于Q^*时,$MR>MC$,说明增加产量有利可图,那么我们就应该一直增加投入,直到$MR=MC$,这时再增加投入将会导致利润减少。因此只有当$MR=MC$时,经济活动才能实现利润最大化,达到最大利润。如果把净边际收益定义为MR与MC之差,那么同样的优化条件就应该是把活动水平提高到净收益为零的点。这一重要法则适用于所有的经营决策。因此,发电企业的最佳生产状态为利润达到最大值P^*时的产量Q^*。

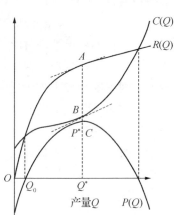

图8.3 成本-收益-利润曲线

8.4.2 最优安全成本原理

安全成本并不是越多越好,安全成本产生的经济效益如何,安全成本与安全性的关系如何,这两个问题是研究确定安全成本大小的关键。理论研究表明,新能源项目安全成本(RC)、安全产出(F)和安全效益(E)具有一定的规律性,安全成本(投资)、安全产出和安全效益与安全性有密切的相关性,它们之间的关系如图8.4所示[11]。

从图8.4的安全成本曲线可以看出,新能源项目的安全性越高,需要的安全成本就越大,当系统安全性达到绝对安全时,投入的成本RC为无穷大。虽然安全产出随着安全性的增加而增加,但并不是无限增大,而是趋向一个有限值。这样,安全效益在安全性达到一定程度时,才能达到最大值。也就是说,当安全成本达到RC^*时,安全效益达到最大值E^*,相应的项目利润$P(Q)$达到最大值P^*。因此,新能源项目安全投入的最佳值RC^*就是利润最大时的安全投入。

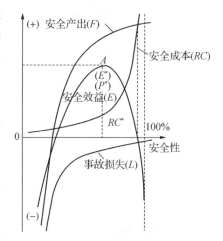

图8.4 安全成本曲线

由上面的分析可知,通过产量利润函数关系求得最大利润,然后通过利润安全成本函数关系求得最大利润下的安全成本,即可确定发电企业的最佳安全投入。产量利润函数关系可以基于统计数据利用最小二乘法拟合得到。利润安全成本函数关系,因为还没有函数或者曲线来描述,所以本章利用 BP 神经网络来拟合。下面以某新能源项目为例考察此方法的可行性。

8.5 某新能源项目低成本运营实例分析

某新能源项目是广东省重点建设的新能源项目之一,总装机容量为 120 万 kW,相关统计数据见表 8.1。一般来说,统计数据的时间长度越长越好,因为建立模型的很多统计假设只有在大样本的条件下才成立。但是,实际应用中的统计数据常常序列较短,并且在统计范围等方面存在着差异,有时甚至差异很大,在时间上不具备可比性。

由于某新能源项目建设时间较短,且采用分期投产的方式运营,因此得到的统计数据的统计口径不一致,不具有可比性。表 8.1 中的统计数据是经过技术处理后得到的。

表 8.1 某新能源项目安全成本相关统计数据

年份	总安全成本/万元	发电量/10^6 kW·h	营业利润/万元
1996	12 812.1	3 742 711	75 795.2
1997	11 966.6	4 430 440	108 141.8
1998	20 833.0	4 930 457	124 669.2
1999	18 178.7	4 906 738	112 900.0
2000	8 693.1	5 149 809	116 248.5
2001	8 030.0	5 106 946	104 262.2

8.5.1 利润产量模型

利用表 8.1 中的数据,作利润-产量的散点图如图 8.5 所示。按照上面的论述,利润和产量之间是单极值的函数关系。根据散点图,可用二次曲线拟合。因此采用式(8.4)的利润成本模型:

$$P(Q) = a_0 Q^2 + a_1 Q + a_2 \quad (8.4)$$

模型中的系数 a_0、a_1、a_2 采用最小二乘法估计,经计算得到利润-产量模型为式(8.5)。

$$P(Q) = \underset{(-1.909)}{-0.000\ 346 Q^2} + \underset{(2.070)}{3.333\ 442 Q} - \underset{(-1.447)}{6\ 886.331}$$

$$(8.5)$$

上式右边的系数 t 检验值分别是:−1.909、2.070、−1.447。利用模型得最佳发电量为 $Q^* = 4\ 818.53 \times 10^6$ kW·h,相应的最大利润为 $P^* = 1\ 147.21$ 百万元,即为图 8.3 中的 C 点。

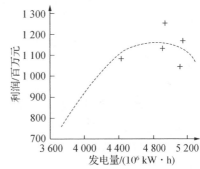

图 8.5 利润-产量散点

8.5.2 利润-安全成本神经网络模型

为研究利润和安全之间的关系,引入人工神经网络这种非线性模型。实际的新能源项目生产系统往往是非线性系统,利润与安全成本之间往往呈现出非线性的相关性。因此,采用非线性的方法更符合实际,得出的结果也更合理。在诸多神经网络模型中,BP 神经网络的应用最多。利用 BP 神经网络可以拟合任意的非线性函数,并具有很强的自学习功能[241]。已经证明,具有偏差和至少一个对数 S 型隐含层、一个线性输出层的网络,能够逼近任何函数。据此确定网络为 3 层,隐含层激活函数为 S 型函数,输出层采用线性激活函数。输入和输出层神经元的数目分别根据输入和输出的变量个数确定。隐含层节点数根据经验和试验结果比较确定。本项目采用利润作为网络输入,同期安全成本作为输出的学习样本,因此输入和输出层节点数均为 1。

由于激活函数采用对数型函数,因此应将学习样本转化为$[0,1]$区间的数。为此采用下面的方法。P_{max}、P_{min} 分别表示训练样本中利润的最大值和最小值。将第 t 年的数据转换为式(8.6)和式(8.7)。

$$P'_t = \frac{P_{max} - P_t}{P_{max} - P_{min}} \tag{8.6}$$

$$RC'_t = \frac{RC_{max} - RC_t}{RC_{max} - RC_{min}} \tag{8.7}$$

利用表 8.1 中的统计数据,确定 3 层网络结构的节点数分别为 1、5、1。利用神经网络,将最大利润 $P^* = 1\ 147.21$ 百万元通过式(8.6)转换为网络输入,得到网络输出 $RC^{*\prime}$。将 $RC^{*\prime}$ 通过式(8.7)转换为 $RC = 186.12$ 百万元,得到最优安全成本,即为图 8.3 中的 A 点。

8.6 提升新能源项目安全效益的对策建议

对于新能源项目发电系统,为了保证安全生产,降低安全事故发生率,需要加强企业安全管理,提升项目安全效益。依据项目实际情况,提出如下建议和措施:

(1) 做好安全资源的合理规划,优化配置和提高资源利用率。优化资源配置需要有效利用各种有限资源,提高新能源项目安全管理水平。合理配置和利用安全资源,达到资源使用效益最大化,是提高新能源项目安全效益和社会安全效益的重要途径。另外,新能源项目可以制定符合实际需求的安全规范和制度,减少和防范安全事故发生,可以转嫁本项目的一部分损失费用。

(2) 加强员工安全教育,提高员工安全意识。员工的安全意识淡薄,是导致电力事故不断发生的重要原因之一。新能源项目要从根本上解决安全隐患,提高安全效益,需提高员工的安全素质,其根本途径是对员工进行安全培训和安全教育,及时更新员工的知识结构和工作技能。

(3) 完善项目安全管理,建立安全投入的长期保障机制。新能源项目安全效益提高的前提是加强安全管理,即建立并完善安全管理组织机构和人员配置,保障各种安全措施有效顺利实施。财务管理对于项目来说是十分重要的,同样新能源项目在进行安全成本管理的时候,尤其需要做好自身的财务管理工作。保障项目有效安全管理的另一措施是建立新能源项目安全投入的长期保障机制,即建立项目安全管理专项资金和电力安全设备研发与使用资金,从资金和设备上保证项目安全生产。新能源项目的安全规章制度和规范要落到实处,实现安全管理工作标准化和制度化。

8.7 本章小结

安全对于新能源项目的生产有重要意义,一定的安全水平需要相应的安全投入来保证。新能源发电项目的安全成本和利润是一对矛盾,如何保证企业在取得最大利润的条件下,其安全投入最优,既是一个理论问题,又是一个现实问题。本章采用边际分析法,从理论上讨论了新能源项目的利润最大化与发电量之间的关系,采用最小二乘法找出利润-产量曲线模型,并在此基础上求出最大利润。然后,依据安全经济学理论,采用BP神经网络技术方法,研究利润与安全成本之间的关系,并求出最大利润下的安全投入,即为最佳安全成本。结果表明,本研究的成果是科学合理的,对实践具有重要的指导意义。

根据新能源项目安全成本的优化特征和效益分析,提出了相应的对策建议:① 做好安全资源的合理规划,优化配置,提高资源利用率,避免浪费;② 加强安全组织建设和员工安全教育,提高员工安全意识;③ 完善项目安全管理,建立安全投入的长期保障机制。

9 风电场项目安全成本优化博弈模型分析

9.1 引言

分布式新能源发电作为一种清洁能源,在我国发展较快。2009 年我国风电装机容量突破 1 000 万 kW,至 2017 年底,已达到 1.64 亿 kW,年增长约 41.9%,而风能发电建设规模从 2015 年的 7 316 万 kW·h,发展到 2016 年的 230 455.95 万 kW·h,增加了约 30 倍。伴随着风电的快速发展,该行业从业人员大量增加,再加上工程建设期长、气候和地理环境的影响以及我国新能源发电行业经验不足,弃风情况严重,电力事故较多,造成大量安全损失[242]。根据保险理赔数据,2012 年至 2016 年风电行业事故理赔案件发生 1 526 起,安全损失达到 3.28 亿元。这说明,一方面风电场建设和运行维护安全投入严重不足,另一方面安全成本的控制没有引起足够的重视,因此,开展风电建设及运行安全投入及其成本的优化决策研究就十分必要和紧迫。

目前国内外对于风电场项目安全的研究多以技术和经济为主。Dale 等[243]研究了包括发电投资成本、短期边际能源生产成本和网络成本的英国风电场总成本以及安全稳定问题,但这些研究并没有涉及安全成本专项。Feng[244]通过对大量数据的双变量回归分析,研究了各类安全投入对事故预防及成本效益的影响。Jansen 等[18]针对大规模氢能系统中光伏能源管理的安全成本,为氢能利用决策优化提供了新的思路。余贻鑫等[13-14]基于动态安全域的思想研究了电力市场环境下电力系统安全成本分摊和优化问题。李凯扬等[238]从经济学的角度提出了利润-发电量-安全投入关联模型。

综合现有研究成果,目前英美等国风电场的安全问题主要集中在安全技术及其风险评估方面,而风电场的成本核算并未考虑安全成本及其影响。国内研究方面,电力安全成本主要集中在电网"安全域"假设基础上,而且以博弈理论分析为主,实际工程中并未作为安全投入进行考虑。因此,本课题[245]将从博弈论的视角,以绿色风电场项目为例,探讨分布式新能源建设和维护的安全成本优化问题,从而为风电企业合理的安全投入提供决策依据。

9.2 风电场项目安全成本的构成

分布式新能源发电安全成本是为保证新能源发电项目安全而支出的全部费用和因安全

事故造成的全部损失费用的总和，按性质主要分为保障性安全成本和损失性安全成本。衡量分布式新能源发电项目安全程度的指标称为安全度，安全成本与安全度密切关联，如图9.1所示。保障性安全成本投入越多，则安全度越高，那么事故、误工等损失就会减少。随着安全度的不断提高，总的安全成本并不是一直呈现下降趋势，而是到一定程度后，反而越来越高。显然，对于任何一个新能源发电项目，当保障性安全成本等于或接近于损失性安全成本时，其安全总成本达到最低，也是最佳的安全投入。

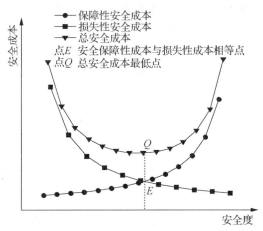

图9.1　分布式新能源发电项目安全成本的构成

9.3　博弈论的运用

博弈论作为一种数学工具，主要研究竞争环境中多个竞争参与者（局中人）如何根据所处的环境制定相应的策略以获取自身最大收益或效用最大化，主要有局中人集合、策略集合和支付函数集合3个构成要素[246]。

各风电场项目的建设规划都有其自身的特点和功能定位。由于各自的风险偏好不一样，其安全成本的控制策略不相同，其利益诉求也不相同。就各个项目而言，所获利益的差距越大，其安全投入决策就越难以形成一致共识，这势必造成项目安全绩效的分布不均衡。如果各风电场项目发挥的效用一致，就有可能在电网系统中形成协调互利的安全成本控制策略。实际上，各风电场项目安全成本控制策略的互利协调性取决于安全效益的均衡协调性，而风电场的安全效益是由多种因素决定的，因此，要解决安全效益的均衡协调性，关键是要求解多个项目在各种因素影响下其效用函数的最优化问题，这与博弈论中纳什均衡的思想是一致的。可以考虑给定约束条件下多个风电场项目整体效用的最大化，然后运用博弈混合策略构建项目安全成本优化模型。

9.4 建立风电场项目安全成本优化模型

9.4.1 模型局中人集合

从安全成本的构成要素来看,包括了影响风电场项目安全的多种因素。这些因素具有社会、经济、技术和环境等方面的特性,经过层层分解,形成了一个在同一层次上互不交叉的多层次结构体系(表9.1)。将所得安全成本构成要素作为博弈模型的局中人集合 N,以影响因素层次结构体系为基础,形成了各风电场项目安全成本控制策略指标体系,以指导支付函数的确定。

表 9.1 风电场安全成本构成要素

指标	指标名称	含义
N_1	安全建筑工程费	为了达到安全标准建立的安全建筑设施费用
N_2	安全教育培训费	员工上岗培训和听安全讲座等接受安全教育及安全宣传的费用
N_3	应急训练和物资保障费	编制应急预案所需费用及应急救援系统所需物品、人员、资金等费用
N_4	职业安全健康管理系统运维费用	项目方必须建立的体系,用来进行日常规范化安全管理
N_5	劳保用品费	工作人员劳动安全保护装备费用
N_6	安全保险费	为人员安全和物资安全投入的保险费
N_7	安全设备费	安全监测设备的投入,如噪声检测仪、风电系统雷电流检测仪等
N_8	安全技术措施费	引进的各种安全技术和科研花费
N_9	安全事故损失费用	结合各项安全投入综合测算

风电场项目保障性安全成本指标可表示为

$$F_a = F_{a_1} + F_{a_2} + F_{a_3} + F_{a_4} + F_{a_5} + F_{a_6} + F_{a_7} + F_{a_8} \tag{9.1}$$

式中:F_{a_1}——项目安全设施建设费用;

F_{a_2}——项目教育培训费用;

F_{a_3}——应急费用,包括应急演练费用和应急物资费用;

F_{a_4}——保险费用,包括人员保险和财产保险;

F_{a_5}——日常安全管理费用,主要是风电场项目安全健康和环境管理系统运营维护费用;

F_{a_6}——安全救援系统建设和维护费用;

F_{a_7}——安全设备费用;

F_{a_8}——安全技术措施费用,包括新技术应用、安全技术改进和开发等保证费用。

风电场各种安全事故损失性总成本可表示为:

$$F_c = \sum_{i=1}^{n} F_{c_i} \tag{9.2}$$

式中:F_c——项目安全事故损失性总成本,包括直接经济损失、人身伤亡损失等。

9.4.2 博弈模型策略集合

对于多个风电场项目,由于其投资建设时的功能和战略定位不一样,以及所处的经济、社会、环境状况不同,其安全投入也不一样,这样就形成了多个项目的安全成本控制策略的集合。通过综合分析比较发现,这个策略集合中有一个是最优的选项,以此作为风电场项目最佳安全投入的决策依据。

假设参与分析的风电场项目的集合为 $A=\{a_1,a_2,\cdots,a_m\}$,其安全成本控制策略集合就是博弈模型策略的集合 S。如果主要影响因素有 n 个,参与分析的所有风电场项目共有 m 个,项目 i 的策略为 $S_i(i=1,2,\cdots,n)$,则其博弈模型的策略集合为 $S=\{a|(a_{ij})\}_{m\times n}$。

9.4.3 博弈模型支付函数集合

假设风电场项目决策人员安全成本控制策略的选择是理性的。结合表 9.1,考虑不同风电场项目对应安全成本构成要素之间的影响强度 $c_i(i=1,2,\cdots,m)$,其支付函数为 $u(c_i)$;同一控制策略各构成要素之间的影响强度 $c_j(j=1,2,\cdots,n)$,其支付函数为 $u(c_j)$,这里 $c_i \geqslant c_j$,$u(c_i) \geqslant u(c_j)$,这样就形成了各风电场项目安全成本控制策略之间以及其主要构成要素之间的支付函数集合 $U=\{u|u_i(c_i \in N)\}_{n\times m}$。

9.4.4 构建数学模型

在上述假设基础上,当安全成本控制策略的主要影响因素有 n 个,参与分析的风电场项目有 m 个时,构建起博弈模型的数学表达式为 $G=\{N,S,U\}$。

9.5 求解风电场安全成本优化模型

在风电场项目安全成本优化博弈模型中,把 AHP 法确立的安全成本影响因素作为有限的局中人集合,而参与分析的风电场项目作为有限的博弈策略集合,从而构成了一个标准的混合策略博弈模型。按照 Nash 规则[245],该安全成本优化博弈模型至少存在 1 个纳什均衡解。

对于安全成本控制策略博弈,由于各项目的安全投入都是经过事先测算的,有可能出现各策略间优劣不明显的问题,从而造成重复剔除严格劣策略[246]的优化算法不能正常运行。鉴于此,这里采用混合策略算法,将博弈模型 $G=\{N,S,U\}$ 等价转化为线性规划模型进行计算:

$$\min \sum_{j=1}^{m} p_j$$
$$\text{s.t.} \sum_{i=1}^{n} p_j K_{ij} \geqslant 1 \quad (9.3)$$
$$p_j \geqslant 0, j=1,2,\cdots,m$$

其中，p_j 为选某一个项目的策略概率；K_{ij} 为不同项目安全成本控制策略。

使用路径追踪内点法二次规划算法（PFIPQP）[247]，将以上模型转化为标准型：

$$\begin{aligned} \min f(\boldsymbol{p}) &= \sum_{j=1}^{m} p_j = x\boldsymbol{e}_1^{\mathrm{T}}\boldsymbol{p} \\ \text{s.t.} \quad \boldsymbol{A}\boldsymbol{p} - \boldsymbol{w} &= \boldsymbol{0} \\ \boldsymbol{p} - \boldsymbol{u} &= \boldsymbol{0} \end{aligned} \quad (9.4)$$

其中，$\boldsymbol{w},\boldsymbol{u}$ 为引入的松弛变量，能将约束条件从不等式转化为等式，$\boldsymbol{p},\boldsymbol{u}$ 均为 m 维列向量，$\boldsymbol{w}$ 为 n 维列向量，$\boldsymbol{e}_1$ 为 m 维单位列向量，$\boldsymbol{A}$ 为 $n\times m$ 阶矩阵。

为了消除松弛变量的影响，引入扰动参数 θ，构造如下拉格朗日函数 $L(\boldsymbol{p},\boldsymbol{y},\boldsymbol{z},\boldsymbol{w},\boldsymbol{u})$：

$$L = \boldsymbol{c}^{\mathrm{T}}\boldsymbol{p} - \boldsymbol{y}^{\mathrm{T}}(\boldsymbol{A}\boldsymbol{p}-\boldsymbol{w}) - \boldsymbol{z}^{\mathrm{T}}(\boldsymbol{p}-\boldsymbol{u}) - \theta\sum_{k=1}^{m}\ln(u_k) - \theta\sum_{k=1}^{m}\ln(w_k) \quad (9.5)$$

其中，$\boldsymbol{c},\boldsymbol{z}$ 为 m 维列向量，其余同前。求优化解需要满足拉格朗日函数取极值条件：

$$L_p = \boldsymbol{0} = -\boldsymbol{A}^{\mathrm{T}}\boldsymbol{y} - \boldsymbol{z} \quad (9.6)$$

$$L_y = \boldsymbol{0} = \boldsymbol{A}\boldsymbol{p} - \boldsymbol{w} \quad (9.7)$$

$$L_z = \boldsymbol{0} = \boldsymbol{p} - \boldsymbol{u} \quad (9.8)$$

互补松弛条件：

$$L_w = \boldsymbol{0} = \boldsymbol{W}\boldsymbol{Y}\boldsymbol{e} - \theta\boldsymbol{e} \quad (9.9)$$

$$L_u = \boldsymbol{0} = \boldsymbol{U}\boldsymbol{Z}\boldsymbol{e} - \theta\boldsymbol{e} \quad (9.10)$$

其中，$\boldsymbol{W},\boldsymbol{Y},\boldsymbol{U},\boldsymbol{Z}$ 为对角矩阵，且分别对角化于向量 $\boldsymbol{w},\boldsymbol{y},\boldsymbol{u},\boldsymbol{z}$。

式（9.6）～式（9.10）为 KKT（Karush-Kuhn-Tucker）方程条件。

接下来，使用牛顿-拉夫逊法处理 KKT 方程，并以修正方程形式表示为：

$$\begin{cases} L_p = \boldsymbol{A}^{\mathrm{T}}\Delta\boldsymbol{y} + \Delta\boldsymbol{z} \\ -L_y = \boldsymbol{A}\Delta\boldsymbol{p} - \Delta\boldsymbol{w} \\ -L_z = \Delta\boldsymbol{p} - \Delta\boldsymbol{u} \\ -L_w = \boldsymbol{W}\Delta\boldsymbol{y} + \boldsymbol{Y}\Delta\boldsymbol{w} \\ -L_u = \boldsymbol{U}\Delta\boldsymbol{z} + \boldsymbol{Z}\Delta\boldsymbol{u} \end{cases} \quad (9.11)$$

所以可以得出：

$$\Delta\boldsymbol{p} = -(\boldsymbol{A}^{\mathrm{T}}\boldsymbol{W}^{-1}\boldsymbol{Y}\boldsymbol{A} + \boldsymbol{U}^{-1}\boldsymbol{Z})^{-1}(\boldsymbol{A}^{\mathrm{T}}\boldsymbol{W}^{-1}L_w + L_p + \boldsymbol{U}^{-1}L_u + \boldsymbol{A}^{\mathrm{T}}\boldsymbol{W}^{-1}\boldsymbol{Y}L_y + \boldsymbol{U}^{-1}\boldsymbol{Z}L_z) \quad (9.12)$$

$$\Delta\boldsymbol{y} = -\boldsymbol{W}^{-1}\boldsymbol{Y}(\boldsymbol{A}\Delta\boldsymbol{p} + \boldsymbol{Y}^{-1}L_w + L_y) \quad (9.13)$$

$$\Delta\boldsymbol{z} = -\boldsymbol{U}^{-1}\boldsymbol{Z}(\Delta\boldsymbol{p} + \boldsymbol{Z}^{-1}L_u + L_z) \quad (9.14)$$

$$\Delta\boldsymbol{w} = \boldsymbol{A}\Delta\boldsymbol{p} + L_y \quad (9.15)$$

$$\Delta\boldsymbol{u} = \Delta\boldsymbol{p} + L_z \quad (9.16)$$

经过以上步骤得到用于计算的牛顿迭代方向。路径追踪内点法二次规划算法（PFIPQP）流程图归纳如图 9.2 所示，其中，补偿间距为：

$$CG^{(k)} = \sum_{i=1}^{n} w_i^{(k)} y_i^{(k)} - \sum_{j=1}^{m} u_j^{(k)} z_j^{(k)} \quad (9.17)$$

扰动参数为：
$$\theta^{(k)} = \frac{\rho \times CG^{(k)}}{m \times n} \quad (9.18)$$

原变量步长为：
$$\beta_p = 0.9995 \times \min\left\{\min\left[-\frac{w_i}{\Delta w_i}, -\frac{u_j}{\Delta u_j}\right], 1\right\} \quad (9.19)$$

对偶变量步长为：
$$\beta_d = 0.9995 \times \min\left\{\min\left[-\frac{y_i}{\Delta y_i}, -\frac{z_j}{\Delta z_j}\right], 1\right\} \quad (9.20)$$

式(9.19)和式(9.20)中，$\Delta w_i, \Delta u_j, \Delta y_i < 0, \Delta z_j > 0, i=1,2,\cdots,n, j=1,2,\cdots,m$）

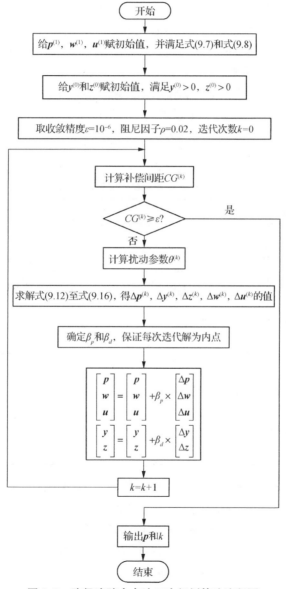

图 9.2 路径追踪内点法二次规划算法流程图

该算法通过简化的修正方程可以有效处理模型中的大量不等式约束条件,并放宽了初始可行值的选取要求[26]。模型计算结果表示的是各个风电场项目的策略概率,需要经过多次迭代计算提高精度,比较各项目安全成本控制策略的概率,选出最优项目。

9.6 风电场项目应用实例分析

为了验证上述模型的适用性,我们选取三个风电场项目作为分析案例。风电场项目1为宁夏中宁风电场,总装机容量为49.5 MW,安装了33台单机容量为1 500 kW的风机,项目总投资为4.2亿元,单位千瓦投资8 416.66元,处于第Ⅲ类风能资源区;风电场项目2为湖南汝城风电场,总装机容量为49.9 MW,总投资为4.2亿元,单位千瓦投资8 164元,属于第Ⅳ类风能资源区;风电场项目3为甘肃白银风电场,总装机容量为49.5 MW,安装了33台单机容量为1 500 kW的风机,单位千瓦投资7 582元,处于第Ⅲ类风能资源区。

从相关资料得到各项目安全成本控制策略影响因素指标 $N_j(j=1,2,\cdots,n)$ 的安全投入值见表9.2,其中,事故损失参考相关企业安全投入结构模型测算得出。这样,共有9个指标值构成局中人集合,再结合优化指标体系构建各策略的支付函数集合 U,就可以运用博弈模型进行分析。

表9.2 风电场项目安全成本构成　　　　　　　　　　单位:万元

风电场项目	1	2	3
保障性安全成本	266.8	331.53	501.9
安全建筑工程费	30	64.48	41.7
安全教育培训费	10	5.95	7.2
应急训练和物资保障费	30	49.6	130
职业安全健康管理系统运维费用	10	29.76	12.56
劳保用品费	31.5	34.12	36
安全保险费	20	19.84	24.12
安全设备费	10.3	30.55	11
安全技术措施费	90	67.45	98
安全事故损失费用	6.78	6.37	6.02

这里博弈模型策略集合为3个待选的风电场项目。各项目安全成本控制策略构成要素之间的影响强度 $c_i(i=1,2,\cdots,m)$ 以及某一项目内各要素之间的影响强度 $c_j(j=1,2,\cdots,n)$ 构成了博弈模型支付函数集 U,这样整个系统的支付函数值就形成了一个赢得矩阵,本章将全部支付函数值总和取为100,其中:N_1,N_3,N_5,N_8 每个指标对应支付函数值总和均为15;其余5个指标,每个指标对应的支付函数之和均为8。最后得到模型的赢得矩阵如表9.3所示。

表 9.3 风电场项目安全成本构成要素的赢得矩阵表

指标	风电场 1	风电场 2	风电场 3
N_1	4	8	3
N_2	4	1	3
N_3	2	4	9
N_4	2	4	2
N_5	5	5	5
N_6	3	2	3
N_7	2	4	2
N_8	6	3	6
N_9	3	3	2

根据赢得矩阵,建立项目安全成本优化博弈模型 $G=\{S_1,S_2;A\}$ 的线性规划问题:

$$\min p_1+p_2+p_3$$

$$\text{s. t.} \begin{cases} 4p_1+8p_2+3p_3 \geqslant 1 \\ 4p_1+p_2+3p_3 \geqslant 1 \\ 2p_1+4p_2+9p_3 \geqslant 1 \\ 2p_1+4p_2+2p_3 \geqslant 1 \\ 5p_1+5p_2+5p_3 \geqslant 1 \\ 3p_1+2p_2+3p_3 \geqslant 1 \\ 2p_1+4p_2+2p_3 \geqslant 1 \\ 6p_1+3p_2+6p_3 \geqslant 1 \\ 3p_1+3p_2+2p_3 \geqslant 1 \\ p_1,p_2,p_3 \geqslant 0 \end{cases}$$

用原对偶路径跟踪算法求解,设初始数据为 $\boldsymbol{p}^{(0)}=[1,1,1]$,利用迭代程序求解。在迭代计算了 305 243 次后(表 9.4),得出误差精度小于 10^{-6} 的最优解为 $\boldsymbol{p}^{\mathrm{T}}=\begin{bmatrix} 0.193\ 520 \\ 0.125\ 001 \\ 0.056\ 480 \end{bmatrix}$。

表 9.4 风电场安全成本优化模型计算结果

迭代次数	p_1	p_2	p_3	精度
10	0.126 214	0.166 692	0.167 353	$2.826\ 351 \times 10^{-1}$
20	0.163 660	0.136 768	0.086 052	$2.291\ 645 \times 10^{-2}$
300	0.189 378	0.126 027	0.060 589	$1.002\ 140 \times 10^{-3}$
3 036	0.193 082	0.125 103	0.056 915	$1.000\ 257 \times 10^{-4}$
30 456	0.193 480	0.125 010	0.056 520	$1.000\ 012 \times 10^{-5}$
305 243	0.193 520	0.125 001	0.056 480	$1.000\ 002 \times 10^{-6}$

从博弈模型最优解来看，$p_1=0.19352$，$p_2=0.125001$，$p_3=0.05648$，项目1的安全成本控制策略最优，其次是项目2，项目3相对较差。

从项目安全投入的效果分析，由表9.5可以看出，风电场项目1的安全发电效益最好，其次是风电场项目2，风电场项目3的效益最差，很明显这与博弈模型分析的结果是一致的。

表9.5 各风电场安全发电效益

	风电场1	风电场2	风电场3
发电量/万 kW·h	9 529	9 605.38	8 961.02
安全投入/万元	273.58	337.9	507.92
发电量与安全投入的比值	34.83	28.43	17.64

从各风电场项目总安全成本投入分析，项目1投入最少，其次是项目2，安全投入最多的是项目3，差不多是项目1安全投入的2倍。这说明，并不是安全投入越多越好，当安全投入达到一定程度后，为了使项目达到一定的安全保障水平，其安全投入反而会增加，这与风电场的安全成本特征是一致的。因此，风电场项目1的安全成本相对于项目2和项目3的安全成本，更趋近于最优状态。

9.7 本章小结

针对风电场项目安全投入决策问题，本章从博弈论的角度对多个风电场项目的安全成本控制策略做了比较研究，得出如下结论：

（1）分析了风电场项目安全成本的构成特征，提出了安全成本构成控制策略评价指标体系。

（2）将风电场项目安全成本控制策略主要构成要素作为博弈模型的博弈方，可以结合其他风电场项目相关因素的影响强度确定支付函数，从而打破了根据单一项目的风险偏好进行安全投入决策的局限性，达到确保电力系统整体安全的前提下，安全成本控制协同优化的目的。

（3）对于多项目安全成本优化问题，可以利用博弈混合策略建模，将其转化为线性规划模型，利用原对偶路径跟踪算法求解。实践表明，这一计算流程简单清晰，具有较强的可操作性和适用性。

（4）从应用实例优化分析结果来看，并不是安全投入越多安全效益越好，而是安全总成本越接近最低，其控制策略越优。

10 基于安全成本率分析模型的风电场施工优化策略

10.1 引言

提高风电场安装施工阶段的安全保障度,对新能源项目建设的安全风险控制具有重要意义。近十年来,随着我国风电场的蓬勃发展,许多学者对风电场施工阶段的风险进行了评估,所采用的方法主要有:模糊评价法、蒙特卡洛模型法、可拓学法、神经网络法等,这些方法从不同角度阐明了风电场施工阶段的风险特点,但目前未见有人用安全成本率的方法来进行施工风险的评估,也未见有人提出投入多少安全成本才能达到最优。显然,安全投入成本作为一项有限的资源,必须进行优化。在目前市场经济潮流中,若为了追求经济效益最大化,一味地压缩安全投入成本,从而导致安全事故激增是不可取的。同样地,若为了追求绝对的安全保障而无限制地加大安全成本投入的话,显然也是行不通的。本课题[248]将要寻求一条优化之路,以确保在一定的安全保障度前提下,使得安全成本达到最优值[25]。

10.2 风电场施工阶段的安全风险特点

风电场施工阶段的风险特点可以从风电场案例本身的施工特点来认识。

10.2.1 风电场项目的施工特点

(1) 风电场施工现场位置偏远

由于风能多形成于空旷边远地区,这决定了风电场通常位于岛屿、沿海、草原、荒漠和戈壁滩,这些地方往往人烟稀少,客观上导致风电场施工阶段呈现出地理偏僻、交通不便、条件恶劣等特点,这些特点一方面直接加大了风电场施工阶段的附属配套工程量,另一方面增加了风险因素和风险程度,间接加大了安全成本投入。

(2) 风电场施工的区域分散性和地形复杂性

风机对风能的利用,使得风机周围一定范围内的风能有所衰减。为使每台风机获取足够的风能,一般每 2 台风机之间的间距不小于 350 m,从而决定了风电场从点到线,从线到面所形成的面积较大,小到几平方千米,大到几百平方千米。而面积的增大也使得施工阶段面临更加复杂的地形,进而材料和机械设备的运输、就位、施工运作难度急剧加大,海上风电场甚至需要大型的海工运输船和海上专用起吊设备,这大大增加了直接成本投入和间接的安全成本投入。

(3) 基础浇筑形成大体积混凝土和安全事故的滞后性

风机塔体比较高、自重大,再加上上百米的翼展回转产生的侧向倾覆力矩,这些都要求塔体基础提供强大的抗倾覆力。为了提供这一稳定力矩,在陆地上通常采用打桩和大体积钢筋混凝土承台,海上通常不具备打桩条件,不得不采用自重力基础承台和环形连续基础结构,使得风电场基础呈现出大体积特性。而大体积混凝土如果出现技术失误或是监管不力的情况,容易造成混凝土开裂,质量不符合要求。这些不合格的混凝土基础将在以后的风机运行中表现出来,酿成安全事故。比如在2008年4月29日,吉林国电龙源同发风电场发生的一起特大风机塔体倾覆倒塌事故就是因为基础不合格,滞后到风机运行阶段才显现的典型案例。

10.2.2 风电场安全事故的特点

通过对中广核风电有限公司于2012年统计的风电场典型事故案例的归纳分析(表10.1),可以看出在施工阶段的21起事故案例中,有14起是可以通过加大保障性安全成本投入来降低事故发生率的典型案例。另外2起是交通事故,2起是施工质量引起的后续风机塔体倒塌事故,3起是采购的零部件出现了问题,这些事故可以间接地通过人员培训、制定更完善的规则来降低事故发生率,也就是说可以间接地通过加大保障性安全成本投入来降低事故发生率。所以,从风电场施工阶段已发生的事故统计结果来看,很明显,加强新能源项目保障性安全成本的投入是可以降低事故发生率的。

表10.1 风电场事故统计

序号	事故类型	发生原因	应对方式
1	5.30 交通事故,2人伤,1车毁	西北不规则强风,违反公司用车规定	开展教育,规范用车
2	7.14 风机火灾事故,直接经济损失700万元	安装中未清理可燃物,焊接不规范	选合格队伍,加强教育
3	5.18 风机倾覆事故,直接损失700多万元	无功旋转过快,共振和疲劳致倾覆	优选风机,建立考评
4	3.15 机舱二次驳运滑落事故	场地不平,吊运未有效固定	安装正规化,加强管理
5	9.23 轮毂滑落事故	运输道路崎岖,固定方式不可靠	投入措施费,司机培训
6	5.6 混凝土搅拌车侧翻事故	刹车失灵,急打方向	投入机械检修费,安全交底
7	6.3 风机叶片吊装事故,直接损失300万元	瞬时大风,导向绳断裂	加强附件检查,遵规培训
8	11.28 劳务分包商人员死亡事故	一氧化碳中毒,临聘人员无安全意识	规范用工,投入临设
9	3.27 宏基项目监理人员触电事故	监理人员自身违章操作	加强监督人员培训
10	6.14 大岗子风电场20#风机着火事故	风机转轴维修不当	开展维修论证

续表

序号	事故类型	发生原因	应对方式
11	7.3 道路交通事故,1人死,1车毁	酒后驾驶,单位用车疏于管理	员工培训要落到实处
12	2.20 福建某风电场风机火灾事故,直接损失1 000多万元	变压器短路	建立零件采购追溯机制
13	7.20 晨光风电场多台风机跳闸事件	开关质量差,浪涌保护器配置不合理	建立零件采购追溯机制
14	8.26 瓜州北大桥第五风电场风机倒塌事故	安装管理不善,螺栓扭矩值失控	依规安装,扭矩扳手测值
15	6.8 苍南风电场风机遭雷击事故	天灾,接地和保护不够	增大接地有效连接
16	11.22 吊车倾覆事故	450 t和120 t吊车联合作业预案不善	投入预案费
17	2.1 风机和塔体倒塌事故	塔身钢板偏薄,法兰不合格	完善采购机制
18	4.29 国电龙源吉林通榆风机坠毁事故	基础施工不合格	加强施工监督机制
19	3.13 御道口风电场起重伤害事故	施工单位违章,监理不作为	建立自评、检查制度
20	1.5 尚义县德和风电场机毁人亡事故	吊装调试违规使用金属线	培训操作和管理人员
21	10.10 华锐起重机倾倒事故	1 000 t履带吊臂根部断裂	完善设备预检台账

10.3 风电场施工阶段安全成本的分类和构成

风电场施工阶段的安全成本是指与安全生产有关的费用总和,即为了保障风电场施工安全而支付的一切费用和因安全事故而产生的一切损失之和,可以分为保障性安全成本和损失性安全成本(图10.1)。

10.3.1 保障性安全成本

保障性安全成本是指为保障和提高安全施工水平而支出的费用,包括安全工程费用和安全预防费用。

安全工程费用是指为构筑施工安全工程、设施以及购置安全监测设备、仪表等支出的费用,其经济目的是为安全施工提供硬件基础条件。

安全预防费用是指为运营安全工程设施,进行安全管理和监督、安全培训和教育而支出的费用,其经济目的是为防止施工阶段安全风险产生或发展提供软性条件。

10.3.2 损失性安全成本

损失性安全成本是指因安全事故或安全水平不能满足生产需求所产生的损失。它包括内部损失和外部损失两部分。

内部损失是指安全问题在项目内部引起的停工损失和事故本身造成的损失。

外部损失是指安全问题引起的项目外部的各类损失，比如人员伤亡的医疗费、赔偿费、各类罚款、诉讼、企业资信影响等。

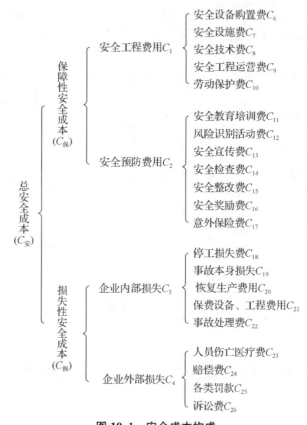

图 10.1　安全成本构成

10.4　风电场施工阶段安全成本优化模型

10.4.1　风电场施工阶段的安全成本指标

（1）安全保证度。安全保证度是指风电场施工阶段，由于投入一定的保障性安全成本而使得施工避免危险、不受威胁、不出事故、安全得到保证的程度，用 K 表示，见式（10.1）。

$$K=(F-C_{损})/F \tag{10.1}$$

损失度：

$$L=C_{损}/F \tag{10.2}$$

安全保证度与损失度关系：

$$K = 1 - L \tag{10.3}$$

式中：F——风电场总建设费用（万元）；

$C_{损}$——损失性安全成本（万元）。

式(10.1)、式(10.2)和式(10.3)中，K 的取值介于 0～1 之间，数值越高表明施工阶段的安全越有保障。

从另一个角度来看，安全保证度是指低于损失性安全成本的程度，因此必定出现 2 个参数，一个是损失参数，一个是项目总产出参数。有的学者用损失时间和总周期作为参数，有的学者用损失成本和产出作为参数。如果用损失成本和风电场总投资作为参数，就会发现在风电场这一特殊行业中，往往投资额度大，当损失成本几乎没有时，K 值无限接近于 1，很难说明曲线的增减关系。相反，在普通小型建设项目中，因投资小，偶然才会发生一起伤亡事故，K 值就会趋近于 0，甚至为负。

对于同一项目，当安全成本投入到一定程度的时候，K 值的变化，并非如理论曲线所示随着 $C_{保}$ 的增加而增加，而是表现为平缓增加，有时反而会减少。所以我们要避开 K 值趋近于 1 和 0 两个极端的情况，也要避开 K 和 $C_{保}$ 的平缓区。因此，在含义和功能不变的前提下，为了将 K 的系数放大，在风电场施工阶段采用损失成本和施工总建设费用这两个参数。

(2) 安全成本率。根据安全成本构成的概念，有式(10.4)。

$$C_{安} = C_{保} + C_{损} \tag{10.4}$$

安全成本率 m 是指安全成本 $C_{安}$ 与风电场施工阶段项目总建设费用 F 之间的比值。保障性安全成本率 i 是指保障性安全成本 $C_{保}$ 与风电场施工阶段项目总建设费用 F 之间的比值。损失性安全成本率 u 是指损失性安全成本 $C_{损}$ 与风电场施工阶段项目总建设费用 F 之间的比值。从而得出式(10.5)。

$$m = i + u \tag{10.5}$$

10.4.2 风电场施工阶段安全成本率分析模型

如图 10.2 所示，随着保障性安全成本的投入加大，损失性安全成本会逐渐减少，存在一个 Q 点使得 $C_{保}$ 的投入不是很高，同时 $C_{损}$ 的发生下降到可以接受的水平，这时对应的安全成本 $C_{安}$ 达到最优。

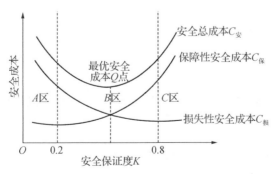

图 10.2 安全成本变化规律

如果在生产型企业中，这一过程可以用每年作为统计周期，观察统计每一年保障性安全成本与损失性安全成本的发生情况得出最优安全成本投入。但是风电场施工阶段属于一次性建设,无法通过时间去分段,也不能拿横向若干个风电场做机械比较,因为在同一个项目的不同时段和同一时段的不同风电场,它们的状态和条件各不相同,保障性安全成本的投入与损失性安全成本的发生没有可比性。

所以,风电场施工阶段的安全成本率分析模型如式(10.6)所示。

$$m = i + u = \frac{C_{保}}{F} \cdot \tan\left(\frac{\pi K}{2}\right) + \frac{C_{损}}{F} \cdot \left(\frac{1-K}{K}\right)$$

$$= \frac{C_1 + C_2}{F} \cdot \tan\left(\frac{\pi K}{2}\right) + \frac{C_3 + C_4}{F} \cdot \left(\frac{1-K}{K}\right)$$

$$= \frac{C_1 + C_2}{F} \cdot \tan\left(\frac{\pi K}{2}\right) + \frac{C_3(1+q)}{F} \cdot \left(\frac{1-K}{K}\right)$$

$$= \alpha \cdot \tan\left(\frac{\pi K}{2}\right) + \beta \cdot \left(\frac{1-K}{K}\right) \tag{10.6}$$

式中:α——保障性安全成本系数,其值为在 $C_{保}$ 某一静态点的保障性安全成本与施工阶段总投资的比值 $\frac{C_{保}}{F}$,$i = \alpha \cdot \tan\left(\frac{\pi K}{2}\right)$,其中 $\tan\left(\frac{\pi K}{2}\right)$ 为该静态点的曲率角度系数;

β——损失性安全成本系数,其值为在 $C_{损}$ 某一静态点的损失性安全成本与施工阶段总投资的比值 $\frac{C_{损}}{F}$,$u = \beta \cdot \left(\frac{1-K}{K}\right)$,其中 $\left(\frac{1-K}{K}\right)$ 为该静态点的曲率角度系数;

q——损失比,其值为企业外部损失与内部损失的比值。

由于事故的严重程度表现不一样,q 的取值也会不一样,在施工阶段结束之后,通过对企业内外损失的统计分析及拟合回归值得出 q 值的值域:

$$q = \begin{cases} 0.4 \sim 0.5 & \text{轻伤事故} \\ (0.00126t + 1.492) \times 0.5 & \text{重伤事故} \\ 2 \sim 4 & \text{死亡事故} \end{cases}$$

式中:q——损失比;

t——项目施工阶段某一统计周期内损失的工作天数。

根据安全经济投入最优化原则之"最低消耗原则",在式(10.6)中对 K 求导,并令其为零,可得:

$$\alpha \cdot \frac{\frac{\pi}{2}}{\cos^2\left(\frac{\pi K}{2}\right)} - \beta \cdot \frac{1}{K^2} = 0 \tag{10.7}$$

由式(10.7)可得出 K 的值,将 K 的值代入式(10.6)便可求得最小的安全成本率 $m_{\min}$,从而可以求得最优安全成本 $C_{安}$。

10.4.3 安全成本率分析模型的分区

如图 10.2 所示,可以将安全成本函数关系曲线划分为 A、B、C 三个区域,以说明保障性安全成本、损失性安全成本与安全保证度之间的关系,可以运用本章模型得出的安全成本率进行施工阶段最优策略描述。

(1) A区优化策略。A区属于安全成本率低位区(0<K<0.2)。该区内由于保障性安全成本投入偏低,安全工作存在严重问题,导致事故频发,损失性安全成本激增,使得总安全成本居高不下。对此,应加大保障性安全成本投入,增加安全工程投入和改善安全保障措施,以提高安全保证度,降低安全损失,使安全总成本趋于优化。

(2) B区优化策略。B区属于安全成本率中位区(0.2<K<0.8)。该区内安全成本属于合理范围,其保障性安全成本投入使得项目具备一定的安全保证度,偶尔出一点轻伤事故也在人们能够接受的范围内,此时的损失性安全成本较低,易接受,总安全成本趋于最优。对此,在不显著增加保障性安全成本的情况下,可以加强安全规章制度的落实,使得原有安全程序更加合理与易操作,从而进一步降低偶发事故。

(3) C区优化策略。C区属于安全成本率高位区(0.8<K<1)。该区内事故几乎不发生,损失性安全成本支出较少,但是保障性安全成本过高,其安全功能存在富余,使得总安全成本又趋于偏高。对此,安全优化策略是停止不合理的安全工程和设施投入,减少不必要的安全措施,精简安全测控和过度的安全检测,使整体安全成本支出趋于合理。

10.5 风电场施工项目应用实例分析

宁夏中宁风电场项目采用33台1 500 MW的风机,项目总投资达4.2亿元,施工阶段保障性安全成本投入情况、损失性安全成本投入情况如表10.2所示。

表10.2 宁夏中宁风电场安全成本构成

名称	施工阶段总投资	安全建筑工程费	安全教育培训费	应急训练和物资保障费	职业安全健康管理系统运维费用	劳保用品费	安全保险费	安全设备费	安全技术措施费	其他保障性投入	安全事故损失费用
成本/万元	8 400	30	10	30	10	31.5	20	10.3	90	35	6.78

将表10.2中的数据代入公式(10.6)可以得到该风电场的安全成本率分析模型:

$$m = \frac{266.8}{8\ 400} \times \tan\left(\frac{\pi K}{2}\right) + \frac{6.78}{8\ 400} \times \left(\frac{1-K}{K}\right)$$

$$= 0.031\ 761\ 9 \times \tan\left(\frac{\pi K}{2}\right) + 0.000\ 807\ 14 \times \left(\frac{1-K}{K}\right) \quad (10.8)$$

对式(10.8)中的 K 进行求导,并令其为零可得:

$$0 = 0.031\ 761\ 9 \times \left[\frac{\pi}{2} \Big/ \cos^2\left(\frac{\pi K}{2}\right)\right] - 0.000\ 807\ 14 \times \frac{1}{K^2}$$

$$0.000\ 807\ 14 \times \cos^2\left(\frac{\pi K}{2}\right) = 0.031\ 761\ 9 \times \frac{\pi}{2} K^2 \quad (10.9)$$

由式(10.9)可得: $K = 0.875\ 3$,将其代入式(10.8)可得 $m_{\min} = 0.010\ 9$。

通过分析该计算结果可以看出:该风电场项目施工阶段安全保证度 K 为0.875 3时,安

全总成本率 m 最低为 0.010 9。在图 10.2 中,由于 K 为 0.875 3,落在 0.8<0.875 3<1 之间,虽然此时的安全成本率最低,但所在区域的实际安全保证度超过 80%,属于几乎不发生事故区,其保障性安全成本投入过剩,有必要进行优化。通过管理和排查去除富余的保障性安全成本投入,适当降低保障性安全成本,此时对应的损失性安全成本数额又不多,安全保证度可以接受。此时保障性安全成本与损失性安全成本的合计值达到最小,即项目处于最优安全保证度状态。从该项目计算数据中可以得出:

(1) 该项目损失性成本占比低,安全保证度已经超过 80%。

(2) 该项目存在安全成本优化空间。

(3) 该项目的理论优化点的安全保证度达到了 87.53%,这说明随着社会经济技术条件的发展,图 10.2 中 Q 点会向右移动。

(4) 当安全保证度超过 80% 之后,基本的安全保障都已经具备,此时超出的保障性安全成本与损失性安全成本没有很直接的关联。

(5) 在管理和排查富余保障性安全成本的同时,应加强管理,使得施工阶段更加有序,从而进一步降低损失性安全成本。

(6) 在保障性安全成本有所富余的前提下,影响损失性安全成本的因素与管理、人为因素、工料机规范程度、偶发因素关系更为密切。

(7) 在同类型风电场再次建设时,保障性安全成本投入额度比例可以参照该风电场,投入结构可以优化,优化途径可参见以上六点,预期损失性安全成本应有所下降。

10.6 新能源项目施工对策建议

从前述风电场施工安全风险的特点分析,可以得出导致新能源项目降低安全成本投入的主要原因是多方面的,总体而言,可以概括为:

(1) 安全事故损失衡量理论依据不足;

(2) 决策人员过分地依赖主观经验判断;

(3) 利益驱使下的投机侥幸心理;

(4) 施工企业安全信息对社会不透明。

为了减轻或消除这些危害根源的负面作用,提出了相应的对策措施:

(1) 加强我国新能源项目安全事故损失预测技术的研究,提出类似于安全成本率模型这种较为精确、简便的计算模型,作为我国新能源项目施工优化决策的科学依据。

(2) 风电场施工决策过程中的事故损失预测需经过相关专家核定,避免因决策者的主观判断失误而影响企业生产的安全性。

(3) 加大事故处罚力度,如提高事故损失的赔偿金额;对发生事故的项目处以不同等级的罚款或征收事故税。处罚力度应能够严厉到足以确保企业"不敢"冒险。

(4) 发挥工会组织职能,健全劳工保护制度,提高工伤赔偿金额,促使施工企业更加关注职工安全,主动进行安全保障性投入。

(5) 成立行业协会，保持安全投入信息的透明化，以便相互监督管理。同时，设立行业安全基金，以奖励安全状况良好的企业。

(6) 强制新能源项目对社会（特别是在招聘人才时）公开其安全生产信息，此安全信息必须经过安监部门审核，并实行年审制度以确保信息的真实性。

风电场建设发展到今天，在强大经济和技术支撑下往往呈现出投资规模大、装机容量大、保障性安全成本投入充足的特点，在此情况下更显示出安全成本优化的必要性。一方面要合理和适量投入保障性安全成本，另一方面要加强管理和排查，确保保障性安全成本投入充足，剔除非必要支出。此外，还要对人为因素和偶发因素做进一步的研究和规范，确保安全成本优化既发挥经济效益，又确保安全效益。

10.7 本章小结

首先，通过实例分析我们知道根据安全成本率分析模型可以得到 K 的最优取值和最小安全成本率，而且能得出一个项目的安全保障水平所属区域。虽然以上数据要等到项目结束统计之后才能得到，但是在相同经济技术条件下，对后续类似的风电场施工项目的保障性安全成本投入和管理具有借鉴参考意义。

其次，本章着重阐述了通过加大保障性安全成本的投入来实现安全保证度这条路是可行的，通过计算得到了最优安全成本，但所有这些都是从宏观上说明这条路可行，安全成本存在最优，具体地怎样通过一定的方法实现高安全保证度和安全成本最优，怎样减少偶然因素的波动来保障安全成本投入的有效性，以及在 A 区和 C 区出现悖论情况下的具体改进措施仍需广大学者和工程建设者进一步探索。

最后，针对新能源项目安全风险的特点和安全成本率分布规律，提出了我国新能源项目安装施工一系列相应的应对策略和措施，从而促进我国新能源项目的开发过程中保障性安全成本投入，有利于电力企业安全生产状况的进一步改善。

11 混合太阳能氢能项目安全成本形成机理研究（以法国科西嘉岛 MYRTE 项目为例）

11.1 引言

可再生能源是欧洲研发项目的重要组成部分。尽管可再生能源（太阳、风、海洋）在自然环境中是可以持续获得的，但它们需要转化为电能才能被开发利用。由于自然资源的间歇性，可再生能源需要在产量高于人类需求时予以储存，在产量不足时予以补充利用。氢可能是储存这些可再生能源的良好载体。一些岛屿环境具有独立于陆地电网的特性，其土地具有开发新能源的巨大潜力。本章以法国科西嘉混合太阳能氢能综合示范项目为例[18]，探讨其安全成本的形成机理，并提出对策。

法国科西嘉岛一个名为 MYRTE（混合太阳能氢能）的示范项目，通过测试实际应用规模上的一种混合太阳能氢能技术，在光伏领域和高功率氢链之间制定了一种最佳的运行策略。该 2 100 万欧元项目是公私合营项目（PPP），主要参与方包括：科西嘉大学（项目负责人和现场经理）、法国原子能和替代能源委员会（CEA，机构合作伙伴）和 HELION 氢能公司（工业，AREVA 可再生能源子公司）。科西嘉大学对可再生能源储存的方法很感兴趣，其提供了一个参与的机会，使该领域的多个参与方有机会进行合作，共同开展可再生能源和储能领域的研发活动，而法国原子能和替代能源委员会在储氢和光伏系统方面积累了丰富的经验，HELION 氢能公司是电解和燃料电池系统的设计和制造商。

MYRTE 项目是法国科西嘉区域能源规划的一部分（其目标是到 2020 年实现可再生能源的占比达到 34%），也称为科西嘉 PACA（称为"CAP 能源"）竞争极。MYRTE 平台是科西嘉大学开发的 Vignola 太阳能存储平台整体项目的组成部分。平台朝南，位于 Sanguinaires 公路上，靠近法国科西嘉省的阿雅克肖。安装的 3 670 m^2 光伏板将产生 560 kWp 发电功率，相当于 725 MW·h/年，平均日照为 1 295 kW·h/kWp。如图 11.1 所示，一部分能量将通过 40 Nm^3/h PEM 电解槽的化学反应在 35 bar 压力下转化为气态氢和氧，然后储存在 35 bar 压力容器中。因此，不需要压缩机就可以提高整个系统的效率。随后氢将以固体形式储存在氢化物中。为了优化生产绩效和节约能源，来自电解槽和燃料电池的热量通过相变材料储存（800 kW·h/d）。例如，热被用来提供热水或供应热交换器。水也在燃料电池出口得到回收，在电解槽中重复使用。经优化后，总的能源效率估计在 70% 以上。

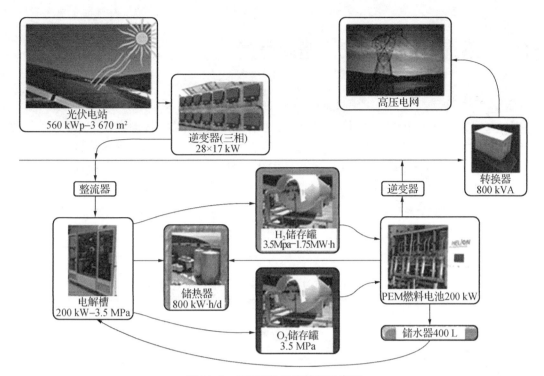

图 11.1　MYRTE 设施简化示意图

根据 MYRTE 平台设施的三维结构,项目电解槽、燃料电池和电气系统位于实验大楼内,通风良好,有预防爆炸的环境。氢气和氧气储存在室外专门挖掘的坑中,以确保平台的安全。还有专为消防人员设计的紧急通道,以防发生火灾。选择的 200 kW PEM 燃料电池可同时使用氢气和氧气。氢气和氧气将大量储存在平台上(分别为 15 ℃时氢为 3 920 Nm³ 和 333 kg,15℃时氧为 1 960 Nm³ 和 2 654 kg),这强化了安全使用的谨慎性。

该项目需要在混合太阳能-氢能系统中建立一个能显示燃料电池系统运行状态的反馈系统,其中一个目标就是能够评估氢和氧储存的安全成本。

第一步,确定影响成本的安全因素,包括识别氢气和氧气生产过程相关的风险。调查标准和法规文献,识别所有类型的风险,查询范围包括生产、储存(气态或固态氢化物)和氢的使用。

第二步,开发出一种方法来评估与 MYRTE 平台上氢气和氧气风险管理相关的成本(安全案例、法国环境法规发布的分类装置、泄漏检测和爆炸性环境设备,以及对平台调试、运行和维护的影响等)。

第三步,从 CEA 和科西嘉大学的研究人员以及 HELION 氢能公司收集成本构成要素,收集数据后,按类别获得成本分配,然后采用水平化方法(Levelization Method)在 20 年内进行外推。

最后一步,根据第三步的结果研究不同的优化方法以降低安全成本。另外根据平台规模研究安全成本的演变,以预测未来氢能项目相关的安全成本。

11.2 系统安装工程安全信息反馈

法国关于氢气和氧气生产、使用和储存的法规适用于环境保护分类安装(英文缩写 ICPE),其定义和术语由《法国环境法典》第五卷给出。ICPE 是一种固定设施,其运行会对环境造成潜在风险。可以申报的设施必须是不存在严重危险和缺陷,能够满足一般要求。经授权的设施对环境存在潜在的危险或严重困扰。要得到授权就必须进行包括风险评估、环境影响研究和健康与安全公示。风险评估过程比申报程序长,包括公共咨询过程。ICPE 装置应通过相关监管人员核验,违反规定可能会受到刑事、民事或行政处罚(州特警的权力),因此,增加了额外费用。与 ICPE 术语引用的活动相比,MYRTE 平台设施会受表 11.1 所述三个方面因素的影响。

表 11.1 适用于 ICPE 法规的 MYRTE 平台所涉性质和数量

项目名称	项目标题	分类阈值	MYRTE 项目数量/制度
氧的储存和使用	1 220	≥2 t 申报	2 654 kg/申报
		≥200 t 授权	
		≥2 000 t 长期授权	
氢的生产	1 415	<50 t 授权	0.179T/不申请授权(R&D 平台)
		≥50 t 长期授权	
氢的储存和使用	1 416	≥100 kg 申报	333 kg/申报
		≥1 t 授权	
		≥50 t 长期授权	

MYRTE 平台无须氢生产授权的理由:
(1) 所产氢气的非商业化;
(2) 非产业化的大学是平台的合法运营商;
(3) IPPC(综合污染防治)条例涵盖了平台的实验性质。

生产的氢气量由电解槽中的氢气生产量决定,不包括管道和储存。制氢的非商业性和实验性质是使该项目不在授权范围的决定性因素。

安装操作规则考虑了储存区周围的安全距离,并给消防救援至少留一个通道。

实验大楼(350 m³ 密闭室)设有制氢和制氧设施。下面,给出几个最低规格:
——隔离局部控制(材料 M0);
——配备 2 h 级别的内部防火墙门;
——气体兼容设备;
——防火、氢气和氧气检测,并对气体生产设备和房间通风进行控制;
——实验场地周围有 2 m 高的金属围栏,并配有视频监控系统。

如果检测到气体(氢气含量>1%或氧气含量>23%),指令控制将执行各种安全措施,如停止所有子系统的供给(气体和热量储存、电解槽和燃料电池),将萃取率提高到 10 000 m³/h(永久萃取率为 5 000 m³/h),并向大楼外发出有气体危险的信号。此外,手动操作位于通道附近。

防火措施,如定期清扫储存区附近会减少火灾风险和空气污染。设备附近还提供安全材料,如灭火器和消防水管。设施运行由运营商指定的人员监管,其将会随时提供有关设施功能的知识以及有关氢气和氧气储存情况的信息反馈。

11.3 氢氧系统安全成本估算方法

11.3.1 与氢氧生产相关的各种风险

众所周知,氢气是一种高活性气体,在使用时需要采取预防措施,那么氢气与氧气的结合就更需要采取预防措施。表 11.2 综合了与氢气和氧气相关的风险。

表 11.2 与氢气(H_2)和氧气(O_2)相关的风险

H_2	O_2
火灾:极易燃烧	火灾:可能引起或加剧火灾
吸入:高浓度可导致窒息	吸入:持续吸入可能导致恶心、头晕、呼吸困难和抽搐
特殊风险:暴露于火中可能导致容器破裂或爆炸。不能高于 0.02 mJ 的能量密度	特殊风险:暴露于火中可能导致容器破裂或爆炸,持续燃烧
不相容物质:可能与空气形成爆炸性混合物,可能与氧化剂发生剧烈反应	不相容物质:可能与可燃物材料发生剧烈反应,可能与还原剂发生剧烈反应,可能与有机物质剧烈地发生氧化反应
不密封:小分子气体容易泄漏	
脆化:金属机械性能的退化,可能导致部件故障	
泄漏:产生可膨胀的云雾	
压力:增大可膨胀的云雾	

图 11.2 显示了氢能供应链(生产、储存和使用)可能遇到的风险类型,以及三种类别的主要控制手段:预防、检测和减缓。

在环境压力和温度下,氢能在空气中的自燃范围是 4%~75%的浓度。在富氧大气中,自燃范围为 4.1%~94%的浓度。在富氧环境中,氢-空气混合物的点火能量也应较低,氢能也会更快更剧烈地发生化学反应(燃爆范围变成 15%~90%的浓度而不是 18.3%~59%的浓度)。

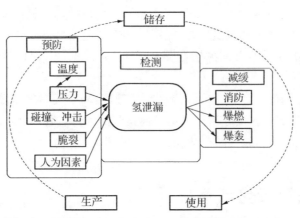

图 11.2 与氢能生产、储存和使用相关的风险类型示意图

氢气和氧气都是无色无味的,它们是人类无法察觉到的,因此,必须使用特殊的探测器来检测任何泄漏并防止可燃气雾的形成。规范和监管应该贯穿于整个氢能供应链范围,包括生产、储存和使用。

11.3.2 氢气和氧气生产规范和监管背景

实际上按照法国和欧洲的法规,要求在项目各个阶段实施安全措施,包括平台的浓缩、安装、运行和维护阶段。表 11.3 列出了其中一些安全措施。

表 11.3 法国和欧洲法规文件的安全方法

概念/安装	运行/维护
氢气和氧气储存的声明或授权,取决于储存量	逃逸通道控制
带有"CE"标记的监管材料,用于处置易燃、易爆的气体、火灾和电磁场	定期清洁(通风、排水) 做好危险物质标示
不同生产、储存和使用单元的智能安排	监测储存的气体量
安全距离方面	电气系统验收
充足的室内通风	个人防护装备验收
安装气体探测器,并自动和手动停止气体循环和电气供应	消防设施验收
消防员通道准备	消防通道保持畅通
工作证和/或消防许可证的存放	分类编排

MYRTE 项目提供了分析整个法规和标准化文件及其关于安全解决方案和建议的机会,在此基础上可以进行成本评估。

11.3.3 MYRTE 平台氢氧安全性相关成本评估方法

评估项目安全成本的方法有两种：
——评估现有系统的安全成本；
——预测未来系统的安全成本。

依托 MYRTE 平台的经验，本节主要研究第一种方法，其有助于评估整个平台成本对安全的影响。运用这种方法需要有一个现成的装置，可以用来比较不同的储能方式或为未来的设备获得反馈信息。按照这一建议，第一种方法有助于优化安全水平和安全成本，第二种方法可能是未来需要做的工作。

所研制的方法(第一种)既适用于未来的氢能项目，也适用于其他储能方式。图 11.3 是为评估氢气和氧气安全成本而开发的方法示意图和详细说明。

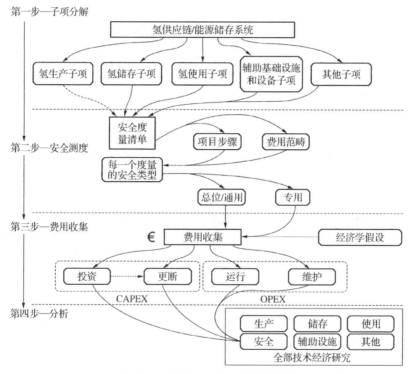

图 11.3 评估安全成本的详细方法

该方法的第一步为将氢能供应链划分为多个子项组成部分：其中 3 个为功能性组成部分，2 个为非功能性概念学习或通用设备。

按照第一个方法来分析，第二步就是确定与 H_2/O_2 安全方面相关的法律、规范和标准给出的所有安全控制方法。CEA 技术报告列出了这些安全措施清单。项目步骤、成本范畴、安全类型(通用或专用于 H_2/O_2)、控制方法归类以及其他后期分析方法都在此步骤中给出了明确的界定。

该方法的第三步就是按费用类型(投资、运营和维护)收集成本数据。如果一些费用不在清单中,比如一般技术经济研究的非安全成本,那么它们也需要像第二步中的安全措施一样先列出清单。本研究针对 MYRTE 项目,如果某些费用未知(运营成本等),那么可以使用经济假设。

该方法的第四步,也是最后一步,主要是将安全成本研究整合到 MYRTE 项目的一般技术经济研究中,并进行结果分析。为此,需要采用水平化方法。

11.3.4　水平化方法

一般来说,技术经济研究旨在提供不同项目之间的比较指标。采用的方法是总的水平化成本,这要考虑一段时间内的现资金流。此方法包括确定整个安装寿命期间的平均生产成本。在特定的 MYRTE 实例中,该方法用来确定案例每千瓦·时生产或接入电网的成本或每千克氢的生产成本。

支出定义为式(11.1)。

$$Spending = \sum_{k=-n}^{N-1} \frac{I_k + O_k + M_k}{(1+a)^k} \tag{11.1}$$

式中:N——运行年限(本研究取 $N=20$ 年);

n——构思和建造的年数(本研究为 $n=1$ 年);

I——投资(欧元);

O——运行(欧元);

M——维护(欧元);

a——水平化率(%)(本研究中 $a=8\%$,由电力生产企业的资本金构成)。

运行成本主要与易耗品、人工和费用有关。本研究所考虑的费用是与土地税和工业危害相关的工业税相对应的费用。

收入是确定水平化总成本所必需的,其计算方法是按初始生产年 $k=0$ 的差值相同的方式来进行的。收入还取决于水平化率。收入的计算考虑了能源的平均水平化销售价格,如式(11.2)所示。

$$Income = p \cdot \sum_{k=0}^{N-1} \frac{E_k}{(1+a)^k} \tag{11.2}$$

式中,p 是能源的平均水平化销售价格。然后,计算总水平化成本(LEC),如支出等于收入时,可推导出式(11.3)。

$$LEC = p = \frac{\sum_{k=-n}^{N-1} \frac{I_k + O_k + M_k}{(1+a)^k}}{\sum_{k=0}^{N-1} \frac{E_k}{(1+a)^k}} \tag{11.3}$$

式中,E_k 是 k 年期间接入电网的电能。

11.4 应用于 MYRTE 平台的安全成本估算

11.4.1 假设和成本数据收集

MYRTE 项目的早期阶段，必须对预期的设施更换、运行和维护成本进行假设。设施更换成本以设备寿命为基础，主要占投资费用的 80% 左右。如果设备期限未知，默认寿命等同于项目批准期：基础设施为 20 年，重型设备为 10 年，中型设备为 7 年，易碎设备（如传感器等）为 5 年。出于工效学的原因，设施更换成本按年度计算。一项比较研究表明，使用默认寿命时，年化方法与实际的偏差小于 4%。

运行成本主要包括人工和电气设备维护的开销。对于非安全设备，还要考虑耗水量。人工包括定期清洁（208 h/年，20.52 v/h）、2 名全职技术人员（1607 h/年，每个 32.40 v/h）和 1 名全职工程师（1607 h/年，60.30 v/h）。所有人工费用还包括雇主的费用。电气设备运行成本取决于设备年损耗量和运行维护时间。

维护成本按年度计算。如果未知，则按投资成本百分比计算，例如：基础设施为 0.5%，连续使用设备为 4%，其他为 3%。

大部分投资成本来自 MYRTE 平台的安装工程，包括构思、建造、安装和调试。其他投资成本来自外部研究，如安全培训或氢能生产授权（法国 ICPE 1415）。

11.4.2 研究结果分析

图 11.4 显示了全球 MYRTE 费用和全球氢能供应链费用的安全成本比例。氢燃料供应链包括生产、储存和氢能利用。图 11.4 显示，氢能安全成本占全球氢链成本的 10%，占全球 MYRTE 项目成本的 5%。一般安全成本（全球 MYRTE 成本的 5%）对应于工业中常用的基础设施和安全设备[入侵检测、防护、消防（如果与氢能无关）]。一般安全成本占 MYRTE 投资的 6%（氢能安全成本为 4%），这就是说 H_2 安全设施更换、运行和维护成本高于一般的安全成本。假设光伏板的发电量为 5 853 MW·h/年，燃料电池的发电量为 1 304 MW·h/年[分别由法国电力公司 EDF 购买 0.12 欧元/(kW·h) 和 0.30 欧元/(kW·h)]，则其光伏发电成本为 1.56 欧元/(kW·h)，氢能的发电成本为 52.06 欧元/kg。在光伏氢能一体化发电成本中，其安全成本为 0.08 欧元/(kW·h)，即相当于氢能 2.6 欧元/kg（占总成本的 5%）。

为了更好地理解 H_2 燃料安全成本的内涵，图 11.5 给出了按 20 年以上水平安全成本测度分布。此图显示了按 20 年以上水平研究的主要测度及其成本分布情况。这表明，2/3 的特定 H_2 燃料安全成本涉及最昂贵的钢筋混凝土板建成的储存区压力储罐建设费用（分别是 21%、26%，包括安全距离设计），其中储罐和管道的初始测试费用（超过 13%），集中化的技术管理和消防安全系统配套费用（分别是 9% 和 7%），装有氮气的惰化设备（6%）和法国 ICPE 批准的氢燃料生产相关费用（5%）。

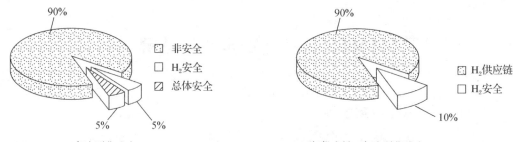

图 11.4　MYRTE 项目(左)和氢供应链(右)的安全成本比例

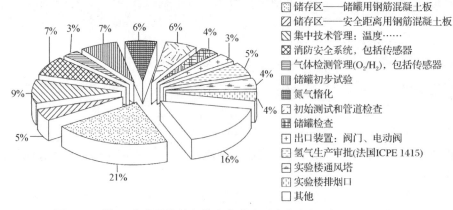

图 11.5　按 20 年水平化的氢能安全成本测度分布(总计 550 000 欧元)

为了进一步进行研究,图 11.6 给出了 20 年水平化下不同类型的氢能安全成本测度结果。从左上到右下分别为:按成本类型划分的安全成本测度(左上)、按控制手段划分的安全成本测度(右上)、按生产环节划分的安全成本测度(左下)和按经济再分配划分的成本测度(右下)。

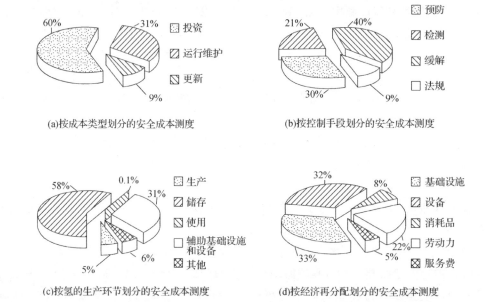

图 11.6　MYRTE 平台 20 年水平化下不同类型的氢能安全成本测度

图 11.6(b)显示预防和缓解措施花费是最昂贵的。按照投资测算,缓解措施尤其昂贵,这可以用储存区的钢筋混凝土板建设费用来解释(见图 11.5):通过减少储存面积或延长平台的使用寿命,可以将成本降至最低。一旦按 20 年水平化计,预防措施的成本是昂贵的,这是因为其费用大约占运行维护氢燃料安全成本的 52%,主要是由于有大量的惰性气体。通过减少储罐容积或通过对平台运行维护的信息反馈(更好的经验知识),可以采取预防措施将氢燃料安全成本降至最低。

图 11.6(c)显示储存是最昂贵的环节。使用的安全成本(即燃料电池)占 20 年水平化安全成本的 0.1%。这也代表了 H_2/O_2 探测器的安全成本。

图 11.6(d)显示基础设施和设备花费是最昂贵的。如果基础设施成本随着平台寿命的延长而降低,那么 MYRTE 平台的信息反馈或减少储罐数量将有助于使设备成本降至最低。如果他们按 20 年水平化计,氢燃料安全成本方面不能降低,那么服务费也是运行氢燃料安全成本所要考虑的重要组成部分,占年度氢燃料安全成本的 15%(运营成本的年度份额未在本图中表示)。对于安装规模更大的项目,这一服务费就更为重要了。

11.5 本章小结

MYRTE 项目的目标是证明氢能技术用于平滑间歇光伏发电的能力。该项目包括一个 560 kW 的光伏发电厂、一个 40 Nm^3/h 的质子交换膜电解槽(在 3.5 MPa 压强下产生活性气体)、氢气和氧气储存系统(分别为 3 920 Nm^3 和 1 960 Nm^3,在 3.5 MPa 加压下储存)以及一个 200 kW 的质子交换膜燃料电池。储氧是本项目的特点之一。MYRTE 项目用来储存来自电解槽的氧气,这样燃料电池系统就可以直接用纯氧供给,从而比氢气/空气系统效率更高。

本章研究的重点是 MYRTE 示范项目的氢能安全成本的形成机理,该项目的信息反馈给出了电厂建设获批过程和相应产生的延迟的有用信息。该项目还提供了一个评估氢氧安全成本的具体方法,这在技术经济研究中是一种创新。

本章提出的安全成本估算方法在 MYRTE 平台上的成功应用突出了氢能安全的主要成本,包括氢气和氧气的储存范围和运行维护,因此,将氢能安全的成本优化视为一项研究结果是可能的。经济效益是多方面的,包括:比较氢能供应链与其他类型的电力储存,比较不同的氢燃料储存方式,优化不同规模氢能系统的安全成本,或评估未来项目的安全成本。有关方法应用于 MYRTE 平台的真实数据还很难获取,如从每个环节中提取安全成本数据或区分专用氢能与通用氢能的安全成本数据。

这些信息反馈形成了一个相关的检查表,可用于将可再生电力生产与氢能供应链或其他储能方式进一步耦合的项目。

在今后的工作中,应该对储氢技术(压缩气体或氢化物)、储存压力、储罐尺寸和数量以及待储存的气体量的安全约束进行比较,而且还应该对未来光伏或风电大规模氢能系统的安全成本做进一步推断,其中值得探讨的一个有趣的问题是识别设计选择与风险降低成本的敏感性,以及演示并判别安全法规与标准设计实践所产生的成本。

12　基于目标规划的风电场项目安全投入决策优化模型研究

12.1　引言

风电作为一种可再生能源，是目前发展最快、技术较为成熟的新能源之一，受到世界各国的广泛关注。随着2005年《中华人民共和国可再生能源法》的实施，中国风电场的投资建设迅猛发展，到2016年，并网风电装机容量达到13 075万kW，超越美国，居世界首位。随着风电场装机容量的快速增长，由此引起的电力工程安全问题也日益凸显，如：2008年南方冰冻灾害造成大面积停电；日本福岛核电站受地震灾害造成大量人员伤亡，社会经济影响很大，至今未能完全恢复；江西风城电厂建设一次伤亡74人，经济财产损失严重。造成这些安全事故频发的原因可能是多方面的，如工程规划设计标准低、生产设备老化、所处环境恶劣、安全规范和应对措施不落实、组织管理松散、责任心不强等，但安全投入的不足也是造成这些事故的主要原因之一。由于风电本身的不稳定性，生产运营过程中安全投入的不足使得各种保障措施跟不上，还会造成风机停运，不能并网输送，甚至出现弃风限电、安全投入效果不佳等情况。

目前对于安全管理中的资金投入问题的研究，已取得重要进展。按照《中华人民共和国安全生产法》的规定："安全生产管理，必须坚持安全第一、预防为主的方针""生产经营单位应当具备安全生产条件所必需的资金投入，……"，风电企业在规划设计、建设、管理和运营维护过程中的足够安全投入是确保风电场安全生产和稳定运行的基础，也是构成电力生产成本的重要组成部分。

因此，合理地安排风电场的安全投入已成为提高安全生产水平和经济效益的重要因素[249]。特别是，当安全投入额度不能完全满足风电场的安全保障需求时，不同的费用组合将直接造成生产系统出现不同的安全效果，而且差异较大。本章将深入分析风电场安全投入要素中影响安全投入效果的主要因素[250]，并通过系统识别和定量测度方法确定合理的安全投入费用组合，使得企业有限的投入资金得到充分的利用，具有重要的理论意义和实用价值。

12.2 风电场安全投入与效果分析

12.2.1 风电场安全投入及其费用构成

这里所说的安全投入是指风电企业在生产经营活动过程中,为控制危险因素,消除事故隐患或危险源,提高作业安全系数所投入的人力、物力、财力、时间等各种资源的总和。风电企业安全投入的最终目的是保障风电场生产运营维护活动的正常开展和人员的生命财产安全,以创造一个正常的安全生产秩序和良好的运营作业环境,更好地实现企业的经营目标。为了提高风力发电系统的安全性,预防风电场各种事故的发生,其安全投入费用主要包括:安全设备及技术措施费、环境和生态的保护措施费、安全教育培训费、劳动防护用品费、日常安全组织管理费五大部分[127]。

12.2.2 风电场安全投入的特点

(1) 安全投入受法律法规的约束。《中华人民共和国电力法》规定电力企业应当加强安全生产管理,建立、健全安全生产责任制度,并定期对电力设施进行检修和维护,保证其正常运行。电力企业或者用户违反供用电合同,给对方造成损失的,应当依法承担赔偿责任。《供电服务监管办法(试行)》规定,电力企业向用户提供的电能质量必须符合国家标准或者电力行业标准,这就决定了风电场预算中必须做出一定的安全投入安排。

(2) 安全投入受用户结构的影响较大。不同地区其经济发展水平不同,电能需求量也不同,因而对供电可靠性的要求具有明显差异。经济不发达地区,电力需求量少,电力安全保障系统要求相对较低,可能造成弃风限电;而经济发达地区,电力需求量大,电力安全保护保障系统要求高,供电部门不得不增加安全投入来保障供电系统的安全可靠性。因此,用户结构的不同必然影响到电力安全投入的规模。

(3) 供电设施的质量和控制系统的安全保障水平对安全投入有直接的影响。如果整个供电系统的设计施工质量没有达到标准,则需要加大安全方面的投入予以弥补。相反,如果机电系统设计施工质量满足标准要求,设备运行状况良好,则安全方面的投入可以相对少些。

(4) 风电场的管理水平影响供电企业的安全投入。尽管法律法规规定安全投入是风电企业的义务,但风电企业追逐利润最大化目标的动机仍然是影响安全投入的重要因素。安全投入的收益虽然是多方面的,很难立竿见影,其安全产出具有间接性、滞后性、长效性等,因此,其领导意识、教育培训效果、安全管理制度、应急能力、免疫恢复能力等管理水平都会影响安全投入的规模。

12.2.3 安全投入效果及其度量

风电场的安全投入效果体现在多方面,包括电力设备安全、风电场建设过程安全、电力系统运营维护安全、劳动生产安全、人员自身的安全、自然环境安全等。其中,电力设备的安全可靠性虽然在出厂时就已经通过检验和验收，但还需要通过安装调试验收，比较复杂的是风电场建设过程安全及运营维护安全。

风电场项目具有较好的增值潜力，其合理的安全投入也会带来非常可观的收益。根据其安全特性，一般情况下，项目的安全投入需要考虑风电场本身的安全性，同时也要考虑外部条件的安全性，主要考虑影响风电场经济收益的利润空间和不利因素。

根据美国著名数学家柯布和经济学家道格拉斯共同提出的产出与投入的关系，对于2个投入要素产生的效益，可以用数学函数(12.1)来描述这种关系[185]。

$$Y = AK^\alpha L^\beta \tag{12.1}$$

式中：Y——安全产出，包括增值产出和减损产出（亿元）；

A——安全生产水平系数，$A>0$；

K——安全投入资金（亿元）；

L——安全投入劳动力（万人）；

α——安全投入资金的产出弹性系数，$\alpha = \frac{\partial Y}{\partial K} \times \frac{K}{Y}$，表示当资金投入增加1%时，产出平均增长 $\alpha\%$；

β——安全投入劳动力的产出弹性系数，$\beta = \frac{\partial Y}{\partial L} \times \frac{L}{Y}$，表示当劳动力投入增加1%时，产出平均增长 $\beta\%$。

上式属于C-D生产函数模型的基本形式，其中投入的生产要素 L 和 K 之间存在着替代性，即要达到相同的经济效果，可以通过增大（减少）K 的投入或减少（增大）L 的投入。

生产经营的投资效益主要表现为利润的增加，而安全投入的效果则具有多样性。从安全投入的特点来看，其安全投入效果主要表现为间接性、滞后性、长效性、多样性和潜在性。风电场的安全投入，在消除事故隐患的同时，也减少了事故的经济损失，最直接效果体现在"减损"和"增值"两方面，间接表现为保障电力系统稳定运行和有效的发电收益。项目安全减损（伤亡和财产损失），不是直接体现在实施安全措施的过程中，而是在事故发生之时或之后才体现出其价值和作用，因而表现为滞后性；安全投入考虑的是安全措施在功能寿命期内有效，之后还会持续或间接发挥作用，表现为长效性；风电场的安全活动对电力系统的运营维护，确保新能源电力的稳定供应，能够通过多种形式促进社会和谐和经济的发展，在保障正常生产、保护人员安全健康的同时，也促进社会节能减排和可持续发展等，这就是安全投入效果的多效性；合理的安全投入并不能使安全措施的经济效果直接从其本身的功能中表现出来，而是潜在于风电场安全管理的全过程和电力系统的稳定运行之中，这就是安全投入效果的潜在性。

合理的安全投入不仅能够带来经济效益，还会带来巨大的非经济效益，包括社会效益和技术效益，如人的生命、健康、社会稳定等，一般不能直接货币化。但是，可以通过安全投入影响因素的识别，寻找安全事故的社会经济影响程度，从而对安全投入效果进行量化处理，由此对安全做出全面、精确的评价或预测。实际上，风电场安全投入与产出之间并不完全符合式(12.1)中的2个要素关系，而应该是多要素、非线性的关系。按照经济学理论，各种生产现象之间存在着某种数量关系，这种数量关系可以用各要素间的函数关系来表示，并通过求解方程的方式来找到它们之间的最优解。本章根据风电场安全绩效的具体要求,将经济投入的边际效用函数作为安全投入效果的度量。

12.3 风电场安全投入多目标决策模型构建

12.3.1 风电场安全投入决策模型构建

风电场安全投入决策模型是通过电力系统所达到的安全效果与其消耗的资源之间的比较,把各项安全投入费用与系统的各种性能要素联系起来,以安全效果的边际效用作为系统的效果指标,建立模型并求解。具体步骤如下:

第一步,对风电场安全系统进行功能分解,可按"安全效果—系统要素(效能指标)—投入项目",把"安全效果"通过"系统要素"细化到具体投入的项目上。

第二步,提出安全投入的具体措施,并根据风电场安全系统各要素功能的改善状况,以边际效用作为安全投入效果的度量。

第三步,确定风电场正常运行的安全水平,建立安全投入决策的目标规划模型并求解模型,并确定安全投入的最优组合。

12.3.2 风电场安全系统结构

风电场安全系统由发电、输电、并网接入系统等多个部分组成,包括设计、安装施工、运行维护等多个环节,其管理的一项基本原则就是要确保安全生产。从系统的角度来看,要实现风电场的规划设计、安装施工、运行维护的安全生产,必须保证风电场项目全寿命周期控制技术和管理的安全可靠性,使其能够达到提高电力生产质量、消除隐患、预防意外事故发生的目的。

从系统结构上来看,风电场是一个复杂系统,其电力生产主要由人、机和环境所构成:人的因素比较复杂,包括人员、组织管理、教育培训、法律规章制度、信息管理等;机的因素(即物的因素),包括机电设备、材料、生产工具、电气系统、安全装置、保护用品、通信系统、贮存与运输等;环境因素,包括工作环境、自然生态环境、气候变化、灾害环境、噪声、通风等,这些都是构成安全生产系统的基本要素。

由于风电场的安全投入项目、系统安全要素与安全投入效果之间的关系非常复杂,特别是安全事故的发生具有随机性和突发性,不容易被人们直观发现和预测,因而难以识别安全要素与安全投入效果之间的直接关系。风电场安全生产系统的投入、产出及安全状况的优劣除了与生产过程中诸要素的技术和管理水平有关,还取决于风电场安全生产系统各要素的组合方式,不同的投入组合会产生不同的安全效果。

针对风电场安全系统的复杂性,我们将人、机、环境构成的安全系统分解为安全技术措施(X_1)、生态环境措施(X_2)、安全教育培训(X_3)、劳动防护用品(X_4)、安全组织管理(X_5)五个项目安排投入费用,形成风电场安全投入组合,分别从不同的角度对风电场人、机、环境各要素的安全效果进行分析,并建立由"安全效果—系统要素—投入项目"构成的递阶层次结构(图12.1)。

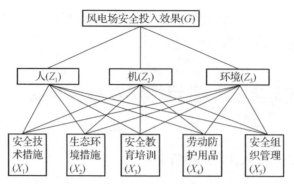

图 12.1 安全投入效果的递阶层次结构

12.3.3 确定各层次的权重

从风电场的安全系统结构来看,影响其安全效果的因素众多,这些因素既有显性的又有隐性的,有定性的又有定量的,而且各影响因素之间的差异也比较大,很难用一个统一的模型来衡量。为了反映投入项目组合对风电场安全效果的影响,需要引进权系数,即权重向量。权重的确定直接影响到安全效果评价的有效程度,是决策问题的关键。评判准则因人而异和信息不完整,导致权重的确定含有较大的主观随意性,当细分评价等级时,由于获取信息的局限性,评价者往往很难给出一个确定的权重,这就使得权重具有明显的不确定性。

Saaty 提出的层次分析法(Analytical Hierarchy Process,AHP)是一种定性与定量分析的方法,适用于多准则、多目标复杂系统的决策问题,是确定递阶层次结构权重的有效方法。

按照层次分析法的递阶层次结构,决策者可以根据电网企业的生产状况、发展战略以及系统的安全性等信息,给出各层次每种因素相对重要性的判断值,分别建立起系统安全效果对安全要素 $G-Z_i(i=1,2,\cdots,m)$ 和安全要素对投入项目 $Z_i-X_j(i=1,2,\cdots,m;j=1,2,\cdots,n)$ 的判断矩阵,并通过一致性检验,分别计算出各层权重,见式(12.2)和式(12.3):

$$W_j=(w_{1j},w_{2j},\cdots,w_{mj}) \tag{12.2}$$

$$W=(w_{ij})_{m\times n} \tag{12.3}$$

12.3.4 安全投入目标规划模型

Charnes,Cooper 和 Ferguson 首先提出了目标规划的思想,Ijri 在 *Management Goals and Accounting for Control* 一书中引入了优先因子(Preemptive Priority Factors)及权重,从而为解决多目标决策问题提供了一种有效方法。按照这一思想可以把风电场安全投入决策中不同层次的目标转变成不同等级的目标,从而建立目标规划模型,该方案对解决风电场安全投入效果具有重要意义[20-21]。

假设给定的某风电场安全投入总费用为 s,安全投入的子项目包括安全技术措施、生态环境措施、安全教育培训、劳动防护用品、安全组织管理,子项目的投入费用分别是 $s_j(j=1,2,\cdots,n)$,这里 n 取 5,则其安全投入总费用按式(12.4)计算。

$$s'=\sum_{j=1}^{n}s_j \tag{12.4}$$

若 $s\geqslant s'$,说明投入费用充足,则可按需进行分配;若 $s<s'$,则投入费用不足,即存在供不

应求的情况,这时需要科学决策,按照风电场的安全需求来分配投入费用,以最大限度地改善人、机、环境等方面的安全效能,提高风电场的安全投入效果。

根据风电场安全投入的特点,其目标函数设计为:假设各类安全投入子项目的费用分配数额 $x_j(j=1,2,\cdots,n)$ 为决策变量,将改善风电场人、机、环境等 m 个方面的安全用需求的短缺数额作为安全投入的负偏差变量 $d_i^-\geqslant 0(i=1,2,\cdots,m)$,而正偏差变量 $d_i^+=0(i=1,2,\cdots,m)$,目标是各投入子项目形成的安全费用与风电场安全需求的差达到极小化,如式(12.5)所示。

$$\min Z = \sum_{i=1}^{m} w_i d_i^- \tag{12.5}$$

按照这一模式,其约束条件可以分为 3 类:

(1) 决策变量 $x_j(j=1,2,\cdots,n)$ 为各类安全子项目的实际投入费用,在供不应求的情况下,不会超过其各自的需求数额,因此,需要满足一定的基本要求,见式(12.6)。

$$k_j s_j \leqslant x_j \leqslant s_j (j=1,2,\cdots,n) \tag{12.6}$$

式中:$0\leqslant k_j \leqslant 1(j=1,2,\cdots,n)$——各子项目最低安全费用需求系数。

$x_j \geqslant 0(j=1,2,\cdots,n)$。

(2) 安全技术措施、生态环境措施、安全教育培训、劳动防护用品、安全组织管理等子项目的安全费用总和不会超过风电场安全投入总额,见式(12.7)。

$$\sum_{j=1}^{n} x_j \leqslant s \tag{12.7}$$

(3) 风电场的安全效果是通过具体的子项目来实现的,每一子项目的投入费用通过系统的安全要素产生安全效果。风电场的安全效果除了与各子项目的实际投入的费用额度有关外,还取决于各子项目安全要素对安全效果的贡献率。因此,我们将每个安全要素的投入费用乘以一个权重系数 $w_{ij}(i=1,2,\cdots,m;j=1,2,\cdots,n)$,以其投入费用之和再加上一个短缺费用 $d_i^-(i=1,2,\cdots,m)$ 来达到与系统安全需求之间的平衡,见式(12.8)。

$$\sum_{j=1}^{n} w_{ij} x_j + d_i^- = \sum_{j=1}^{n} w_{ij} s_j (i=1,2,\cdots,m) \tag{12.8}$$

根据上述假设,风电场安全投入决策的目标规划模型可以归纳为式(12.9)。

$$\min Z = \sum_{i=1}^{m} w_i d_i^-$$
$$\text{s.t.} \begin{cases} k_j s_j \leqslant x_j \leqslant s_j (j=1,2,\cdots,n) \\ \sum_{j=1}^{n} x_j \leqslant s \\ \sum_{j=1}^{n} w_{ij} x_j + d_i^- = \sum_{j=1}^{n} w_{ij} s_j (i=1,2,\cdots,m) \\ x_j \geqslant 0 (j=1,2,\cdots,n); d_i^- \geqslant 0 (i=1,2,\cdots,m) \end{cases} \tag{12.9}$$

12.4 风电场项目应用实例分析

某大型风电场项目一期工程总装机容量为 47.5 MW,首次选用单机容量为 2.5 MW、叶轮直径为 121 m 的陆上最大型号风机,采用预应力锚栓、反向平衡法兰、梁板式结构承台基础等新技术,同时按照有关规定比例,投入 100 万元用于安全费用,包括安全技术措施、生态环境措施、安全教育培训、劳动防护用品、安全组织管理等 5 个方面。根据安全投入的特点,决策者希望能够合理地确定每个投入项目的安全投入费用,让风电场项目有限的建设资金能够取得最佳的安全效果。为此,我们运用目标规划模型进行分析。

(1) 从风电场建设的安全性分析来看,安全投入项目涉及完全需求和基本需求两个方面。完全需求是指完全符合安全投入项目所需的费用数额,而基本需求则是指能够达到投入项目保证安全所需的最低基本投入数额,可以通过安全投入需求系数来表示。

以风电场安全教育培训的投入费用为例,其电力生产系统的最新技术展示了风电场的技术经济水平,这就要求企业操作人员具备更准确、熟练的分析、判断和反应能力。因此,需要加强对操作人员的选拔、培训,强化责任心教育,增强适应能力、反应能力模拟实训。经过初步测算,各项经费需求分别为 2 万元、6 万元、2 万元、5 万元、8 万元,共需 23 万元。即使不进行现场模拟实训,最低也需要经费 15 万元。其他类推,通过计算可知风电场在安全技术措施、生态环境措施、安全教育培训、劳动防护用品、安全组织管理等 5 个方面的投入需求分别为 50 万元、30 万元、10 万元、20 万元、10 万元,其安全总需求费用为 120 万元。很显然,投入资金存在 20 万元的缺口。要保证风电场安全的基本费用需求,各投入子项目的安全费用需求比例系数不能低于 80%、60%、70%、50%、80%。

(2) 对风电场进行安全性评价,并通过其指标体系安全效果的边际效用函数,参考类似项目的权重分配[24],计算出各层权重系数分别为:

$$w = (0.305, 0.437, 0.258)$$

$$W = \begin{bmatrix} 0.19 & 0.232 & 0.194 & 0.238 & 0.146 \\ 0.464 & 0.105 & 0.063 & 0.118 & 0.250 \\ 0.206 & 0.315 & 0.184 & 0.113 & 0.182 \end{bmatrix}$$

(3) 根据式(12.9)建立风电场安全投入目标规划模型如下:

$$\min Z = 0.305 d_1^- + 0.437 d_2^- + 0.258 d_3^-$$

$$\text{s.t.} \begin{cases} 40 \leqslant x_1 \leqslant 55 \\ 5 \leqslant x_2 \leqslant 10 \\ 18 \leqslant x_3 \leqslant 30 \\ 5 \leqslant x_4 \leqslant 10 \\ 8 \leqslant x_5 \leqslant 10 \\ x_1 + x_2 + x_3 + x_4 + x_5 \leqslant 100 \\ 0.19 x_1 + 0.23 x_2 + 0.19 x_3 + 0.24 x_4 + 0.15 x_5 + d_1^- = 24.62 \\ 0.46 x_1 + 0.11 x_2 + 0.06 x_3 + 0.12 x_4 + 0.25 x_5 + d_2^- = 31.84 \\ 0.21 x_1 + 0.32 x_2 + 0.18 x_3 + 0.11 x_4 + 0.18 x_5 + d_3^- = 25.67 \\ x_i \geqslant 0, i = 1, 2, 3, 4, 5; d_j^- \geqslant 0, j = 1, 2, 3 \end{cases}$$

(4) 利用 LINGO 软件对上述目标规划模型进行求解。LINGO 是 Linear Interactive and General Optimizer 的缩写,即"交互式的线性和通用优化求解器",功能十分强大,可以用于求解非线性规划,也可以用于一些线性和非线性方程组的求解等,其特色在于内置建模语言,可以提供多个内部函数,允许决策变量是整数(即整数规划,包括 0~1 整数规划),使用起来方便灵活,而且执行速度非常快,是求解优化模型的最佳选择。

利用 LINGO 软件求解的结果分别为 $x_1=55, x_2=5, x_3=23, x_4=7, x_5=10$。计算结果表明,在现有的安全投入总费用中,可以实现各投入费用的最优组合,从而比预估的 120 万元节约 20 万元,达到了较为理想的安全效果。

从风电场建设的实际情况来看,其安全费用按照各投入项目的最优组合决策,取得了较好的安全效果。风电场项目建设安全优质,规范有序,与同类型规模的风电场建设相比较,节约造价 3 000 万元以上,自投运以来,该项目发电利用小时、设备可利用率、场用电率、度电利润等各项主要经济、技术指标稳居区域第一,其中利用小时超区域平均 300 h 以上。这一安全效果也验证了风电场项目安全投入优化模型的适用性和有效性。

12.5 本章小结

风电场项目安全投入决策是生产决策的一项重要内容,安全成本的定量分析是决策科学化的重要基础。针对风电场建设安全投入的特点和具体管理实践,利用多目标规划思想建立风电场项目安全投入决策优化模型,通过实例分析,取得如下成果:

(1) 风电场安全投入决策优化模型的建立,将安全投入项目各指标与安全效果直接相联系,反映了风电场建设的安全效能需求。企业可以根据项目自身的安全现状构建不同的多目标优化模型。

(2) 风电场安全投入决策优化模型的求解可利用 LINGO 软件来实现。

(3) 实例分析表明,所求得的优化解是风电场投入项目安全费用的合理组合,能够使有限的安全投入费用取得最理想的安全效果,从而与实际情况更为相符,可作为同类型风电场确定安全投入项目的决策依据。

(4) 该模型可作为政府能源电力安全监管部门进行安全监督管理和风电场安全评价的重要手段,也是建立分布式新能源发电系统安全成本管理的辅助决策模型。

13 绿色风电场利益相关方安全投入策略博弈模型分析

13.1 引言

在全球加强节能减排的环境下,我国可再生能源发电飞速发展,其中风力发电的开发尤其引人关注,现已成为我国电力供应的重要来源之一。大量风电场的开发建设使得安全事故时有发生,造成停电、人员伤亡、设备损失以及环境污染等严重后果。例如:据国家能源局通报,2017 年 3 月青岛海西风电场项目施工过程中,1 人触电死亡;4 月某风电场又发生一起触电死亡事故;5 月内蒙古某风电场的线路跳闸致检修人员触电身亡;6 月山东乳山风电场的高空坠亡事故等,虽然出现安全问题的原因是多方面的,但安全投入不足、安全管理不到位是重要原因之一。

风电场项目安全绩效是指根据电力安全生产目标,电力生产利益相关者在安全管理方面所取得的可测量的结果,体现了职业健康安全管理体系对安全风险的控制效果。而完善和运转正常的职业健康安全管理体系需要足够的安全投入。显然,安全绩效与安全管理中的安全投入和安全成本控制密切相关,不同的安全行为,在安全投入和安全成本的控制方面有不同的选择策略,从而产生不同的安全绩效。

国内外对于安全绩效多从绩效评价指标和安全绩效影响因素等角度进行研究。Hinze 等[251]研究建筑行业工程中的安全策略与安全绩效的关系,根据大量样本安全措施清单分析,确定了 22 个基础安全指标和 14 项提高安全绩效的关键策略措施。Feng[244]收集了 47 个建筑项目的安全投资数据,使用双变量回归分析方法对安全绩效的影响进行了研究,并发现要取得更好的安全绩效,需要采取包括安全文化培养的综合性保障投入方式。梅强[20]研究了企业组织安全行为和员工安全行为对安全绩效的影响,并通过实证证明有效的安全预防行为和规范的企业组织安全行为有利于提升安全绩效。Morrow 等[252]抽取了 63 个核电站作为样本,侧重研究安全文化的影响,发现其与核电厂安全绩效有显著关系。梅强等[20]研究施工人员接受安全教育情况,相互交流以及各自表达所组建的社交网络,发现更好的交互模式和结构网络更有利于施工方安全管理,提高安全绩效。陈春[253]提出了 26 个安全绩效评价指标,利用层次分析法按权重排序,发现企业应该利用分级管理处理风险控制问题,并提出更广泛的安全绩效指标,认为职业安全和职业健康可降低职工工作场所安全风险。

在安全监管方面,煤矿领域相关研究成果较多。胡文国和刘凌云[254]通过煤矿安全监管中政府、煤矿企业和矿工的博弈分析，建立了三方的收益函数，提出了监管利益再分配对于提高监管效率的作用，并引入物联网加强安全监管，提出了网络化远程监测技术对于提高安全监管效果的有效性。Chen等[255]将煤矿安全监管按时间分成两个阶段，结合无偏灰色马尔科夫模型分析对安全生产的影响，通过研究安全监管工作的倦怠问题，揭示了常见职业倦怠形成的原因，提出了建立公共监管体系和安全监督评估体系的建议。在电力领域，Yan等[138]对我国电力安全监管预警系统进行了研究，确立了安全保护、现场控制和环境保护等18个二级指标，提出了建立基于相关学科理论和方法的安全监督预警系统的建议。王伟等[25]分析了我国核电安全监管所面临的挑战，结合国外的经验，提出了建立独立权威的监管机构、加快核安全立法、培养监管人才和推进信息公开等建议。目前，市场上出现了SoTower3.0电网安全监管一体化平台软件，该软件具备安全事故分析、安全隐患管理、安全监督管理、基础安全施工等8项功能，从而为提高电网安全监管效率提供了信息化支持，通过电网应用实例也证明其有效性。

智能电网下，分布式新能源发电的安全性得到了很大提升。在风电场与电网间的并网安全稳定方面，多数研究将重点放在控制技术上，李碧君等研究了大电网安全稳定协调防御系统的技术特点和应用功能，突出其提升控制电网安全运行的优点[138]。王昊昊等从大电网应对自然灾害的安全需求出发，提出自适应外部自然环境变化的安全防御系统的工程方案，进一步提升了大电网的稳定运行能力[15]。刘臣宾等（2010）从通信领域出发，利用风电场特殊的通信通道，建立了基于通用分组无线服务技术（GPRS）的风电场并网稳定控制系统，提升了风电场并网的安全稳定性[200]。苏剑等[256]研究了我国分布式光伏发电并网经济性评价，提出了不同光伏运营模式下的并网设计方案和成本效益计算模型。

综上所述，安全绩效的研究大多集中于建设工程和矿业工程领域，相对于智能电网下分布式新能源发电，并网技术的安全性研究相对更加成熟。分布式新能源发电的安全成本控制及其安全绩效研究尚不多见，特别是对于风电场安全绩效相关方面的研究，未见报道。风电场项目的安全绩效涉及电力监管部门、风电企业和风电并网的电网企业三个利益相关方。本章将从安全成本控制策略入手，基于利益相关方的博弈模型分析[257]，探讨风电场项目安全绩效的特征，并提出相应的对策措施。

13.2 模型的建立

13.2.1 基本假设及模型参数符号

假设1：博弈模型参与者为政府电力监管部门、风电企业和电网企业。与传统博弈模型不同的是，三者均为有限理性的"经济人"，且掌握的信息均为有限信息，参与者通过已掌握的信息选择策略，实现自己的利益最大化。

假设2：风电企业有进行安全投入与不进行安全投入或者安全投入不足两种策略。足够的安全投入需要较多安全成本，此时不会出现重大安全事故；不进行安全投入或安全投入不足,会使风电的安全保障不足,事故损失会增加。由于电网并网后安全问题影响力增大,电网企业接收绿色风电并网时的期望安全损失会高于电网企业不接收时。风电企业的收益为绿色风电并网安全输出电能所获得的收益,以及政府为鼓励新能源开发利用而对风电企业的补贴费用。显然,风电场的安全绩效与其安全投入及安全事故损失密切相关。

假设3:电力监管部门有监管与不监管两种策略选择。监管风电企业和电网企业的安全行为,对于绿色风电的生产、传输和利用具有重要意义。电力监管需要付出成本,做出惩罚或奖励的决策,且只要监管就必能发现风电企业安全投入是否充足和电网能否接收绿色风电。当风电场发生安全事故的概率增大时,电监部门会存在期望损失。电力监管部门的收益是风电安全并网和传输,以实现绿色能源的开发、利用,发挥其经济效益和社会效益。

假设4:电网企业有接收与不接收安全绿色风电两种策略,假设风电企业安全投入不充足时并网不安全运行概率会增大,电网企业接收绿色风电就会产生期望安全损失。

基于三方博弈模型的构建,选取符号表示模型所用相关参数,如表13.1所示。

表13.1 博弈模型参数及符号

	参数	参数含义
电力监管部门	x	选择监管策略的概率
	P_1	选择监管所获得的安全效用
	C_1	选择监管所付出的成本
	P_2	选择不监管所获得的安全效用
	C_2	选择不监管时事故概率增大导致的期望安全损失
风电企业	y	选择足够安全投入的概率
	P_3	足够安全投入时所获得的收益
	C_3	足够安全投入时所付出的成本
	R_1	足够安全投入时所获得的奖励
	P_4	安全投入不足时的收益
	C_4	安全投入不足时所付出的成本
	F_1	被电力监管部门发现安全投入不足时的惩罚
	C_7	电网企业不接收绿色风电时安全投入不足的期望安全损失
	C_8	电网企业接收绿色风电时安全投入不足的期望安全损失
	P_7	电网企业接收安全绿色风电时风电企业获得的绿色补贴

续表

参数		参数含义
电网企业	z	并网接收绿色风电的概率
	P_5	并网接收绿色风电的效用
	C_5	并网接收绿色风电所付出的成本
	R_2	并网接收绿色风电所获得的奖励
	C_9	接收绿色风电时的期望安全损失
	P_6	不接收绿色风电的效用
	C_6	不接收绿色风电付出的成本
	F_2	被电力监管部门发现未接收安全绿色风电的惩罚

根据博弈三方做出的不同策略可以形成多种策略组合(表13.2),从而得出相应的支付矩阵,以反映博弈各方在不同策略下的收益(表13.3)。

表 13.2 三方博弈矩阵表

电力监管部门监管(x)			
		风电企业	
		足够安全投入(y)	安全投入不足($1-y$)
电网企业	接收(z)	(S,W,G)	$(S,\overline{W},G)$
	不接收($1-z$)	$(S,W,\overline{G})$	$(S,\overline{W},\overline{G})$
电力监管部门不监管($1-x$)			
电网企业	接收(z)	$(\overline{S},W,G)$	$(\overline{S},\overline{W},G)$
	不接收($1-z$)	$(\overline{S},W,\overline{G})$	$(\overline{S},\overline{W},\overline{G})$

表 13.3 博弈三方收益表

策略组合	组合概率	电力监管部门	风电企业	电网企业
(S,W,G)	(x,y,z)	$P_1-C_1-R_1-R_2$	$P_3-C_3+R_1+P_7$	$P_5-C_5+R_2$
$(S,\overline{W},G)$	$(x,1-y,z)$	$P_1+F_1-R_2-C_1$	$P_4-C_4-F_1-C_8$	$P_5-C_5-C_9+R_2$
$(S,W,\overline{G})$	$(x,y,1-z)$	$P_1+F_2-C_1-R_1$	$P_3-C_3+R_1$	$P_6-C_6-F_2$
$(S,\overline{W},\overline{G})$	$(x,1-y,1-z)$	$P_1-F_1+F_2-C_1$	$P_4-C_4-F_1-C_7$	$P_6-C_6-F_2$
$(\overline{S},W,G)$	$(1-x,y,z)$	P_2	$P_3-C_3+P_7$	P_5-C_5
$(\overline{S},\overline{W},G)$	$(1-x,1-y,z)$	P_2-C_2	$P_4-C_4-C_8$	$P_5-C_5-C_9$
$(\overline{S},W,\overline{G})$	$(1-x,y,1-z)$	P_2	P_3-C_3	P_6-C_6
$(\overline{S},\overline{W},\overline{G})$	$(1-x,1-y,1-z)$	P_2-C_2	$P_4-C_4-C_7$	P_6-C_6

13.2.2 博弈三方的复制动态方程

电力监管部门选择监管的期望收益为 U_S，选择不监管的期望收益为 $U_{\bar{S}}$，平均期望收益为 U_{SS}，那么：

$$U_S = yz(P_1 - C_1 - R_1 - R_2) + (1-y)z(P_1 + F_1 - R_2 - C_1) + y(1-z)(P_1 + F_2 - C_1 - R_1) + (1-y)(1-z)(P_1 - F_1 + F_2 - C_1) \tag{13.1}$$

$$U_{\bar{S}} = yzP_2 + (1-y)z(P_2 - C_2) + y(1-z)P_2 + (1-y)(1-z)(P_2 - C_2) \tag{13.2}$$

$$U_{SS} = xU_S + (1-x)U_{\bar{S}} \tag{13.3}$$

复制子动态[257-258]为：

$$S(x) = \frac{\mathrm{d}x}{\mathrm{d}t} = x(U_S - U_{SS}) = x(1-x)(U_S - U_{\bar{S}})$$

$$= x(1-x)[(P_1 + F_1 - C_1 + F_2 - P_2 + C_2) - (F_1 + R_1 + C_2)y - (F_2 + R_2)z] \tag{13.4}$$

风电企业选择足够安全投入的期望收益为 U_W，选择安全投入不足的期望收益为 $U_{\bar{W}}$，平均期望收益为 U_{WW}，那么：

$$U_W = xz(P_3 - C_3 + R_1 + P_7) + (1-x)z(P_3 - C_3 + P_7) + x(1-z)(P_3 - C_3 + R_1) + (1-x)(1-z)(P_3 - C_3) \tag{13.5}$$

$$U_{\bar{W}} = xz(P_4 - C_4 - F_1 - C_8) + (1-x)z(P_4 - C_4 - C_8) + x(1-z)(P_4 - C_4 - F_1 - C_7) + (1-x)(1-z)(P_4 - C_4 - C_7) \tag{13.6}$$

$$U_{WW} = yU_W + (1-y)U_{\bar{W}} \tag{13.7}$$

复制子动态为：

$$W(y) = \frac{\mathrm{d}y}{\mathrm{d}t} = y(U_W - U_{WW})$$

$$= y(1-y)(U_W - U_{\bar{W}}) = y(1-y)[(P_3 - C_3 - P_4 + C_4 + C_7) + (R_1 + F_1)x + (P_7 + C_8 - C_7)z] \tag{13.8}$$

电网企业选择接收绿色风电的期望收益为 U_G，选择不接收绿色风电的期望效用为 $U_{\bar{G}}$，平均期望收益为 U_{GG}，那么：

$$U_G = xy(P_5 - C_5 + R_2) + (1-x)y(P_5 - C_5) + x(1-y)(P_5 - C_5 - C_9 + R_2) + (1-x)(1-y)(P_5 - C_5 - C_9) \tag{13.9}$$

$$U_{\bar{G}} = xy(P_6 - C_6 - F_2) + (1-x)y(P_6 - C_6) + x(1-y)(P_6 - C_6 - F_2) + (1-x)(1-y)(P_6 - C_6) \tag{13.10}$$

$$U_{GG} = zU_G + (1-z)U_{\bar{G}} \tag{13.11}$$

复制子动态为：

$$G(z) = \frac{\mathrm{d}z}{\mathrm{d}t} = z(U_G - U_{GG}) = z(1-z)(U_G - U_{\bar{G}})$$

$$= z(1-z)[(P_5 - C_5 - C_9 - P_6 + C_6) + (F_2 + R_2)x + C_9 y] \tag{13.12}$$

13.3 博弈模型分析

13.3.1 电力监管部门演化稳定策略分析

当 $S(x)=x(1-x)[(P_1+F_1-C_1+F_2-P_2+C_2)-(F_1+R_1+C_2)y-(F_2+R_2)z]=0$ 时,有2个稳定点:$x=0$,$x=1$。令 $s(y,z)=(P_1+F_1-C_1+F_2-P_2+C_2)-(F_1+R_1+C_2)y-(F_2+R_2)z$。

令

$$\sigma_y = \frac{(P_1+F_1-C_1+F_2-P_2+C_2)-(F_2+R_2)z}{F_1+R_1+C_2} \tag{13.13}$$

$$\sigma_z = \frac{(P_1+F_1-C_1+F_2-P_2+C_2)-(F_1+R_1+C_2)y}{F_2+R_2} \tag{13.14}$$

若 $y=\sigma_y$ 或 $z=\sigma_z$,$S(x)\equiv0$,则 x 在整个区间均稳定。

由于演化稳定策略需要满足 $\frac{\partial S(x)}{\partial x}<0$,则:

$$\frac{\partial S(x)}{\partial x}=(1-2x)s(y,z) \tag{13.15}$$

由于 $0<y<1$,$0<z<1$,则:

$$s(y,z)<P_1+F_1-C_1+F_2-P_2+C_2$$

(1) 当 $P_1+F_1-C_1+F_2-P_2+C_2<0$ 时,$s(y,z)<0$,$\frac{\partial S(x)}{\partial x}\bigg|_{x=0}<0$,$x=0$ 为演化稳定策略。可知在此种情况下,监管收益为除去监管成本后获得的社会效益与惩罚金,该收益小于不监管时的收益,电力监管部门不会选择监管,此时,风电企业与电网企业的策略选择并不影响电力监管部门。

(2) 当 $P_1+F_1-C_1+F_2-P_2+C_2>0$ 时,分析 y、z 对 x 的影响。

① $y>\sigma_y$,则 $\frac{\partial S(x)}{\partial x}\bigg|_{x=0}<0$,$\frac{\partial S(x)}{\partial x}\bigg|_{x=1}>0$,$x=0$ 为演化稳定策略;$y<\sigma_y$,则 $\frac{\partial S(x)}{\partial x}\bigg|_{x=0}>0$,$\frac{\partial S(x)}{\partial x}\bigg|_{x=1}<0$,$x=1$ 为演化稳定策略,即 y 增大会使得 x 的策略由1趋向0。由此可知,随着风电企业投入充足安全成本的概率增大,电力监管部门将更放心,选择监管的概率减小。

② $z>\sigma_z$,则 $\frac{\partial S(x)}{\partial x}\bigg|_{x=0}<0$,$\frac{\partial S(x)}{\partial x}\bigg|_{x=1}>0$,$x=0$ 为演化稳定策略;$z<\sigma_z$,则 $\frac{\partial S(x)}{\partial x}\bigg|_{x=0}>0$,$\frac{\partial S(x)}{\partial x}\bigg|_{x=1}<0$,$x=1$ 为演化稳定策略,即 z 增大也会使得 x 的策略由1趋向0。同理,电网企业选择接收绿色风电并网的可能性越大,电力监管部门也更有可能选择不监管。

(3) 在 xyz 坐标系中,条件约束 $0<x<1$,$0<y<1$,$0<z<1$ 组成了博弈三方策略空间,$s(y,z)=0$ 为平面 α,如图13.1所示,截距为 λ_1,λ_2。当 $[x \ y \ z]$ 策略组合处于平面 α 上方

时,$\frac{\partial S(x)}{\partial x}\big|_{x=0}<0$,电力监管部门演化稳定策略为 $x=0$,选择不监管;当 $[x\ y\ z]$ 策略组合处于平面 α 下方时,电力监管部门演化稳定策略为 $x=1$,选择监管。

$$\lambda_1=\frac{P_1+F_1-C_1+F_2-P_2+C_2}{F_1+R_1+C_2} \tag{13.16}$$

$$\lambda_2=\frac{P_1+F_1-C_1+F_2-P_2+C_2}{F_2+R_2} \tag{13.17}$$

当 C_1 增大时,λ_1、λ_2 减小,上部空间增大,即随着安全监管成本的增加,电力监管部门会有更大概率选择不监管。

当 $\lambda_1<1, \lambda_2<1$ 时,下部空间体积为:

$$V_下=\frac{1}{2}\cdot 1 \cdot \lambda_1 \cdot \lambda_2=\frac{(P_1+F_1-C_1+F_2-P_2+C_2)^2}{2(F_1+R_1+C_2)(F_2+R_2)} \tag{13.18}$$

对其求 C_2 的偏导,得:

$$\frac{\partial V_下}{\partial C_2}=\frac{(P_1+F_1-C_1+F_2-P_2+C_2)(F_2+R_2)[2(F_1+R_1+C_2)-(P_1+F_1-C_1+F_2-P_2+C_2)]}{2(F_1+R_1+C_2)^2(F_2+R_2)^2}$$
$$>0 \tag{13.19}$$

当 C_2 增大时,下部空间会增大,即当不监管带来的安全事故风险增大导致期望安全损失增大时,电力监管部门会更趋向于选择监管策略。

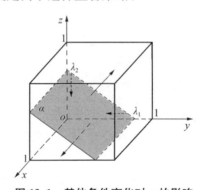

图 13.1 其他条件变化对 x 的影响

当前我国的电力监管体制尚不完善,相关法律法规并不健全,电力监管职能不够明确,导致监管成本较高,也导致出现安全问题后社会效益的损失未归至监管部门。对于电力监管部门而言,监管成本居高不下,这不监管的期望损失并不大,使得其没有更好地担负监管职责。所以,一方面国家应加强生态文明建设和促进绿色能源发展,从而提高电力监管部门监管的社会效益;另一方面应该加快电力监管体制改革,完善监管结构和监管程序,优化电力监管成本,同时要平衡与风电企业和电网企业之间的关系,形成良好的博弈形势。

13.3.2 风电企业演化稳定策略分析

当 $W(y)=y(1-y)[(P_3-C_3-P_4+C_4+C_7)+(R_1+F_1)x+(P_7+C_8-C_7)z]=0$ 时,有 2 个稳定点:$y=0, y=1$。令 $w(x,z)=(P_3-C_3-P_4+C_4+C_7)+(R_1+F_1)x+(P_7+C_8-C_7)z$。

令：

$$\eta_x = -\frac{(P_3-C_3-P_4+C_4+C_7)+(P_7+C_8-C_7)z}{R_1+F_1} \quad (13.20)$$

$$\eta_z = -\frac{(P_3-C_3-P_4+C_4+C_7)+(R_1+F_1)x}{P_7+C_8-C_7} \quad (13.21)$$

若 $x=\eta_x$ 或 $z=\eta_z$，$W(y)\equiv 0$，则 y 在整个区间均稳定。

由于达到演化稳定策略需要满足 $\frac{\partial W(y)}{\partial y}<0$，则：

$$\frac{\partial W(y)}{\partial y}=(1-2y)w(x,z) \quad (13.22)$$

由于 $0<x<1$，$0<z<1$，则：

$$w(x,z)<(P_3-C_3-P_4+C_4+C_7)+(R_1+F_1)+(P_7+C_8-C_7) \quad (13.23)$$

(1) 当 $(P_3-C_3-P_4+C_4+C_7)+(R_1+F_1)+(P_7+C_8-C_7)<0$，即 $P_3-C_3+R_1+P_7<P_4-C_4-F_1-C_8$ 时，则 $w(x,z)<0$，$\frac{\partial W(y)}{\partial y}\big|_{y=0}<0$，$y=0$ 为演化稳定策略。当风电企业选择投入充足安全成本的收益小于不充足时的收益时，无论电力监管部门和电网企业监管与接收与否，风电企业选择的最终稳定策略是安全投入不充足。

(2) 当 $P_3-C_3+R_1+P_7>P_4-C_4-F_1-C_8$ 时，分析 x、z 对 y 的影响。

① $x>\eta_x$，则 $\frac{\partial W(y)}{\partial y}\big|_{y=1}<0$，$\frac{\partial W(y)}{\partial y}\big|_{y=0}>0$，$y=1$ 为演化稳定策略；$x<\eta_x$，则 $\frac{\partial W(y)}{\partial y}\big|_{y=1}>0$，$\frac{\partial W(y)}{\partial y}\big|_{y=0}<0$，$y=0$ 为演化稳定策略，即 x 增大会使 y 的策略由 0 趋向 1。随着电力监管部门选择监管的概率增大，风电企业也会更趋向于投入充足安全成本。

② $z>\eta_z$，则 $\frac{\partial W(y)}{\partial y}\big|_{y=1}<0$，$\frac{\partial W(y)}{\partial y}\big|_{y=0}>0$，$y=1$ 为演化稳定策略；$z<\eta_z$，则 $\frac{\partial W(y)}{\partial y}\big|_{y=1}>0$，$\frac{\partial W(y)}{\partial y}\big|_{y=0}<0$，$y=0$ 为演化稳定策略，即 z 增大也会使 y 的策略由 0 趋向 1。电网企业选择接收绿色风电的概率越大，风电企业的安全投入也会有更大概率是充足的，因为风电企业会因为电网企业接收绿色风电而获得更好的效益。

(3) 在 xyz 坐标系中，$w(x,z)=0$ 为平面 β，如图 13.2 所示，截距为 λ_3、λ_4。当 $[x \ y \ z]$ 策略组合处于平面 β 上方时，$\frac{\partial W(y)}{\partial y}\big|_{y=1}<0$，风电企业演化稳定策略为 $y=1$；当 $[x \ y \ z]$ 策略组合处于平面 β 下方时，风电企业演化稳定策略为 $y=0$。

$$\lambda_3=\frac{-P_3+C_3+P_4-C_4-C_7}{R_1+F_1} \quad (13.24)$$

$$\lambda_4=\frac{-P_3+C_3+P_4-C_4-C_7}{P_7+C_8-C_7} \quad (13.25)$$

当 R_1 或 F_1 增大时，λ_3 减小；当 P_7 或 C_8 增大时，λ_4 减小，上部空间均增大，即随着对风电企业的奖励或惩罚增大，或是电网企业接收绿色风电获得的补贴、期望安全损失增大，风电企业会有更大概率选择投入充足的安全成本；当 C_3 增大或 C_4 减小时，λ_3、λ_4 增大，上部空间减小,风电企业投入的充足安全成本增加会使得充足安全投入策略的收益减小,风电企业会更倾向于选择不会投入充足安全成本。

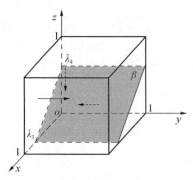

图 13.2 其他条件变化对 y 的影响

风电企业的策略选择以收益为导向,所以需要各种调控措施促使其自发趋向于投入充足的安全成本。满足 $P_3-C_3+R_1+P_7>P_4-C_4-F_1-C_8$,电力监管部门可以加大对风电企业的安全投入充足的奖励或不充足的惩罚,电网可以提高绿色风电补贴,风电企业应该优化安全成本,提高安全投入充足时的收益。

13.3.3 电网企业演化稳定策略分析

当 $G(z)=z(1-z)[(P_5-C_5-C_9-P_6+C_6)+(F_2+R_2)x+C_9y]=0$ 时,有 2 个稳定点:$z=0,z=1$。

令:

$$\rho_x=-\frac{(P_5-C_5-C_9-P_6+C_6)+C_9y}{F_2+R_2} \tag{13.26}$$

$$\rho_y=-\frac{(P_5-C_5-C_9-P_6+C_6)+(F_2+R_2)x}{C_9} \tag{13.27}$$

$$g(x,y)=(P_5-C_5-C_9-P_6+C_6)+(F_2+R_2)x+C_9y \tag{13.28}$$

若 $x=\rho_x$ 或 $y=\rho_y$,$G(z)\equiv0$,则 z 在整个区间均稳定。

由于演化稳定策略需要满足 $\frac{\partial G(z)}{\partial z}<0$,则:

$$\frac{\partial G(z)}{\partial z}=(1-2z)g(x,y) \tag{13.29}$$

因为 $0<x<1,0<y<1$,则:

$$g(x,y)<P_5-C_5-P_6+C_6+F_2+R_2 \tag{13.30}$$

(1) 当 $P_5-C_5-P_6+C_6+F_2+R_2<0$ 时,$P_5-C_5+R_2<P_6-C_6-F_2$,$g(x,y)<0$,$\left.\frac{\partial G(z)}{\partial z}\right|_{z=0}<0$,$z=0$ 为演化稳定策略。当电网企业不接收绿色风电的最小收益大于接收的最大收益时,无论电力监管与否,电网企业会选择不接收绿色风电策略。

(2) 当 $P_5-C_5-P_6+C_6+F_2+R_2>0$ 时,分析 x,y 对 z 的影响。

① $x>\rho_x$,则 $\left.\frac{\partial G(z)}{\partial z}\right|_{z=1}<0,\left.\frac{\partial G(z)}{\partial z}\right|_{z=0}>0,z=1$ 为演化稳定策略;$x<\rho_x$,则 $\left.\frac{\partial G(z)}{\partial z}\right|_{z=1}>0$,$\left.\frac{\partial G(z)}{\partial z}\right|_{z=0}<0,z=0$ 为演化稳定策略,即 x 增大会使 z 的策略由 0 趋向 1。随着电力监管部门选择监管的概率增大,电网企业会更趋向于接收绿色风电。

② $y>\rho_y$,$\left.\frac{\partial G(z)}{\partial z}\right|_{z=1}<0,z=1$ 为演化稳定策略;$y<\rho_y$,$\left.\frac{\partial G(z)}{\partial z}\right|_{z=0}<0,z=0$ 为演化稳定策略,即 y 减小会使 z 的策略由 1 趋向 0。这说明当风电场选择不充足的安全投入策略的概率增大时,电网企业会选择不接收绿色风电的策略来保证减少损失。

(3) 在 xyz 坐标系中,$g(x,y)=0$ 为平面 γ,如图 13.3 所示,截距为 λ_5、λ_6,

$$\lambda_5=\frac{-P_5+C_5+C_9+P_6-C_6}{F_2+R_2} \quad (13.31)$$

$$\lambda_6=\frac{-P_5+C_5+C_9+P_6-C_6}{C_9} \quad (13.32)$$

在图 13.3 中,当 $[x\ y\ z]$ 策略组合处于空间 I 时,$z=0$ 为演化稳定策略;当 $[x\ y\ z]$ 策略组合处于空间 II 时,$z=1$ 为演化稳定策略。当 R_2 或 F_2 增大时,λ_5 减小,空间 I 变小,电力监管部门对不接收绿色风电的惩罚加重,电网企业会趋向于选择接收策略;当 C_5 减小或 C_6 增大时,λ_5、λ_6 减小,空间 I 减小,所以,当接收绿色风电的安全成本减小或不接收的策略成本增大时,不接收绿色风电的收益减少会使得电网企业更趋向于选择接收绿色风电。

由于空间 I 的体积为:

$$V_{\mathrm{I}}=\frac{1}{2}\cdot 1\cdot\frac{(-P_5+C_5+C_9+P_6-C_6)^2}{C_9(F_2+R_2)} \quad (13.33)$$

对其求 C_9 的偏导得:

$$\frac{\partial V_{\mathrm{I}}}{\partial C_9}=\frac{(-P_5+C_5+C_9+P_6-C_6)(R_2+F_2)(C_9+P_5-C_5-P_6+C_6)}{2C_9^2(R_2+F_2)^2}>0 \quad (13.34)$$

当 C_9 增大时,V_{I} 也增大,即随着接收绿色风电的期望损失的增加,电网企业会选择不接收作为稳定策略。正确控制期望损失,能够引导电网企业选择接收绿色风电策略。

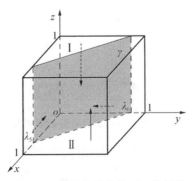

图 13.3 其他条件变化对 z 的影响

实现发展绿色能源的目标体现在电网企业接收绿色风电并网,所以提高电网企业接收绿色风电的收益,促进电网企业主动采取接收策略是关键。要保证 $P_5-C_5+R_2>P_6-C_6-F_2$,政府可以提高奖励和惩罚额度,制定差价定价方法,提升电网企业的绿色风电收益,促使其加强并网的安全技术研究,优化接收绿色风电并网成本,推广绿色能源,引导用户使用清洁能源。

13.4 风电场项目实例 Matlab 仿真分析

通过数值模拟能够更加清楚地看到博弈三方的演化以及各条件参数对博弈参与者的演化策略的影响。假设电力监管部门效用 $P_1=3,P_2=2$,成本 $C_1=2,C_2=3$;风电企业充足投入各项参数为 $P_3=9,C_3=5,R_1=1$,不充足投入各项参数为 $P_4=10,C_4=1,F_1=1.5,C_7=3,C_8=5,P_7=1$;电网企业接收绿色风电各项参数为 $P_5=5,C_5=3,R_2=0.5,C_9=3$,不接收各项参数为 $P_6=2,C_6=0.5,F_2=1$。

(1) 此三方博弈没有演化稳定均衡解。通过计算可知,该博弈模型存在 10 个局部均衡解,分别为[0 0 0],[0 0 1],[0 1 0],[0 1 1],[1 0 0],[1 0 1],[1 1 0],[1 1 1],[4 59 110],[13/4 867/96 127/288]。通过 Matlab 仿真分析发现这些局部均衡解有些并不能达到统一的演化稳定,当初始策略为局部均衡解时,演化稳定可以维持对应的局部均衡解,但若某些策略出现突变情况,则演化稳定会被打破达到另一个演化稳定情况或者出现振荡。如图 13.4 所示,初始策略[0 0 0]在 $0<t<20$ 时处于稳定均衡状态,在 $t=20$ 时 x 与 y 突变为 0.01 后演化稳定被打破形成振荡,风电企业和电力监管部门的策略选择在相互影响,形成周期变化,一直无法达到演化稳定均衡。这说明此三方演化博弈不存在演化稳定均衡状态。

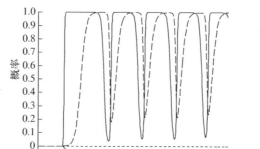

图 13.4 策略 x 与 y 出现突变后形成的振荡图

(2) 动态演化过程中,绿色风电项目利益相关方的策略变化均会影响另外两方的策略变化,仿真分析三方策略变化会对演化博弈过程产生影响。由前文分析知,x 会随着 y 和 z 的减小而从 0 趋向于 1,y 会随着 x 和 z 的减小而从 0 趋向于 1,x 和 y 增大时 z 也会从 0 趋向于 1。任意取初始策略组合均可以反映演化过程变化,以[0.5 0.5 0.5]这一组中间概率状态为例,如图13.5所示,在区域A中,当电力监管概率增大时,风电企业和电网企业分别趋向于选择充足投入和接收风电策略;在区域B中,监管策略概率减小而风电企业和电网企业积极策略概率依旧增大则反映了两者相互正向促进的关系,即风电企业增大充足投入的可能性,电网企业就会更大概率趋向于接收绿色风电。对于风电企业来说,充足的安全投入会带来更好的效益,从而增大充足策略的概率。

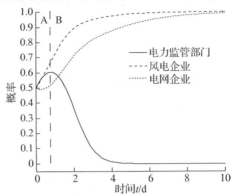

图 13.5 x, y, z 三方策略相互影响形成动态演化过程

(3) 条件参数对博弈演化稳定也有重要影响,甚至会改变演化稳定均衡解。图13.6展示了充足安全投入的大小对风电企业选择演化稳定策略的影响,表明随着充足安全投入的增大,会减少相应的效益,风电企业的策略会逐渐倾向于投入不充足。

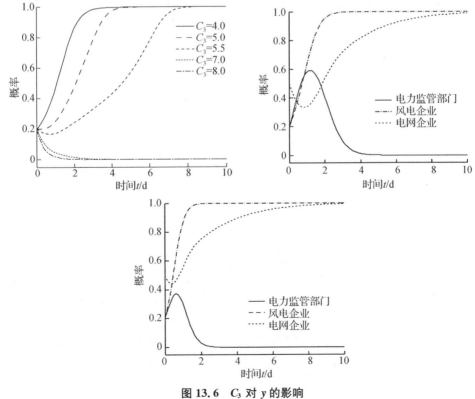

图 13.6 C_3 对 y 的影响

图 13.7(a)、(b)比较充足安全投入由 $C_3=4$ 变为 $C_3=8$ 的影响,风电企业的策略选择趋向不充足投入时,电网企业接收绿色风电会承担更大风险,所以演化策略会变为不接收,电

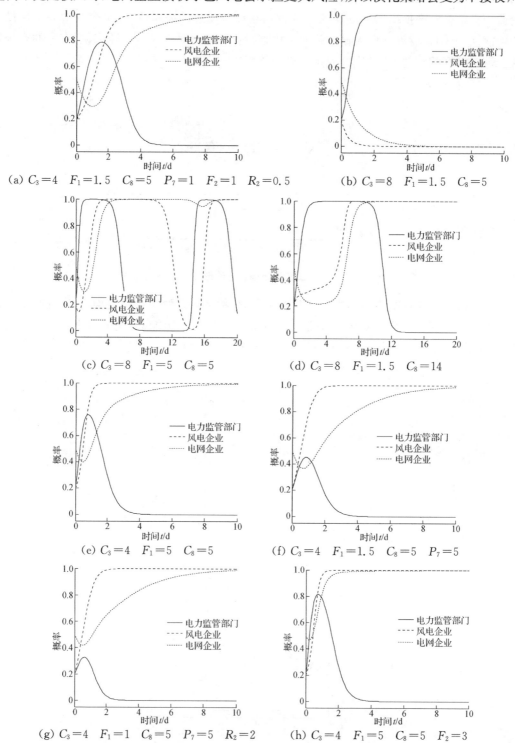

图 13.7 不同策略下风电场利益相关方博弈演化稳定状态

力监管部门也会因为风电企业和电网企业的消极选择而加强监管,演化稳定平衡由[0　1　1]变为[1　0　0]。比较图 13.7(b)、(c)中 $F_1=1.5$ 变为 $F_1=5$ 后的演化博弈可知,若加大对风电企业安全投入不充足的惩罚,会在短期发挥监督作用使风电企业充足投入、电网企业接收绿色风电,但当电力监管部门减弱监管力度后,又会出现并不乐观的局面。比较图 13.7(b)、(d)中 $C_8=5$ 变为 $C_8=14$ 后的演化博弈可知,若电网企业接收绿色风电时的期望安全损失增大,电力监管部门因风电企业和电网企业初始策略较消极而加大监管力度,电网企业因监管力度加大而趋向接收绿色风电,风电企业受到监管的压力而选择安全投入充足策略的概率增大。但因为充足安全投入成本较高和电网企业接收绿色风电的概率较低,所以期望安全损失不高,安全投入概率增长速度减小。而随着电网企业接受绿色风电概率的增大,期望安全损失增大,使得风电企业最终选择安全投入充足作为稳定策略。综上可知,电力监管部门的惩罚加大可以短期促进风电企业和电网企业选择积极策略,但无法保持演化稳定;期望安全损失的增大取决于发生事故的概率和严重程度,达到较大值时会促进该三方博弈演化稳定,所以[1　0　0]这种情况并不希望出现,而优化安全成本,提升安全成本效益非常重要,同时其也是促进达到[0　1　1]演化稳定的最优方法。

比较图 13.7(a)与(e)可知,只增加了惩罚 F_1,达到演化稳定的速度加快;比较图 13.7(f)与(a),P_7 由 1 增至 5,三方演化曲线波动减小,说明绿色补贴的增大会使风电企业更直接趋向于投入充足的安全成本以获得风电并网;图 13.7(g)中为 P_7、R_2 条件参数组合增大,会发现演化曲线波动进一步减小;图 13.7(h)和(a)相比为惩罚组合 F_1、F_2 增大,演化稳定的速度明显加快,说明当两项惩罚均增大时,会使得三方演化博弈更快达到平衡。

综合以上仿真分析可以发现,三方博弈一般不存在演化稳定解,三方策略和条件参数的取值是演化稳定和稳定平衡点改变的主要因素。电力监管部门、风电企业和电网企业的三方策略因为互相影响而形成演化稳定动态过程,而条件参数则主要改变演化稳定点。我们期望的三方博弈演化稳定状态应该为不依靠电力监管部门的监管,风电企业能自动投入充足安全成本,电网企业能自发接收绿色风电,要保持这种状态才能促进绿色能源的健康发展,那么安全成本的优化是关键条件。

13.5　本章小结

通过上述研究得出如下结论:

(1) 绿色能源电力的开发利用是国家的发展战略,要确保其供应的安全可靠性,需要配套资金、技术和政策措施的支持,涉及政府、风电企业和电网企业各利益相关主体。与过去简单地采用绿色能源的资金补贴和行政措施强制企业进行绿色电力利用和安全管理相比,本项研究引入了政府的政策、企业安全投入、安全事故发生的概率及损失性成本的控制策略等参数,在综合分析政府、风电企业、电网企业三方演化博弈并进行仿真模拟的基础上发现,各参与方的策略选择是相互影响的,但都以各自的安全投入绩效最优为主要原则。

（2）政府的奖惩措施、风电企业足够的安全投入，将成为电网企业由短期被动接收绿色风电到长期主动接收绿色风电的桥梁，这也为用户提供安全可靠的清洁能源奠定了基础。

（3）与以往国内外学者对参与方安全行为的两两博弈研究相比，本研究将政府、风电企业和电网企业三者放在一起进行安全投入绩效研究，突破了过去两两博弈研究的局限性，使研究结果更接近于实际。

（4）为了提高绿色风电的安全绩效，发挥政府和电网企业在风电企业进行安全投入方面所起的作用至关重要。除了加大政府对风电企业施行足够安全投入策略，以及电网企业选择绿色风电策略的监管力度，还应该通过财政补贴、税费减免等激励措施增强电力用户使用绿色风电等清洁能源的购买力，对风电企业的电能加以"绿色能源"环保认证，以确保此类电能在用电侧的区分度，提高其绿色竞争力，共同推动风电企业主动进行足够安全投入，电网企业主动选择输送绿色风电，提升绿色电能安全保障能力。

14 "一带一路"电力投资项目安全投入决策演化博弈分析

14.1 引言

随着"一带一路"倡议和电力行业"走出去"战略的全面推进,沿线国家的投资项目,尤其是南亚、东南亚等一些发展中国家的能源电力投资项目越来越多。据统计,到 2018 年底,中国对外直接投资 1 298.3 亿元(包括 1 205 亿元的非金融类投资),同比增长 4.2%,而对"一带一路"沿线国家的非金融类直接投资达 156.4 亿美元,同比增长 8.9%。其中能源类项目占了很大一部分,这也是中国海外投资与建设最热门的行业。然而,在实际的能源电力项目投资中,由于各国政治、经济和地理环境不同,其投资建设的风险也不一样,这直接影响到项目投资的成败,以及人员和生命财产的安全。因此,"一带一路"能源电力战略合作过程中,如何提高投资项目安全风险的保障水平和绩效是目前中国企业实现"走出去"面临的首要问题。

中国企业海外投资项目的成败一直受到广泛关注[259-261]。能源电力投资项目因其对国民经济的先导作用而得到"一带一路"沿线国家政府的重点支持,中国企业在选择能源电力投资项目的目的地国家时,其重要的决策指标之一就是"一带一路"投资建设的安全风险指数[262-264]。这一结论与 Kolstad、余吉安等学者的分析结果一致[263,265],所不同的是他们的研究以投资风险比较分析为主,而对投资项目安全保障水平和安全成本的形成机理的考虑比较少。实际上,"一带一路"沿线国家政府和中国企业作为电力投资项目的两个完全独立经济主体,在决定项目的安全投入方面存在利益冲突。双方围绕电力投资项目安全投入决策分别追逐自身效用最大化而相互博弈[8,266-267]。作为理性的经济个体,虽然双方在获取相关知识,处理项目信息等方面的能力有限,但其在"一带一路,互惠互利,合作共赢"理念下都具有公平偏好,这已为国内外学者的研究所证实[268]。因此,为了实现"合作共赢",利益最大化,必须使电力投资项目具备足够的安全保障水平,各方的安全投入决策处于纳什均衡状态。

与现有文献研究中对"一带一路"沿线国家政府的政策和投资风险关系的静态分析不同,本章将从博弈论视角,探讨"一带一路"沿线国家政府政策演化调整过程中电力投资项目的安全保障机制。研究工作从模型构建和"一带一路"沿线国家政府不同引资政策的安全效用入手,对当地政府政策调整与企业安全投入行为的相互作用机理展开研究,并将"公平互惠"理念纳入项目安全投入博弈模型中,进一步探讨实现"一带一路"沿线国家电力投资项目安全效用最大化的"合作共赢"机制。本章比较"一带一路"沿线国家政府和中国企业不同政策演化阶段的安全效用,对双方在电力工程项目安全投入方面的行为倾向和政策演变趋势进行研究[269],为中国企业"一带一路"能源电力投资决策和政府政策制定提供参考。

14.2 "一带一路"电力投资项目安全风险的特征

1. "一带一路"电力投资项目安全风险特征及安全投入内涵

中国企业"一带一路"电力投资不得不考虑项目的安全风险及其收益问题。由于经济全球化除了受各种传统安全因素的影响外,还要受各种非传统安全因素的影响。大国间的博弈必然引起传统地区地缘政治及军事安全问题,同时"一带一路"沿线各国还面临民族主义、恐怖主义、武器扩散、跨国犯罪、走私贩毒和非法移民、海盗等非传统安全的威胁,以及经济及金融、生态环境、地质灾害、资源能源、信息通信以及公共卫生等方面的安全威胁。根据2014年商务部在《境外企业项目外源风险管控评价体系》中的划分,"一带一路"电力投资项目面临着政治、社会、恐怖主义、经济、法律、环境健康等六大安全风险。由于各国生产力水平不同,电力投资项目面临的安全风险也不同。其安全风险主要表现为:政治上,相当多的国家依附于西方大国,给投资项目带来不确定性;受宗教文化影响,各国社会制度不同,其投资项目的政策取向也不同;受民族主义和极端思想影响,恐怖主义蔓延,电力项目被损坏,员工被绑架事件时有发生;很多国家的社会政局长期动荡,经济发展水平低,通货膨胀严重,投资项目安全成本高;各国制度不同,法律法规也不同,项目合同关系复杂多变;自然生态环境差异较大,地震、滑坡等自然灾害频发;医疗卫生条件相差很大,人员健康安全没有保障;等等。本章将重点考虑"一带一路"沿线国家政策演变对电力工程项目安全投入及其收益的影响[269]。

电力投资项目安全投入是指为了保证其生产过程顺利进行和投资目标的实现而必须投入足够的人、财、物、时间和空间资源的总称,足够的安全投入使建设项目人、机、环境系统具有必要的安全保障功能,使投资项目主体双方获得的安全效用最大化。

2. "一带一路"政策演变对安全投入的影响

把"一带一路"沿线国家政府对能源电力投资市场的政策变化划分为三个阶段[10],作为双方动态策略的选择:

(1)完全开放型,即中国企业投资"一带一路"沿线国家能源电力市场,"一带一路"沿线国家政府既不鼓励也不限制,而且没有任何的激励政策或安全方面的投入措施。

(2)规制型,即"一带一路"沿线国家政府对中国能源电力投资企业进行规制,包括安全环境规制、资源利用限制和规定企业必须承担的社会责任等。

(3)公平互惠型,即"一带一路"沿线国家政府对中国电力投资企业提供政策优惠(即"一带一路"沿线国家政府与中国企业具有动机公平偏好),如税收优惠、征地优惠、入境审批优惠、必要的安全措施等激励政策;同时,中国企业自觉履行社会责任,尽可能多地进行安全保障方面的投入,以提升项目安全保障水平。

14.3 基本假设及模型构建

假设 1:"一带一路"沿线国家政府与中国企业为委托代理关系,"一带一路"沿线国家政府为委托人,中国企业为代理人。一个安全、成功的能源电力投资项目对"一带一路"沿线国家的经济社会发展具有重要的推动作用,因此,"一带一路"沿线国家政府将该项目的投资、建设等委托给中国企业。中国企业作为代理人在进入"一带一路"沿线国家时,不仅要考虑能源电力项目的投资收益,还需考虑"一带一路"沿线国家的经济基础、偿债能力、政治风险、自然环境等安全风险,即还需考虑项目的安全保障投入。根据委托代理理论,可以认为委托人"一带一路"沿线国家政府是风险中性者,代理人中国企业是风险规避者。

假设 2:"一带一路"沿线国家对项目的安全保障付出值为 e_1,中国企业对项目的安全保障投入为 e_2。e_1 表示"一带一路"沿线国家政府开放市场、提供基础设施和安全保障措施等方面的安全付出值;e_2 表示中国企业按电力投资项目建设、运营维护的安全保障水平进行的安全保障投入。

假设 3:电力投资项目安全保障投入的产出函数 H 为:

$$H = f(e_1, e_2) + \theta \tag{14.1}$$

其中,$f(e_1, e_2)$ 为"一带一路"沿线国家政府和中国企业对项目安全保障投入而获得的总体效用;θ 为安全保障投入决策对某一经济个体 $i(i=1,2)$ 的效用影响值,即:

$$\theta = y_i(e_i) - c_i(e_i) \tag{14.2}$$

$$y_i(e_i) = (1-P')S(H) - P \tag{14.3}$$

$$P' = P - \gamma e_2 \geqslant 0 \tag{14.4}$$

这里,$y_i(e_i)$ 表示安全保障投入这一过程中仅对经济主体 i 的效用价值;$c_i(e_i)$ 为经济主体 $i(i=1,2)$ 的安全成本,且 $c_i(e_i) > 0$;P 为安全事故发生的概率;P' 为安全保障投入后可能发生安全事故的概率;$S(H)$ 为投资项目收益函数;γ 表示安全保障投入降低事故发生概率的影响度,主要受项目安全技术水平的影响,安全技术水平越高,安全保障投入降低事故发生概率的幅度越大(即安全技术水平系数越大)。考虑到 θ 为正态随机变量,且 $E(\theta)=0$,$D(\theta)=\sigma^2$,这里,假设项目安全保障投入的价值为 1,其产出函数可表示为收入函数 $S(H)$,即:

$$S(H) = R + rf(e_1, e_2) \tag{14.5}$$

其中,R 为投资项目的固定收益,$rf(e_1, e_2)$ 为变动收益,r 是中国企业从项目所得的安全收益 $f(e_1, e_2)$ 的分配比。因此"一带一路"沿线国家政府对项目的安全收益分配比为 $1-r$,并且 $0 \leqslant r \leqslant 1$。

$$c_i(e_i) = b_i e_i^2 / 2 \tag{14.6}$$

其中,$c_i(e_i)$ 表示经济主体 i(其中 $i=1,2$)的安全成本,$b_i > 0$ 为安全成本系数。本章仅讨论不同政策对电力投资项目的安全效用和企业安全保障投入决策的影响,不考虑对安全成本的影响,故令 $b_i = 1/2, i=1,2$。

假设 4:电力投资企业和"一带一路"沿线国家政府为有限理性的"经济人",都具有公平偏好的动机,主要表现为:当地政府以投资项目一定的安全收益作为投资企业的固定收益 R,以此作为让渡,投资企业选择足够的安全保障投入 e_2^*,以更好地提升项目安全效益作为回报。

14.4 演化过程中各阶段子博弈纳什均衡

1. 项目安全投入收益模型分析

从前面的假设可知,"一带一路"沿线国家政府追求的是电力投资项目效用的最大化,因此,安全风险偏好为中性,无须考虑安全风险成本。由于 θ 为正态随机变量,且 $E(\theta)=0$,$D(\theta)=\sigma^2$,故东道国政府的期望效用等于期望收益,即:

$$Eu = E\{(1-r)[f(e_1,e_2)+\theta] - b_1 e_1^2/2 - R\} = (1-r)f(e_1,e_2) - b_1 e_1^2/2 - R \quad (14.7)$$

中国企业是电力投资项目安全风险的规避者,不应单纯追求投资项目收益的最大化,而应追求投资项目所产生的安全效用最大化。假设复杂条件下电力投资项目收益 M 是一个确定值,$v(\omega)$ 为投资企业的安全投入效用函数,则有:

$$v(\omega) = A - e^{-\rho\omega} \quad (14.8)$$

$$\rho = -\frac{u''}{u'}$$

这里,ρ 为安全风险规避度;A 为项目投资企业的安全保障投入效用饱和值;u'、u'' 分别是安全保障投入效用函数的一阶和二阶导数。投资企业的确定性收益 M 所带来的复杂条件下投资项目安全效用期望值为:

$$E[v(\omega)] = \int_{-\infty}^{+\infty}(A - e^{-\rho\omega})\frac{1}{\sqrt{2\pi}\sigma}e^{-\frac{\theta^2}{2\sigma^2}}d\theta = A - \int_{-\infty}^{+\infty}e^{-\rho\{R+r[f(e_1,e_2)+\theta]-\frac{1}{2}b_2 e_2^2\}}\frac{1}{\sqrt{2\pi}\sigma}e^{-\frac{\theta^2}{2\sigma^2}}d\theta = A - e^{-\rho M}$$

$$(14.9)$$

由此得到:

$$M = R + rf(e_1,e_2) - b_2 e_2^2/2 - \rho r^2 \sigma^2/2 \quad (14.10)$$

对电力投资项目安全投入效用最大化的求解相当于求解式(14.10)的最大化。同样,"一带一路"沿线国家政府不同政策阶段均可求解得到类似的结果。

2. 博弈模型分阶段演化特征

(1) 第一阶段:"一带一路"沿线国家政府实行完全开放政策

电力投资项目的安全产出函数受投资企业安全投入和"一带一路"沿线国家政府政策双重影响,此阶段不考虑电力投资项目的互惠产出,其安全产出函数可表示为:

$$f(e_1,e_2) = e_1 + e_2 \quad (14.11)$$

"一带一路"沿线国家政府的期望效用函数为:

$$E(u_1) = (1-r)f(e_1,e_2) - b_1 e_1^2/2 - R \quad (14.12)$$

项目投资企业安全投入效用函数的期望收益为:

$$E(v_1) = R + rf(e_1,e_2) - b_2 e_2^2/2 - \rho r^2 \sigma^2/2 \quad (14.13)$$

项目投资企业满足参与的约束条件(IR)为：

$$R+rf(e_1,e_2)-b_2e_2^2/2-\rho r^2\sigma^2/2\geqslant Z \tag{14.14}$$

这里，投资企业愿意参与"一带一路"沿线国家能源电力建设的条件是其投资项目安全效用不小于保留效用 Z。在此情况下，投资企业会优先选择安全投入 e_2 以使自己的确定收益达到最大化，对式(14.14)中的 e_2 求偏导，得到激励约束(IC)：

$$e_2=r/b_2=2r \tag{14.15}$$

"一带一路"沿线国家政府的最优安全投入决策是能够保证投资项目的保留效用，即有：

$$R=Z+\rho r^2\sigma^2/2+b_2e_2^2/2-rf(e_1,e_2) \tag{14.16}$$

将激励约束(IC)和条件约束(IR)带入式(14.16)，可得"一带一路"沿线国家政府的最优期望效用为：

$$E(u_1)=e_1-b_1e_1^2/2+r/b_2-r^2/2b_2-\rho r^2\sigma^2/2-Z \tag{14.17}$$

对式(14.17)取最大化，得到"一带一路"沿线国家政府和投资企业的最优决策分别是：

$$e_1=2,r=2/(2+\rho\sigma^2),e_2=4/(2+\rho\sigma^2) \tag{14.18}$$

"一带一路"沿线国家政府的最优期望效用为：

$$E(u_1)=\rho\sigma^2(8+2\rho\sigma^2)/(2+\rho\sigma^2)^2-R-1 \tag{14.19}$$

项目投资企业的最优期望效用为：

$$E(v_1)=R+(12+2\rho\sigma^2)/(2+\rho\sigma^2)^2=Z=R+e_2^2/2+e_2/2 \tag{14.20}$$

模型分析表明，在完全开放政策下，"一带一路"沿线国家政府给予中国企业的收益分配比 r 越大，投资企业对项目安全投入的积极性就越高($\partial e_2/\partial r>0$)，而企业安全风险规避度 ρ 越高，则项目安全投入 e_2 的积极性就越低($\partial e_2/\partial\rho<0,\partial e_2/\partial\sigma^2<0$)；投资企业的收益分配比 r 与风险规避度 ρ 和产出方差 σ^2 呈负相关($\partial r/\partial\rho<0,\partial r/\partial\sigma^2<0$)；"一带一路"沿线国家政府对投资项目的付出 e_1 与其他因素无关($\partial e_1/\partial\rho,\partial e_1/\partial\sigma^2=0$)。

这一结论与实际情况基本相符，投资企业具有不同的风险规避度，投资项目收益分配比和"一带一路"沿线国家政局是否稳定以及投资项目的安全保障水平都是影响企业安全投资的重要因素。

(2) 第二阶段："一带一路"沿线国家政府实行规制型政策

考虑到电力投资项目规模受投资企业自身安全保障水平和市场环境的影响，这里可以用 e_1+e_2 来表示投资项目的规模。"一带一路"沿线国家政府对投资企业的规制函数为 $\beta(e_1+e_2)$，其中 β 为"一带一路"沿线国家政府对投资企业经营活动的约束系数($0\leqslant\beta\leqslant1$)。在"一带一路"沿线国家政府实行规制型政策下，各方在电力投资项目上获得的收益是不一样的。

"一带一路"沿线国家政府的期望效用为：

$$E(u_2)=(1-r)(e_1+e_2)-b_1e_1^2/2-R+\beta(e_1+e_2) \tag{14.21}$$

投资企业的期望效用为：

$$E(v_2)=R+r(e_1+e_2)-\beta(e_1+e_2)-b_2e_2^2/2-\rho r^2\sigma^2/2 \tag{14.22}$$

条件约束(IR)需要满足：

$$R+r(e_1+e_2)-\beta(e_1+e_2)-b_2e_2^2/2-\rho r^2\sigma^2/2=Z \tag{14.23}$$

激励约束条件(IC)满足：

$$e_2=(r-\beta)/b_2=2(r-\beta) \tag{14.24}$$

电力投资项目安全投入的最优决策为:

$$e_1=1/b_1=2, r=(2\beta+2)/(2+\rho\sigma^2) \tag{14.25}$$

$$e_2=(4-2\rho\beta\sigma^2)/(2+\rho\sigma^2) \tag{14.26}$$

由此可得:

$$E(u_2)=1-2(2-\rho\sigma^2\beta)^2/(2+\rho\sigma^2)^2-R \tag{14.27}$$

$$E(v_2)=R+(12+2\rho\sigma^2-12\rho\beta^2-2\rho\beta^4-2\rho\beta^2\sigma^2+\rho\beta^2\sigma^4)/(2+\rho\sigma^2)^2=R+e_2^2/2+e_2/2+\beta e_2/2-\beta \tag{14.28}$$

模型分析可知:"一带一路"沿线国家政府对投资项目的规制程度 β 越高,企业安全投入的积极性就越低($\partial e_2/\partial\beta<0$)。

"一带一路"沿线国家政府对投资项目规制程度越高,企业获得的期望效用就越低,这最终会导致企业对电力投资项目安全投入的意愿显著降低,甚至退出"一带一路"沿线国家的投资。

模型分析表明,"一带一路"沿线国家政府可以增大投资企业的项目收益分配比 r,以弥补政府规制带来的效用损失($\partial r/\partial\beta>0$),调动企业积极性。

(3) 第三阶段:"一带一路"沿线国家政府实行公平互惠型政策

考虑到"一带一路"电力投资项目委托代理关系中"动机公平"对投资企业和"一带一路"沿线国家政府双方安全投入决策的影响,这里假设投资企业获得的期望效用等价收益为 $Z+\omega$,而政府在投资项目上的固定收益让渡为 $R+\zeta$。在此情况下,投资企业的"互惠"反应是更积极地选择足够的安全投入,更好地提升电力投资项目的安全保障水平,其足够的安全投入用变量 e_2^* 表示($e_2^* \geqslant 0$)。

"一带一路"沿线国家政府的期望效用为:

$$E(u_3)=(1-r)(e_1+e_2+e_2^*)-b_1e_1^2/2-R-\zeta+\beta(e_1+e_2+e_2^*) \tag{14.29}$$

投资企业的期望效用为:

$$E(v_3)=R+\zeta+r(e_1+e_2+e_2^*)-\beta(e_1+e_2+e_2^*)-b_2(e_2+e_2^*)^2/2-\rho r^2\sigma^2/2 \tag{14.30}$$

这里,投资企业参与的条件约束(IR)是:

$$R+\zeta+r(e_1+e_2+e_2^*)-\beta(e_1+e_2+e_2^*)-b_2(e_2+e_2^*)^2/2-\rho r^2\sigma^2/2 \geqslant Z+\omega \tag{14.31}$$

因"一带一路"沿线国家政府仅改变企业的固定收益,故激励约束条件(IC)满足:

$$e_2=2(r-\beta) \tag{14.32}$$

$$r(e_1+e_2)+R-b_2e_2^2/2-\beta(e_1+e_2)-\rho r^2\sigma^2/2=Z \tag{14.33}$$

代入式(14.31)(舍去负值)得:

$$e_2^*=\sqrt{2(\zeta-\omega)/b_2} \tag{14.34}$$

根据"一带一路"沿线国家政府的期望效用 $E(u_3)$ 得到:

$$E(u_3)=E(u)+(1-r)e_2^*+\beta e_2^*-\zeta \tag{14.35}$$

当满足下列条件时,$E(u_3) \geqslant E(u_2)$:

$$\zeta \leqslant (1-r)e_2^*+\beta e_2^* \tag{14.36}$$

对式(14.35)中的 ζ 求导,得:

$$\zeta=[(1-r)+\beta]^2+\omega \tag{14.37}$$

式(14.37)表明$0 \leqslant \omega \leqslant \zeta$,证明了本章的互惠行为存在的假设。

式(14.34)中e_2^*意味着投资企业对项目安全投入的积极性有很大提高,而当$\omega \leqslant \zeta$时,"一带一路"沿线国家政府为投资企业多提供ζ的固定收益,投资企业表现出提供足够安全投入e_2^*的"互惠行为",此时其获得的安全效用高于无互惠情形,因此,双方的行为具有互惠特点。

由上可知,"一带一路"沿线国家政府的互惠效用函数为:

$$E(u_3) = (1-r+\beta)e_1 + (1-r^2)/2b_2 + \beta r/b_2 - b_1 e_1^2/2 - \beta^2/2b_2 - R - \omega \quad (14.38)$$

投资企业的互惠效用函数为:

$$\begin{aligned} E(v_3) &= (r-\beta)e_1 + r^2/2b_2 - \beta r/b_2 - \beta^2/2b_2 - \rho r^2\sigma^2/2 + R + \omega \\ &= R + \zeta + e_2^2 + e_2/2 + e_2 e_2^* + e_2^{*2}/4 + \beta e_2/2 - \beta \end{aligned} \quad (14.39)$$

模型分析表明:动机公平时,"一带一路"沿线国家政府给予投资企业越多的固定收益ζ让渡,企业对项目安全投入的积极性越高($\partial e_2^*/\partial \zeta > 0$),这将大大提升电力投资项目的安全保障水平,使双方获得的效用最大化,这与Rabin的互惠公平偏好理论是一致的。此时,"一带一路"沿线国家政府为投资企业多提供的固定收益为:

$$\zeta \leqslant 2[(1-r)^2 - \beta^2] \quad (14.40)$$

14.5 某水电站项目应用实例分析

东南亚某国水电站是中国企业在境外电力投资项目的一个典型案例,也是"一带一路"进程中的重要合作项目,其总投资达36亿美元,装机容量为600万kW。该项目在开工近两年突然宣布停工,其搁置期间合作双方都遭受了巨额损失。中国投资企业在设备撤出前,设备停放以及维护等费用每月就高达上千万元,撤出后至今,还要承担每年超过3亿元的财务成本;而该国政府除了经济损失外,其信誉受损导致外来投资大幅下降,这表明其投资环境已有变化。以该项目为背景,我们对当地政府实施完全开放型、规制型和公平互惠型三种政策环境下电力投资项目安全保障水平及其安全投入期望效用进行分析,以验证不同政策阶段项目期望收益博弈模型的稳健性,并寻求"一带一路"沿线国家不同政策环境下进行电力投资项目安全投入决策及确保双方收益最大化的最优解。

1. 根据项目背景资料,已知完全开放政策下不存在规制,并且假设规制政策和公平互惠政策下的当地政府规制系数一定,即设$\beta=0.02$。可以得出在政府不同政策环境下,电力投资企业不同风险规避度ρ(σ^2为确定值)所对应的最优安全投入和安全收益之比如表14.1所示。

表14.1 不同政策阶段电力投资企业不同风险规避度下的最优解

	$\beta=0.02$								
	$\rho\sigma^2=0$			$\rho\sigma^2=1$			$\rho\sigma^2=2$		
	e_2	e_2^*	r	e_2	e_2^*	r	e_2	e_2^*	r
完全开放型	2	0	1	1.333 3	0	0.666 7	1	0	0.5
规制型	2	0	1.02	1.32	0	0.68	0.98	0	0.51
公平互惠型	2	0	1.02	1.32	0.68	0.68	0.98	1.02	0.51

讨论1：由表14.1可知，电力投资企业的风险规避度与其安全投入呈负相关，即企业投资风险规避度越高，其安全投入的积极性越低，项目安全保障水平越低，政府给予企业的安全收益比越低，企业越容易造成损失，这与实际情况相符；与此同时，企业风险规避度越高，企业相对愿意多付出的安全投入就越高。对比政府不同政策条件下，企业投资电力项目的风险规避度和安全投入的关系可以看出，电力投资项目在公平互惠政策下比完全开放型和规制型政策下安全投入的积极性都要高，投资项目安全保障水平最高，双方的收益最大。而从该项目相关资料可知，目前该国政府政策属于规制型，很明显，这并不利于激励中国企业选择进行安全投入以提高项目安全保障水平。所以，在投资建设电力工程项目时，合作双方应建立互利共赢的合作机制，这有利于双方共同努力降低安全风险，实现利益最大化。

2. 根据项目背景资料，假设电力投资企业风险规避度一定，即设 $\rho\sigma^2=2$，考虑不同政策阶段下，当地政府不同的规制系数所对应电力企业的最优安全投入和安全收益比，如表14.2所示。

表14.2 不同政策阶段政府不同的规制系数 β 下所对应的最优解

	$\rho\sigma^2=2$								
	$\beta=0.01$			$\beta=0.02$			$\beta=0.03$		
	e_2	e_2^*	r	e_2	e_2^*	r	e_2	e_2^*	r
完全开放型	1	0	0.5	1	0	0.5	1	0	0.5
规制型	0.99	0	0.505	0.98	0	0.51	0.97	0	0.515
公平互惠型	0.99	1.01	0.505	0.98	1.02	0.51	0.97	1.03	0.515

讨论2：由表14.2可知，政府规制系数与安全收益分配比呈正相关，与企业安全投入呈负相关，即政府规制力度越大，给予企业的安全收益分配比越高，企业进行安全投入的积极性越低，项目安全保障水平就越低；随着政府规制系数的增大，公平互惠合作机制下，企业相对愿意多付出的安全投入就越多。对比不同政策阶段，企业安全投入与政府的规制系数和所给收益分配比的关系可以看出，在适当的规制和收益分配比下，政府实施公平互惠型政策时，企业进行安全投入的积极性明显大于完全开放型与规制型政策。从项目背景资料可知，当地政府采取的是规制型政策，这并不利于激励中国企业对电力工程项目进行安全投入，因而该投资项目没有安全保障，势必造成损失。

3. 针对东道国政府不同的引资政策，中国企业只有采取合理的安全投入，提升项目安全保障水平，方能使得项目的安全效用最大化。为验证不同政策阶段项目期望收益博弈模型的稳健性，假设政府规制系数一定，即设 $\beta=0.02$，讨论不同政策阶段，企业不同的安全投入所获得的安全期望效用，如表14.3所示。

表14.3 不同政策阶段电力投资项目不同安全投入所得的安全期望效用

	$\beta=0.02$			
e_2	0	1	2	3
完全开放型	R	$R+1$	$R+3$	$R+6$
规制型	$R-0.02$	$R+0.99$	$R+3$	$R+6.01$
公平互惠型	$R+\omega+1.98$	$R+\omega+2.99$	$R+\omega+5$	$R+\omega+14.01$

由表 14.3 可知,完全开放和规制政策下,随着投资企业安全投入的增加,电力投资项目期望效用逐渐增大,呈正相关,即企业安全投入积极性越高,项目安全保障水平越高,其安全期望效用就越大。从表中还可以看出,当 $e_2<2$ 时,规制政策下的投资项目安全投入期望效用比完全开放政策下的投资项目安全投入期望效用低;当 $e_2>2$ 时,规制政策下的投资项目安全投入期望效用比完全开放政策下的投资项目安全投入期望效用高。但现实情况是当地政府只考虑自身利益,不会选择完全开放型政策,而中国投资企业考虑到当地政府实施规制型政策对自身利益的影响,不会选择在该国投资,否则会出现投资失败现象。而公平互惠政策下,随着投资项目安全投入的增多,安全保障水平提高,其安全期望效用总体增大的趋势稳健,说明该政策对政府和投资企业双方的利益都有保证,是当地政府和投资企业的理想选择。

14.6 本章小结

中国对"一带一路"沿线国家能源电力投资总额不断攀升,涉及相关国家投资项目失败或受阻的安全风险案例达 25.4%,其中能源电力投资项目风险案例占 54.55%。数据表明,"一带一路"电力投资项目的安全受到多种风险因素的挑战,其安全保障问题是中国企业"走出去"不得不考虑的重要课题。本章基于"一带一路"电力投资项目安全风险特征,重点考虑"一带一路"政府政策演变带来的影响,对投资项目主体双方博弈中的安全投入决策机制进行分析,通过引入委托代理理论和"有限理性经济人"假设,构建了"一带一路"电力投资项目安全投入演化博弈模型,并结合实例对中国投资企业和"一带一路"沿线国家政府的安全投入决策和安全效用函数进行算例分析与讨论。

研究结果表明:投资企业的风险偏好越大,"一带一路"沿线国家政府给予投资企业的安全收益分配比越小,企业安全投入积极性就越低(讨论 1)。"一带一路"沿线国家政府规制程度越高,投资项目的收益分配比 r 越大,投资企业足够安全投入的积极性就越低(讨论 2)。在投资企业和"一带一路"沿线国家政府的安全效用演化博弈过程中,其纳什均衡点出现在激励与规制相结合的公平互惠投资政策阶段,此时双方对电力投资项目的安全投入,能够达到项目的安全保障水平,使双方的收益达到最大化(讨论 3)。这与当前"一带一路"投资企业对外投资总体趋势是一致的。

本章的研究对新时代我国能源电力企业实施"走出去"战略的重要启示是:基于行为人具有公平偏好这一特点,可以在一定范围内选择合理的收益分配比和安全风险偏好策略,对"一带一路"沿线国家政府的利益做出适当安排,这对于合作双方均是有利的。中国作为"一带一路"的倡议者,应优先考虑项目投资政策风险呈双向趋势的"一带一路"沿线国家,在安全效用最大化的基础上,进行足够的安全投入,提升项目安全保障水平,以对"一带一路"倡议承担更多的社会责任,真正实现可持续、互惠互利、共同发展。

15 "一带一路"电力投资项目安全成本分担博弈模型分析

15.1 引言

"一带一路"是习近平在经济全球化下,为提升东西方贸易和文化交流而提出的全球合作倡议,正在促成亚洲、欧洲和非洲国家间的新一轮贸易、政治、外交、文化等全方位的合作行动。国家发展改革委、外交部与商务部共同发布的《推动共建丝绸之路经济带和21世纪海上丝绸之路的愿景与行动》指出,基础设施互联互通建设是"一带一路"的优先领域[270-271],强调"加强能源基础设施互联互通,共同维护输油、输气管道等运输通道安全,推进跨境电力与输电通道建设,积极开展区域电网升级改造合作",并提出在水电、核电、风电、太阳能等清洁和可再生能源方面加强合作,就地就近加工转化能源,实现能源资源合作上下游一体化。能源电力项目的投资建设正是这一国家战略的具体行动,为"一带一路"沿线国家的经济发展创造了条件。同时,也为我国电力企业通过开拓海外市场,实现区域电网互联互通,完善能源电力结构奠定了基础。而"一带一路"电力项目建设具有周期长、投资大、回报率低等特点,沿线国家经济基础薄弱,社会环境复杂,甚至存在政局动荡,社会不稳定等问题,投资项目面临不确定性,存在较大安全风险,因此,需要提升投资项目安全保障水平,足够的安全投入是必需的。安全投入的增加,势必会提高安全成本,影响到参与方对投资项目的收益。

所谓安全成本是指工程项目参与方为保证项目安全而支付的一切费用,包括因安全事故而产生的损失费用[272]。安全保障水平的提高既可以预防潜在的安全事故,又可以为项目的正常生产节省事故支出,从而提高投资项目利益相关方的收益。与沿线国家之间的合作具有明显的差异性和即时性,合作发展路径受资源禀赋优劣、自身社会经济条件、利益需求目标的影响,沿线各国自身利益及对项目的安全诉求存在差异,项目参与各方面临的安全风险不一样,其承担的安全成本也不同,因此,如何合理地分配电力投资项目的安全风险,并确定其安全成本的分担方式及分担比例是"一带一路"能源电力投资项目合作能否成功的关键因素之一。针对"一带一路"电力投资项目安全成本的不确定性,本章将在分析投资项目全寿命期主要利益相关方的基础上,运用博弈论思想,构建东道国政府与电力投资方的随机合作博弈优化模型[273]。该模型充分考虑了参与方的安全风险偏好,提出了双方确保投资项目安全保障水平的费用分担框架和最优比例,以便对主要利益相关方的安全风险管控进行指导,使安全成本分担更公平合理,从而有效地管控电力投资项目安全风险。

15.2 "一带一路"电力投资项目利益相关者

"一带一路"电力投资项目的利益相关者指的是在项目的全生命周期中,影响项目的实现或者使得项目受影响的参与者。根据影响程度的不同,我们将"一带一路"电力投资项目的利益相关者分为主要利益相关者和次要利益相关者[274-276]。主要的利益相关者指的是:一些组织或个人,没有他们的连续存在,电力投资项目就不能连续生存。次要利益相关者指的是:电力投资项目某阶段完全或部分受其影响,但对电力投资项目的生存没有根本性影响的组织或个人。电力投资项目全生命周期中,利益相关者的范围是动态变化的。在项目生命周期的不同阶段,利益相关者会随着项目目标任务的改变而改变。在"一带一路"电力投资项目中,中国企业作为投资人,其利益贯穿于项目的整个过程,东道国政府作为项目的发起人、监督者及债务主体,其利益与项目的全寿命周期密切相关,双方在能源电力投资项目全寿命期的共同合作,是确保项目成功的基础,因此,中国企业和"一带一路"东道国政府是电力投资项目全寿命周期的主要利益相关者(图15.1)。

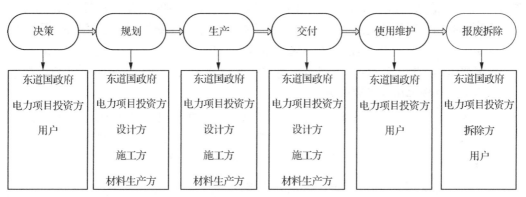

图 15.1 "一带一路"电力投资项目全生命周期利益相关者

15.3 "一带一路"电力投资项目安全风险分担方法

2013—2017 年,中国电力企业面向"一带一路"实际完成 50 多个投资额为 3 000 万美元以上的项目,累计实际完成投资额 80 亿美元,签订电力工程承包合同 494 个,总金额达 912 亿美元。在这些项目中,相当一部分是 BOT 合作项目。考虑到 BOT 项目在"一带一路"电力投资项目安全成本形成机理中的重要性,这里主要讨论"一带一路"BOT 电力投资项目安全风险分担比例问题。

15.3.1 "一带一路"电力 BOT 项目的影响因素和安全风险特征

1. "一带一路"电力 BOT 项目安全风险影响因素

BOT(Build—Operate—Transfer)即建设—经营—转让,是一种项目融资模式,是各企业投资基础设施建设,为社会提供公共服务的一种方式。由于 BOT 项目自身具有有限追索的特性,能有效地控制项目安全风险,因此受到了越来越多电力企业的欢迎而被广泛应用。

为能更好地控制"一带一路"电力 BOT 项目安全风险,了解"一带一路"电力 BOT 项目安全风险的影响因素是重要的前提。朱宗乾等将"一带一路"电力 BOT 项目安全风险的影响因素主要分为能力因素、损益因素、意愿因素三大类[276]。

(1) 能力因素包括承担者对风险的控制能力和承担者承担风险损失的能力。在进行项目安全风险管理的过程中,安全风险应由控制能力较强的一方进行控制,如若双方控制能力相对来说均较弱,项目安全风险则由双方共同承担,因此,应把安全风险控制能力当成一个重要的因素来考虑。张水波等认为在进行项目合同谈判签约时,应站在安全风险分担管理的角度考虑风险承担者对安全风险损失的承担能力[277-279]。

(2) 损益因素包括承担者应对风险的成本、承担者承担风险的预期损失以及承担者承担风险的预期收益。控制风险的成本彼此不同,成本花费少的一方,应该承担更多的风险,因此,安全风险管理的成本也是需要考虑的因素。如果安全风险没有得到充分的控制,那么就会导致利益相关者都蒙受损失;如果造成更大损失的一方想要控制安全风险的发生,那么就应承受更多相应的风险。因此,风险损失也是安全风险共担时必须考虑的因素。很多风险分担策略表明,安全风险的承担者有权享受风险带来的收益,因而,承担风险的预期收益也是其中一个必须考虑的重要因素。

(3) 意愿能力是指合同双方承担安全风险的意愿。在项目建设管理过程中,风险贯穿于全过程,在项目建设前期,利益相关方需要签订合同约束各方的权利、明确各方的责任与义务,因此,进行签约谈判表明了各方承担安全风险的意愿,这也被认为是一个重要因素。

2. "一带一路"电力 BOT 项目的安全风险特征

企业在实现项目目标的经营活动中,会遇到各种不确定性事件。虽然这些事件的发生概率和影响范围无法事先预测,但会影响业务活动和企业目标的实现。某些不确定性事件客观地存在于一定的环境中,在一定的时间内对项目的实施产生影响。也就是说,项目安全风险是指在特定的时间、特定的环境条件下,预期目标与实际结果之间的差异,其风险具有客观性、普遍性、必然性、可识别性、可控性、损失性、不确定性和社会性。

按照《中央企业全面风险管理指引》对风险管理给出的定义:全面风险管理是风险管理的基本过程。它囊括了企业管理和业务流程的各个方面,形成了项目良好的风险管理文化。借鉴相关企业的做法,围绕企业的经营宗旨,建立健全全面安全风险管理体系,包括安全风险管理策略、安全风险管理手段、安全风险管理组织职能体系、安全风险管理信息体系和内部管理体系。

安全风险管理是识别、确定和衡量项目风险,制定、选择和实施项目安全风险处理方案的过程。这一过程包括安全风险识别、安全风险评估、安全风险管理、决策制定、决策和检查。安全风险管理的目标是在安全风险事件发生前将潜在的损失降到最低,降低安全风险的影响;当安全风险事件发生时,其目标是将实际损失降到最低。

电力BOT项目安全风险主要特征如下:

(1) 安全风险贯穿于电力项目的全过程。在电力项目运营过程中,情况在不断变化,新的安全风险往往无法预测,因此,连续的安全风险识别、评价和管理对于电力项目的成功运营有着重大的意义。

(2) 安全风险具有复杂性。由于项目规模大、建设时间长、法律关系复杂以及利益相关者(政府、项目公司、商业公司、项目承包商、供应商、操作员等)比较多,因此导致电力项目的安全风险种类繁多、安全风险承担者多、安全风险表现形式各异、安全风险分担复杂。项目参与各方都需要进行协商和合作,比如共同承担复杂的安全风险,以契约形式明确安全风险共担的方式和契约结构。

(3) 安全风险具有规律性。BOT项目的安全风险分为项目准备阶段风险、项目建设阶段风险和项目运营阶段风险。每个阶段的风险都不一样。从项目准备阶段到项目建设阶段,由于融资资金的持续投入,安全风险逐渐增加,当接近或达到最高点时,项目就完成了。进入项目运营阶段后,正常的运营和稳定的收入可以通过偿还债务来降低安全风险。

15.3.2 "一带一路"电力BOT项目的安全风险分担原则

一般来说,"一带一路"电力项目建设方按照政府相关规制,通过投标方式取得BOT项目一定时期内的经营权和收益权,政府在制定相关规制时应该关注两方面的问题:一方面是约束机制设计。按照这一机制,只有当投资人的期望收益高于或等于他的机会成本时,投资人才愿意参与该项目的投标。而期望收益的大小由项目的盈利能力和项目的安全风险状态决定,政府可以通过提高BOT项目的服务价格、财政贴息和税收减免等方式来增加项目的盈利能力,通过改进市场环境、调整项目风险分担比例等方式来减少投资人的安全风险,以吸引优质投资人参与"一带一路"电力BOT项目的建设和运营。另一方面是激励机制设计。按照这一机制,在政府不了解投资人的情况下,投资人可以通过政府的激励政策,积极选择政府希望他选择的行动,这样的安全风险分担机制迫使投资人只能通过市场和自己的经营能力来降低风险而不是靠政府来转移风险;这样的机制还有利于降低双方的安全风险控制成本,提高投资人控制安全风险的积极性。在这种安全风险分担机制下,投资人对安全风险的控制行为有利于社会效益的提高。

从上述两方面考虑,"一带一路"电力BOT项目的安全风险分担机制设计应遵循如下原则:

(1) 安全风险与控制能力对称的原则。也就是说,项目安全风险应由对该风险最有控制能力的一方承担,如双方均无控制能力或者控制能力难以确定,则由双方共同承担。

(2) 安全风险与收益相对称的原则。投资人的目的就是为了追求投资收益,若期望的投资收益小于其风险成本,势必会导致投资方疏于安全风险防范致使项目失败,政府也不可能得到任何收益。

(3) 安全风险分担与投资人参与"一带一路"电力BOT项目的程度相一致的原则。投资人可以采取托管、租赁、特许权经营和市场准入等方式参与"一带一路"电力 BOT 项目,参与方式不同决定了参与程度的差异,因此,在进行风险分担机制设计时需要考虑投资方在"一带一路"电力 BOT 项目中的角色。

15.3.3 电力 BOT 项目安全风险分类

以 BOT 模式对东道国基础设施建设进行投资对中国企业有益,但投资风险比普通投资项目大。投资项目参与者较多,并且需要长期经验的积累,各个相关方之间关系复杂。安全风险贯穿于项目的设计、建设、运营、维护、变更等整个过程,项目投资人的需求和收益存在一定的不确定性,如图 15.2 所示。

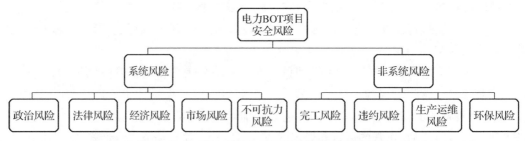

图 15.2 "一带一路"电力 BOT 项目安全风险分类

一般来说,根据安全风险的特征、安全风险的性质、项目建设和运营的时间阶段、项目的参与者,可以对安全风险进行分类。为了更客观准确地识别和分析安全风险,根据电力 BOT 项目风险影响因素的特点,把安全风险分为系统风险和非系统风险,并进一步进行深入分析。

系统风险是指项目因政治、经济或其他因素的改变和影响而遭受损失的风险。系统风险主要与宏观政策和市场环境有关,项目公司无法准确预测,但可以采取相应措施降低或转移其风险。系统性风险主要包括政治风险、法律风险、经济风险、市场风险、不可抗力风险。

(1) 政治风险是指"一带一路"沿线国家间或国内发生战争、政权变革、军事变革、恐怖活动等导致项目中止,使得参与项目的相关方的利益受到损失。政治风险在 BOT 项目中表现为"一带一路"沿线国家政局的平稳、国家政策的稳定。政治风险贯穿于 BOT 项目的各阶段,是项目面临的主要风险。无论东道国政府能否为项目提供特定的优先政策和税收支持,项目特许经营权的授予与否直接关系到项目能否成功实施和操作。因此,"一带一路"电力 BOT 项目对政治风险非常敏感。

(2) 法律风险是指法律、规则及相关的系统是否健全,经常被变更的措施是否适当,以及相关的诉讼和仲裁的法律系统是否有对应关系。在"一带一路"沿线国家参与的 BOT 项目中,法律和不完整的法律体系的变化会带来法律风险。其结果是,发展中国家对法律的理解和实施远远落后于发达国家。

(3) 经济风险是指与货币有关的风险,包括通货膨胀风险、外汇风险、利率风险、货物短缺等。经济风险是"一带一路"电力 BOT 项目中最为敏感的风险之一。

(4) 市场风险是指因项目产品的市场环境变化而产生的风险。"一带一路"电力 BOT

项目的市场风险主要受市场价格、市场需求、市场竞争的影响,即发电厂竣工后,输电网的价格和电力购买需求量是否达到预期水平,同一区域内是否有多个电厂在输送电能以及政府对电力价格的限制等。

(5) 不可抗力风险是指包括地震、台风、洪水、火山爆发和其他自然灾害在内的不可抗力风险,以及项目参与方无法预见的,包括战争和罢工引起的风险。不可抗力风险是无法准确预测的,对电力BOT项目造成直接威胁的安全风险,这导致无法对电力BOT投资项目的不可抗力风险进行有效控制。

非系统风险主要包括完工风险、违约风险、生产运维风险和环保风险,这些风险可以通过多样化、分散化的投资和有效的管理及控制得到分散和降低。

(1) 完工风险是指项目因各种原因无法如期竣工或推迟完工工期引起的项目成本超支的风险。项目建成后,项目竣工无法达到验收标准,是竣工风险的一种表现。

(2) 违约风险是指项目参与各方未如期按照约定履行合同条款,给项目带来的风险或损失。一般表现为业主资金未能及时到账,承包商未能按照工期及时完工,借款人无法偿还贷款等。

(3) 生产运维风险是指在生产、运营、维护过程中,原料供应、运营管理、技术等引起的风险,包括原材料供应风险、组织风险、运营管理风险和技术风险等。电力BOT项目融资的另一个核心风险是本金和利息的偿还,这将直接影响项目的正常运作。

(4) 环保风险是指因不遵守环境保护法规的必要条款而导致的项目损失的风险。主要包括项目造成的环境污染而产生的罚款,为了纠正错误而投入的资本,以及为了满足环境保护要求而增加的环境影响评价费用等。

通过以上项目风险的分析,可知"一带一路"电力BOT项目面临各种各样的风险。为了降低项目的整体风险,必须通过目标分解来寻找管理风险的有效方法和工具。

按照国际咨询工程师联合会(FIDIC)制定的合同条款,各个国家针对不同的项目编制出了多个版本的合同条款,虽然合同条款对合同双方的划分并不统一,但基本反映了项目中安全风险分担的原则,这有利于项目的稳定推进。虽然理论上已经提出了安全风险分担的原则和几个标准合同模式,但实际操作上,各参与方的项目管理水平和对风险的理解不一致,很多情况下是很难实现的。因此,有必要研究双方当事人的态度。

15.3.4 合同双方承担风险的态度

"一带一路"电力BOT项目签订合同的目的是能够在项目建设过程中更好地管理风险,提高项目管理水平,约定合理的安全风险分担原则。项目所有当事人为了能够达到最好的效果,必须要采取积极的态度。因此,有必要分析双方当事人对风险契约的态度及秉持此态度的理由。

业主面对安全风险的态度。通常情况下,业主对承担风险的态度并不是很积极。由于业主自身控制风险的能力较低,因此更愿意将安全风险转移给承包商。将项目投资价格控制在合同约定的范围内是业主选择把安全风险转移给承包商的目的,业主希望承包商重视项目建设过程中安全风险的控制与管理,从而保障项目的安全性、收益的稳定性。但与此同时，业主这样的做法可能会导致其他后果，如承包商在投标价中加入风险成本；一旦有风险发生，承包商的风险投入不足以弥补安全风险带来的损失时，也可能会因为资金周转不畅影响项目的正常运营；承包商为了省钱而偷工减料，导致项目质量达不到预期，严重的话还会引起工程事故。

因此，从业主的角度来看，将工程的所有风险都分担给承包商并不一定是有利的。按照发包人要求的价格，承包人可以如期完成施工。在风险分担之前，我们需要考虑自身条件，尽可能对项目安全风险做出准确决策，不应在合同中简单粗暴地将安全风险转移给承包商。分担风险应该考虑项目自身的特点、合同双方对项目风险的态度、合同双方对风险管理的能力以及承担风险的能力。如果业主选择让承包商承担大部分风险，那么在制定投标评价标准时，有必要关注承包商的技术经验、技术能力、财务能力。否则，一旦选定的投标人能力不强且价格较低，就会导致项目在实施过程中终止，这样一来项目的成本比预想的要高得多。同时，双方有必要考虑合同的法律环境。例如在项目合同中，如果承包商提供的证据信息证明不正确，就会引起承包商的误解，业主就可以免除合同责任。

承包商面对风险的态度。与业主考虑的方面有所不同的是，承包商面对安全风险的态度取决于以下几方面：所要承包的项目其自身是否有承担风险和管理风险的能力，是否在承担风险的同时能获得相应的风险报酬。承包商通过将安全风险转移给第三方，向业主索赔来减少自身承担的风险，或通过自身的能力来应对风险，化风险支出费用为利润等方式来控制管理风险。

因此，只要承包商认为自己可以得到相应的风险报酬，那他就可能愿意承担对应的风险。实际上，很多有实力的承包商会以更高的风险和潜在的利益参与更多的项目，并按合同双方当事人在合同中明确的风险分担比例执行。项目安全风险管理水平不高的承包商不具有特定的竞争优势，注定会被市场排除在外。对于风险的分担，并没有一个绝对的标准，而是以项目本身为基础，原则上依据合同双方各自的条件以及对待风险的态度来分担，这会更有利于项目的发展。

15.3.5 "一带一路"电力 BOT 项目安全风险分担模型

安全风险一直贯穿于项目建设的全过程，因此，存在着安全风险的分担问题（图 15.3），对于"一带一路"BOT 项目合作，如何灵活的解决项目实施过程中的安全风险因素的影响，从而节省时间和减少项目费用支出？本章将给出一个较为简单的项目安全风险分担模型。

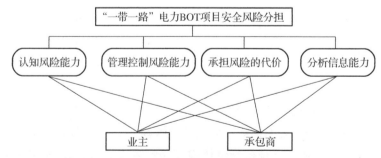

图 15.3 "一带一路"电力 BOT 项目安全风险分担

假设有 E、F、G 等企业参与"一带一路"电力 BOT 项目建设,根据安全风险分担原则划分如下:最优分担方案为$\{E,F,G,\cdots\}=\max\{\omega E,\omega F,\omega G,\cdots\}$,或$\{E,F,G,\cdots\}=\min\{\varphi E,\varphi F,\varphi G,\cdots\}$,或$\{E,F,G,\cdots\}=\min\{\alpha E,\alpha F,\alpha G,\cdots\}$,其中,$\omega$ 为风险分担能力的适宜值,φ 为接受风险的代价,α 为认知风险的大小。

(1) 确定 ω("一带一路"电力 BOT 项目安全风险分担能力的适宜值)

适宜值的影响因素有很多,但主要受企业的财务能力、项目管理能力、技术能力的影响。求出 ω 的值后,应由业主方根据 ω 进行评判,对项目所有参与方合同的 ω 进行评估,ω 最大的一方分担风险较为合理。

$$\omega = f(\text{财务能力},\text{管理能力},\text{技术能力}) \tag{15.1}$$

(2) 确定 φ("一带一路"电力 BOT 项目接受安全风险的代价)

"一带一路"电力 BOT 项目存在安全风险表示该项目具有潜在的财务损失,接受风险分担就意味着必然会有费用支出。这笔费用将会以投标准备金或风险费用的方式存在,安全风险管理的目标就是要降低风险费用或可接受风险的费用。所以,原则上应该把风险分配给风险费支出最少的一方。虽然接受安全风险分担一方的风险代价存在着许多不确定性因素的影响,但 φ 最小一方分担风险是合理的,ω 与 φ 虽然存在某些共性,但 ω 由业主方贡献,φ 由合同相关的一方确定。

$$\varphi = f(\text{财务状况},\text{风险管理能力},\text{接受风险的激励},\text{项目竞争性}) \tag{15.2}$$

(3) 确定 α("一带一路"电力 BOT 项目认知风险的大小)

项目相关方获得的信息量和准确度会有所不同,项目团队各方的组织特点和团队里个人的性格也是截然不同的,因此,他们对项目安全风险的认知也是不同的,由 α 最小的一方分担风险是合理的。

$$\alpha = f(\text{信息准确度},\text{信息分析能力},\text{性格态度},\text{运用技术能力},\text{经验},\text{期望值},\text{风险背景等}) \tag{15.3}$$

"一带一路"电力 BOT 项目认知风险的大小与其接受风险的代价有着密切关系。实际"一带一路"电力 BOT 项目中,承包商在分担风险后往往得不到相应的风险收益回报,导致承包商采用防御策略,拒绝使用先进的设备方案,严重影响项目的顺利开展。

15.3.6 某电力投资项目案例分析

近年来,老挝政府开始重视本国水电资源的开发和利用,提出要将老挝建成"中南半岛蓄电池"的目标,但由于本国资金和技术力量的缺乏,老挝政府采用了建设—经营—转让(Build—Operate—Transfer,简称 BOT)模式。其中某水电工程 BOT 项目准备采用公开招标方式来选定承包商,中国企业参与了本次投标。在与初步选定的承包商进行最终合同条件谈判过程中,业主的咨询工程师(项目管理方)为了确定项目地质风险由哪一方承担更为合适,于是就根据承包商所提供的资格预审材料,投标时所提供的技术和商务标书,并考虑业主方的实际情况,运用前面的电力 BOT 项目风险分担模型对承包商和业主方的地质风险承受能力进行评估。

这里发包方即"业主方"用"A"表示,中标人即"承包商"用"B"表示,"承受地质风险的各项能力"分为优(10分)、良(8分)、中(6分)和差(0分)四个等级。

考虑到该BOT项目的实际情况,假设财务能力α_1、技术能力α_2和管理能力α_3的权重分别为0.2、0.5和0.3,则其风险分担能力的适宜值$\omega=f($财务能力,技术能力,管理能力$)$可转化为:

$$\omega=0.2\alpha_1+0.5\alpha_2+0.3\alpha_1 \tag{15.4}$$

本例中选择10位同行专家对相关参数打分,汇总专家的打分,取其平均值,业主与承包商在各项指标中的最终得分情况如表15.1所示。

表15.1 项目业主与承包商得分统计

合同方	财务能力	管理能力	技术能力
业主(A)	8	6	10
承包商(B)	10	8	8

根据上述风险分担模型中"一带一路"电力BOT项目风险分担能力的适宜值$\omega=f($财务能力,管理能力,技术能力$)$可得出:

$$\omega=0.2\omega_1+0.5\omega_2+0.3\omega_3$$

业主方:

$$\omega_A=0.2\times 8+0.5\times 6+0.3\times 10=7.6$$

承包商:

$$\omega_B=0.2\times 10+0.5\times 8+0.3\times 8=8.4$$

可能分担方案为:

$$\{业主,承包商\}=\max\{\omega_A,\omega_B\}=\{7.6,8.4\}=8.4$$

根据计算结果,显然,承包商具备较强的地质风险承受能力,因此,业主的咨询工程师向业主建议承包商承担该项目地质风险对整个BOT项目的推进来说是较为妥善的一种安全风险处理方式。

15.4 "一带一路"电力投资项目安全成本分担研究

15.4.1 安全成本分担原则与流程

1. 安全成本分担原则

"一带一路"的建设遵循共商、共享、共建原则。一般情况下,电力投资项目安全风险由实力最强的一方承担,安全成本的分配应该公平合理,只有利益相关者都认可或满意的安全成本分担方案,才能保证双方合作的顺利进行和投资项目取得成功。东道国政府和中国企业作为电力投资项目的主要利益相关方,其安全成本分担应遵循如下原则:

(1) 互惠互利原则。安全成本分担方案以不损害参与方应得的利益为基础,双方合作使得电力投资项目利益相关者均"有利可图"。

（2）就近原则。电力投资项目安全成本分担并不是要参与各方平均分配项目总的安全成本，而是由对该安全风险最有管控力的一方分担相应的安全成本。

（3）匹配原则。电力投资项目主要利益相关者之间的合作应满足获得的收益与分担的安全成本相匹配。

（4）上限原则。分担的安全成本要有上限。对于一些安全风险，主要利益相关者没法单独承担安全成本，需要双方协商讨论得出成本分担比例。

2. 安全成本分担流程

东道国政府和项目投资人对待安全风险的偏好不同，承担安全风险的能力也不同，这导致安全成本的分配具有复杂性。"一带一路"电力投资项目的建设具有持续性和动态性，其安全成本管控是一个动态的过程[273,280]。依据上述原则，安全成本分担的流程如图15.4所示：

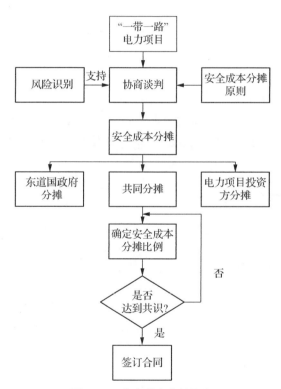

图 15.4　安全成本分担流程

作为电力投资项目主要利益相关者，东道国政府和项目投资人根据当地的经济、社会发展情况以及项目所处的自然环境，对拟实施的电力项目进行安全风险识别，判断双方各自分别面临哪些安全风险，据此确定应承担的安全成本。明确是独自承担还是共同承担，对于共同承担部分，通过协商谈判，按照安全成本分担原则，确定分担比例，最后达成共识，签订协议。科学合理的安全成本分担比例是确保电力投资项目取得成功，合作双方利益最大化的可靠保证。

15.4.2 安全成本的分担

结合上述安全成本分担原则与流程,将"一带一路"电力投资项目可能遇到的安全风险分为两类:东道国政府、项目投资人独自承担的安全风险,其安全成本为 V_1;双方共同承担的安全风险,其安全成本为 V_2。

设东道国政府和项目投资人分担的安全成本分别为 A、B,项目安全风险共有 m 种,其安全成本分别编号为 $1,2,\cdots,m$。其中:$1,2\cdots,g$ 为自担安全成本;$g,\cdots,m$ 为共担安全成本;w_i 为各类安全成本的权重;$a_i+b_i=1, i=1,2,\cdots,m$。

$$A = w_1 \cdot a_1 + w_2 \cdot a_2 + \cdots + w_m \cdot a_m \quad (15.5)$$

$$B = w_1 \cdot b_1 + w_2 \cdot b_2 + \cdots + w_m \cdot b_m \quad (15.6)$$

根据安全风险识别的结果,参与各方管控能力内的安全风险,其安全成本由对该风险最具管控力的一方单独承担,安全成本分担比例为 1,另一方为 0。而参与方自己控制范围外的安全风险,其安全成本应按一定分担比例,由项目参与各方共同承担(本章主要考虑东道国和项目投资方)。

可以看出,合作的双方对投资项目的价值取向不同,存在信息不对称现象,其安全成本的分担具有不确定性。随机合作博弈模型在解决双方合作成本和收益分配的不确定性问题上已经取得了显著的成果[281]。本章结合"一带一路"电力投资项目安全成本影响因子修正 Shapley 值,在项目收益分配方案中考虑利益相关方对安全成本分担的实际情况,以解决电力投资项目共担安全成本的分配比例问题[273]。

15.4.3 随机合作博弈模型

随机合作博弈的表述为:$\Gamma = (N, \{R(S)\}_{S\subset\theta}, \{\underset{\sim i}{\succeq}\}_{i\in N})$,$N$ 表示电力投资项目的合作者;S 表示电力投资项目中小的合作联盟,$\forall S \in N$;$R(S)$ 表示电力投资项目参与方的非负随机收益;$\underset{\sim i}{\succeq}$ 表示电力投资项目中合作方的偏好关系集;θ 表示电力投资项目非零随机收益联盟的集合。电力投资合作联盟 S 的参与者个数为 $|S|$。p 表示共担安全成本分担权重,$pR(S)$ 表示电力投资合作联盟 S 的收益分配,$pR(S)$ 表示 S 中成员 i 的收益,当 $\sum_{i\in S} p_i = 1$,该分配有效。

1. 共担安全成本分摊态度

电力投资项目利益相关者在风险方面的态度有回避型、中立型和爱好型。不同的态度决定着不同的安全成本分担态度。假定在"一带一路"电力投资合作联盟里,东道国政府与电力项目投资方都属于回避型,对分担安全成本均持谨慎态度,区别在于谨慎程度不同。效用函数满足 $u_i = e^{-r_i x}$,其中 r_i 表示"一带一路"电力项目利益相关者 i 投入安全成本的风险规避度,$r_i > 0$,r_i 越大,利益相关者对风险越是回避,分担安全成本态度越谨慎。

当 $X \underset{\sim i}{\succ} Y$,合作者 i 对风险 X 分担安全成本的意愿强于对风险 Y 分担安全成本的意愿;当 $X \sim_i Y$,合作者 i 认为对于风险 X 或 Y 分担安全成本均可;当 $X \underset{\sim i}{\prec} Y$,合作者 i 对风险 Y 分担安全成本的意愿强于对风险 X 分担安全成本的意愿。

2. 共担安全成本下随机合作博弈的 Shapley 值

Shapley 值法由 Shapley 于 1953 年提出,遵循贡献与收益相匹配原则,按照参与者的边际贡献,分配合作联盟的成本与收益。这种方法利用博弈论解决多人合作对策问题,不仅能解决安全成本分担问题,还能将其与收益结合起来。Shapley 值法要求合作者之间满足个体理性与超可加性,更容易令主要利益相关者接受安全成本分担结果[282]。

对于任意参与方 $i \in N$,存在严格单调连续递增函数 $f^i: R \to R^v$,使得对任意 $S \in v, T \in t$, $t' \in R$,当且仅当 $t \geqslant t'$ 时,有 $f_S^i(t) R(S) \geqslant f_T^i(t') R(T)$。有转换函数 $\alpha_i: v \times v \to I \cdot R$,且有唯一值,使 $X \sim \alpha_i(X,Y) Y$,即 $\alpha_i(X,Y)$ 使 X 与 Y 无差异。当 $X = p_i R(S), Y = q_i R(Y)$ 时,转换函数 $\alpha_i(X,Y) = f_T^i [(f_S^i)^{-1} p_i]/q_i$,且 $\alpha_i(0,0) = 1$;p_i、q_i 为权重系数。

令 $f_S^i(t) = t/E\{U_i[R(S)]\}$,此时转换函数 $\alpha_i(X,Y) = E[U_i R(S)]/E[U_i R(T)]$,$E(U_i)$ 表示期望效用。

对于电力投资项目任一利益相关者 i,均有一个确定性等价收益 m_i,通过转换函数,使其等同于 i 的随机收益。

将确定性收益 m_i 代入转换函数中,可得:

$$\alpha_i[R(S), R(T)] = \frac{m_i(S)}{m_i(T)} \tag{15.7}$$

随机合作博弈的 Shapley 值为:

$$x_i = \left\{ (n!)^{-1} \sum_{\sigma \in \prod N} \alpha_i [Y_{\sigma(i)}^\sigma, R(N)] \right\} R(N) \tag{15.8}$$

式中:$\sigma \in \prod N$ 表示 N 的一个字典排序,$(n!)^{-1}$ 表示安全成本分担比例,$R(N)$ 表示成员的收益。

本章的研究对象是"一带一路"东道国政府和电力项目投资方,所以只存在 2! 个字典排序。$Y_{\sigma(i)}^\sigma$ 表示字典排序 σ 下,参与者 i 的边际贡献,表示为:

$$Y_{\sigma(i)}^\sigma = \left\{ 1 - \sum_{k=1}^{N-1} \alpha_{\sigma(k)} [Y_{\sigma(i)}^\sigma, R(S_i^\sigma)] \right\} R(S_i^\sigma) \tag{15.9}$$

在不考虑安全成本影响因子对安全成本分担造成的影响下,东道国政府与电力项目投资方的 Shapley 值是:

$$\begin{cases} x_1 = \frac{1}{2} \alpha_1 [R(1), R(N)] R(N) + \frac{1}{2} \{1 - \alpha_2 [R(2), R(N)]\} R(N) \\ x_2 = \frac{1}{2} \alpha_2 [R(2), R(N)] R(N) + \frac{1}{2} \{1 - \alpha_1 [R(1), R(N)]\} R(N) \end{cases} \tag{15.10}$$

式中:$R(1), R(2)$ 分别代表东道国政府和电力项目投资方的随机收益,$R(N)$ 表示双方合作产生的随机收益。

将确定性收益 m_i 代入上式中,得:

$$m_i(x_i) = E(x_i) - \frac{1}{2} r_i \text{Var}(x_i) \quad (i=1,2) \tag{15.11}$$

式中:$E(x_i)$、$\text{Var}(x_i)$ 表示电力投资项目主要利益相关者获得收益的期望与方差。

$F(x_i) = \frac{1}{2} r_i \text{Var}(x_i)$ 表示在项目建设中,项目风险产生的风险溢价。

3. 考虑安全成本影响因子的 Shapley 值改进

上述随机合作博弈 Shapley 值公式,避免了收益的平均分配,具有一定的科学性。但该分配简单地将共担安全成本 V_2 分担权重表示为 $\frac{1}{2}$,没有考虑到实际情况中个体差异性对分担安全成本所造成的影响。"一带一路"电力投资项目的实际建设中,东道国政府与电力项目投资方之间的经济水平、技术水平、社会影响力、安全意识等因素的不同[283],会造成安全成本分担结果不一样。因此需要结合上述因素对 Shapley 值进行修正。

在这里我们使用 $\boldsymbol{P}=(p_1,p_2,\cdots,p_n)$ 代替 $(n!)^{-1}$,其中 $\sum p_i=1$。结合上述安全成本影响因素,设置修正因素集合 $K=\{k\}$,$k=1,2,3,4$ 分别代表影响共担安全成本 V_2 分摊的四个因素:经济水平、社会影响力、技术水平和安全意识。建立分析表如表 15.2 所示:

表 15.2 修正因素测度值

i	j			
	1(经济水平)	2(社会影响力)	3(技术水平)	4(安全意识)
1(东道国政府)	c_{11}	c_{12}	c_{13}	c_{14}
2(电力项目投资方)	c_{21}	c_{22}	c_{23}	c_{24}

注:c_{ij} 为第 i 个利益相关者关于第 j 个修正因素的测度值。

根据表 15.2 可得影响安全成本分担的修正矩阵 $\boldsymbol{C}$:

$$\boldsymbol{C}=\begin{bmatrix} c_{11} & c_{12} & c_{13} & c_{14} \\ c_{21} & c_{22} & c_{23} & c_{24} \end{bmatrix}$$

将 $\boldsymbol{C}$ 进行归一化处理,得到矩阵 $\boldsymbol{D}=(d_{ij})_{2\times 4}$。按照专家打分法得到每个影响因素对安全成本分担的影响系数为 $\boldsymbol{\gamma}=[\gamma_1 \quad \gamma_2 \quad \gamma_3 \quad \gamma_4]^{\mathrm{T}}$,进而得:

$$[p_1 \quad p_2]^{\mathrm{T}}=\boldsymbol{D}\times\boldsymbol{\gamma} \tag{15.12}$$

综合安全成本影响因素后,东道国政府与电力项目投资方的修正 Shapley 值为:

$$\begin{cases} x_1=p_1\alpha_1[R(1),R(N)]R(N)+p_2\{1-\alpha_2[R(2),R(N)]\}R(N) \\ x_2=p_2\alpha_2[R(2),R(N)]R(N)+p_1\{1-\alpha_1[R(1),R(N)]\}R(N) \end{cases} \tag{15.13}$$

随机函数的确定性收益 $m_i(x_i)=E(x_i)-\frac{1}{2}r_i\mathrm{Var}(x_i)$,$x_i$ 随着平均权重 p 的变化而变化,因此 $m_i(x_i)$,$\mathrm{Var}(x_i)$ 都是 p 的函数。

从电力项目主要利益相关者个体理性角度出发,当项目通过合作产生的期望效益大于其保留效益时,投资方才会参加该电力项目。而对于东道国政府,电力投资项目的社会效益和经济效益对其管理与决策有着重要的影响,东道国政府希望能够实现社会效益与经济效益的最大化。因此,"一带一路"电力投资项目成功的关键在于合作者是否能够通过安全成本的合理分担,激发各自在安全问题管理方面的能力,发挥双方不同的优势,使得电力项目主要利益相关者的收益在满足大于单独建设所获得的收益时,安全风险产生的风险溢价得到降低。

综合考虑经济水平、技术水平、社会影响力和安全意识四个安全成本因素，修正利益分配方案，能够激发合作方参与项目的积极性，合作联盟得到的确定性收益增加，风险为项目带来的不确定性减小。

15.5　电力投资项目安全成本分担算例分析

某东南亚国家水电站项目，总投资为36亿美元，装机容量为600万kW，由中国企业投资建设。由于该项目没有正确进行安全风险评估和处理好项目利益相关方的诉求问题，导致文化、政治、环保问题接踵而至，该水电站建设项目被东道国政府搁置，从而使项目投资面临重大损失。中国投资方已在前期投入70亿元，人员维护与财务付息费用仍以每年3亿元逐渐递增，赔付供应商、施工单位等有关合同方巨额违约费。而电站停建，东道国国内生产总值每年将损失50亿美元。这表明投资项目安全风险的存在，对双方的利益都有影响，因此，东道国政府和中国企业都意识到必须重启该项目，提升电站建设安全保障水平，控制项目安全风险，才能降低双方损失，获得较好收益。只有使项目投资双方安全成本按一定的比例进行分配才能具有足够的安全投入，才能提升投资项目整体安全保障水平，使双方的利益最大化。本章提出的模型适合解决此类问题。

由于该项目处于建设前期，很多工作还没有开展，无法获得项目真实具体的财务数据，因此，只能根据项目背景资料对相关参数做合理有效的假设，以检验各自承担风险和共担风险安全成本分配模型的有效性。

项目的主要利益相关者为东道国政府与中国投资企业（简称项目投资人）。合作双方具有共同的安全意识，项目投资人的经济水平优于东道国政府，可设其经济水平比为7∶3。基于政策、文化与国情的优势，东道国政府的社会影响力优于项目投资人，可将双方的安全管控能力比设为6∶4。而技术上，项目投资人较东道国政府有先进优势，东道国政府与投资人的技术水平比为2∶8。根据专家评价，安全因素对安全成本分担的影响系数 $\gamma=[0.5\ \ 0.2\ \ 0.2\ \ 0.1]^T$。根据水电站项目的综合用途，东道国政府与项目投资人在该项目中的收益满足正态分布。若东道国政府独自出资建设并经营该项目，其收益满足正态分布 $R(1) \sim N(8,1.44)$。当项目投资人不参与该电力工程建设，而将资金用于其他项目上，其收益满足正态分布 $R(2) \sim N(4,1)$。双方的合作收益满足正态分布 $R(N) \sim N(14,4)$。项目投资人较东道国政府的投资态度更加谨慎，东道国政府的风险规避度 $r_1=1$，项目投资人的风险规避度 $r_2=2$。

第一步，由公式(15.11)可计算出未合作前东道国政府与项目投资人的确定性收益分别是：

$$m_1(x_1)=7.28, m_2(x_2)=3$$

此时，双方的确定性收益之和为10.28，风险溢价为1.72。

第二步，利用随机合作博弈模型计算东道国政府与项目投资人的原始Shapley值，由公式(15.7)得：

$$\alpha_1[R(1),R(N)]=0.61, \alpha_2[R(2),R(N)]=0.3$$

由公式(15.10),可以计算 Shapley 值修正前为:

$$\begin{cases} x_1=\frac{1}{2}\alpha_1[R(1),R(N)]R(N)+\frac{1}{2}\{1-\alpha_2[R(2),R(N)]\}R(N)=0.655R(N) \\ x_2=\frac{1}{2}\alpha_2[R(2),R(N)]R(N)+\frac{1}{2}\{1-\alpha_1[R(1),R(N)]\}R(N)=0.345R(N) \end{cases}$$

将 x_1、x_2 代入公式(15.8),得到东道国政府与项目投资人的确定性收益:

$$m_1(x_1)=8.31195, m_2(x_2)=4.3539$$

此时,双方合作下的确定性收益为 12.66585,风险溢价为 1.33415。显然,与未合作前相比,未合作前安全成本完全由各自承担,其安全保障水平有限,合作后安全风险部分转移,部分安全成本由双方共同分担,安全保障水平有一定的提高,项目确定性收益增大,风险溢价减少。

第三步,考虑安全风险转移后安全成本分担因素,对 shapley 值进行修正。

根据电力投资项目的相关情况,对安全成本分担因素进行归一化处理后的修正矩阵为:

$$D=\begin{bmatrix} 0.3 & 0.6 & 0.2 & 0.5 \\ 0.7 & 0.4 & 0.8 & 0.5 \end{bmatrix}$$

由公式(15.12),基于同行专家对该电力投资项目的打分,可计算出安全风险转移后安全成本分担权重为:

$$p_1=0.36, p_2=0.64$$

再由公式(15.13),得到双方安全成本分担的修正 Shapley 值:

$$\begin{cases} x_1=p_1\alpha_1[R(1),R(N)]R(N)+p_2\{1-\alpha_2[R(2),R(N)]\}R(N)=0.6676R(N) \\ x_2=p_2\alpha_2[R(2),R(N)]R(N)+p_1\{1-\alpha_1[R(1),R(N)]\}R(N)=0.3324R(N) \end{cases}$$

将其代入公式(15.11),东道国政府与项目投资人的确定性收益分别为:

$$m_1(x_1)=8.4564, m_2(x_2)=4.2136$$

由此得出双方合作下安全风险转移后总的确定性收益为 12.67,风险溢价为 1.33。与修改 Shapley 值前相比,双方总的确定性总收益由原来的 12.66585 增加为 12.67,总风险溢价由原来的 1.33415 减少为 1.33,其相关的实际费用有明显变化。这说明考虑安全成本分担因素后,东道国政府安全成本分担比例为 0.36,项目投资人安全成本分担比例为 0.64,此时总的确定性收益增加,安全风险溢价降低,安全成本分担比例相对最优,满足安全成本分摊原则。在进行工程项目建设期,充分利用项目投资人充足的建设资金和先进的技术经验,结合东道国政府对该国的安全管控能力,提升投资项目的安全保障水平,可以有效降低合作中的安全风险,提高投资项目建设效率。

15.6 本章小结

东道国政府与电力项目投资方作为"一带一路"电力投资项目的主要利益相关者,参与了投资项目的整个生命周期,双方顺利的合作为电力投资项目的成功起到重要的作用。而

"一带一路"沿线国家复杂的经济和社会环境导致在其进行电力项目建设时存在诸多安全问题，如何实现安全风险有效管控，是我国电力企业"走出去"面对的首要问题。

　　本章运用博弈论思想，分析了项目主要利益相关者在经济水平、社会影响力、技术水平和安全意识等因素之间的差异性和收益分配特点，构建了"一带一路"安全成本分担博弈模型，通过实例验证，在考虑安全成本影响因素后，修正shapley值所得确定性总收益有向好趋势，风险溢价也会降低。研究表明，东道国政府和电力投资企业在项目上合作应对安全风险，比单独建设独立面对取得的收益更好，安全成本分担也会最佳，因此双方合作会大大提升投资项目的安全保障水平，确保项目取得成功。这与现实的投资情况基本相符。

　　"一带一路"沿线大多数东道国政府均属风险规避者，在能源电力等基础设施的建设过程中都会选择以双方或多方合作的形式来谈判，这有利于我国投资企业"走出去"。由于投资项目全寿命期各参与方风险偏好的不同，面临的安全成本不同，其安全保障水平也不相同，因此，只有设置适当的目标和投资收益，合理进行安全成本分担，确定其安全风险承受水平和范围，才能保障投资项目的成功，实现互利共赢。

参考文献

[1] 李洪言,赵朔,林傲丹,等.2019年全球能源供需分析:基于《BP世界能源统计年鉴(2020)》[J].天然气与石油,2020,38(6):122-130.

[2] 李洪言,赵朔,刘飞,等.2040年世界能源供需展望:基于《BP世界能源展望(2019年版)》[J].天然气与石油,2019,37(6):1-8.

[3] 代晓东,王余宝,毕晓光,等.2016年世界能源供需情况分析与未来展望:基于《BP世界能源统计年鉴》与《BP世界能源展望》[J].天然气与石油,2017,35(6):8-12.

[4] 代晓东,王潇潇,毕晓光,等.2015年世界能源供需解读:基于《BP世界能源统计年鉴》[J].天然气与石油,2017,35(1):1-4.

[5] 马林茂.可再生能源发展影响因素模型构建及情景模拟研究[D].武汉:中国地质大学,2019.

[6] 李继峰,刘明.中国能源发展:改革开放四十年回顾与未来三十年展望[J].发展研究,2019(3):48-53.

[7] 杰里米·里夫金.第三次工业革命:新经济模式如何改变世界经济理论[M].张体伟,译.北京:中信出版社,2012.

[8] Laufer A. Construction accident cost and management safety motivation[J]. Journal of Occupational Accidents, 1987, 8(4): 295-315.

[9] Matthews J C, Allouche E N, Sterling R L. Social cost impact assessment of pipeline infrastructure projects[J]. Environmental Impact Assessment Review, 2015, 50: 196-202.

[10] 黄盛仁.20世纪90年代我国企业安全生产的投入分析与研究[J].中国安全科学学报,2002,12(5):19-25.

[11] 罗云.安全经济学[M].2版.北京:化学工业出版社,2010.

[12] 住房和城乡建设部办公厅.关于2018年房屋市政工程生产安全事故和建筑施工安全专项治理行动情况的通报[R/OL].(2019-03-22). http://zjt.qinghai.gov.cn/html/126/10610.html.

[13] 余贻鑫,赵义术,刘辉,等.基于实用动态安全域的电力系统安全成本优化[J].中国电机工程学报,2004,24(6):13-18.

[14] 余贻鑫,王艳君,陈晓明.基于实用安全域的电力系统安全成本分摊[J].中国电机工程学报,2009,29(19):1-7.

[15] 杨太华.区域电网建设安全风险识别及规避策略研究[M].南京:东南大学出版社,

2014.

[16] 姜慧. 建筑施工企业安全成本的优化方法及策略研究[D]. 徐州:中国矿业大学,2018.

[17] 刘雪连. 电力系统最优运行的电压安全成本研究[D]. 济南:山东大学,2006.

[18] Jansen G, Dehouche Z, Corrigan H. Cost-effective sizing of a hybrid Regenerative Hydrogen Fuel Cell energy storage system for remote & off-grid telecom towers[J]. International Journal of Hydrogen Energy, 20213, 46(3):18153 – 18166.

[19] 张晓辉,董兴华,钟嘉庆. 考虑风险成本的含风电场的电力系统动态经济调度[J]. 华东电力,2012,40(3):448 – 452.

[20] 梅强. 安全经济学[M]. 北京:机械工业出版社,2019.

[21] López-Alonso M, Ibarrondo-Dávila M P, Rubio M C. Safety cost management in construction companies: A proposal classification[J]. Work, 2016, 54(3):617 – 630.

[22] Akcay C, Aslan S, Sayin B, et al. Estimating OHS costs of building construction projects based on mathematical methods[J]. Safety Science, 2018, 109:361 – 367.

[23] Heinrich H W, Petersen D, Roos N. Industrial Accident Prevention[M]. 5th ed. New York:McGraw-Hill, 1980.

[24] Geller E S. Organizational behavior management and industrial/organizational psychology[J]. Journal of Organizational Behavior Management, 2003, 22(2):111 – 130.

[25] 陆宁,廖向晖,王巍,等. 建设项目安全成本率分析模型[J]. 西安建筑科技大学学报(自然科学版),2007,39(2):161 – 164.

[26] Butler R J, Johnson W G. Adjusting rehabilitation costs and benefits for health capital: The case of low back occupational injuries[J]. Journal of Occupational Rehabilitation,2010,20(1):90 – 103.

[27] 姚庆国. 安全成本与安全工作经济优化[J]. 煤炭学报,2001,26(3):331 – 334.

[28] 黄俊东. 建筑施工安全成本浅析[J]. 建筑安全,2005,20(11):26 – 27.

[29] 白玉萍. 建筑施工企业安全成本定量化动态分析[J]. 建筑经济,2015,36(7):112 – 115.

[30] 邵波. 面向人因事故的建筑施工企业安全投入结构维度研究[D]. 宜昌:三峡大学,2016.

[31] 赵鹏飞,贺阿红. 煤矿安全投入结构合理性评价[J]. 煤矿安全,2016,47(1):227 – 230.

[32] 陈桂充. 建设工程项目安全成本指标体系研究[D]. 重庆:重庆大学,2015.

[33] 姚庆国,张士强,霍玉生,等. 煤炭安全成本初论[J]. 煤炭经济研究,1999,19(6):33 – 35.

[34] Everett J G, Frank P B Jr. Costs of accidents and injuries to the construction industry[J]. Journal of Construction Engineering and Management, 1996, 122(2):158 – 164.

[35] Wrona R M. The use of state workers' compensation administrative data to identify injury scenarios and quantify costs of work-related traumatic brain injuries[J]. Journal of Safety Research,2006,37(1):75-81.

[36] Ahmed S M, Kwan J C, Ming F Y W, et al. Site safety management in Hong Kong[J]. Journal of Management in Engineering,2000,16(6):34-42.

[37] 朱朦.基于系统动力学模型的煤炭企业安全成本研究[J].煤炭工程,2016,48(5):139-141.

[38] 姜慧,王建平,梁化强.建筑企业保证性安全成本的构成与灰色关联度[J].扬州大学学报(自然科学版),2014,17(1):63-66.

[39] Brody B, Létourneau Y, Poirier A. An indirect cost theory of work accident prevention[J]. Journal of Occupational Accidents,1990,13(4):255-270.

[40] 李晓娟,赖芨宇.建筑企业施工安全成本分析[J].扬州大学学报(自然科学版),2013,16(1):66-70.

[41] 罗云.风险分析与安全评价[M].3版.北京:化学工业出版社,2017.

[42] 罗云.企业本质安全理论模式方法范例[M].北京:化学工业出版社,2018.

[43] 罗云.员工安全行为管理[M].2版.北京:化学工业出版社,2017.

[44] 段海峰,王立杰,荆全忠.煤矿安全投入和安全成本的界定[J].中国安全科学学报,2006,16(6):65-70.

[45] 张士强,潘德惠,姚庆国.煤炭安全成本及其变动趋势分析[J].安全与环境学报,2005,5(4):109-113.

[46] 郭秀珍.关于安全成本控制的初探[J].建筑安全,2003,18(5):15-17.

[47] Bird F E, Loftus R G. Loss control management[M]. Atlanta, GA: Institute Press,1976:562.

[48] DO Nascimento C S, Andrade D A, de Mesquita R N. Psychometric model for safety culture assessment in nuclear research facilities[J]. Nuclear Engineering and Design,2017,314:227-237.

[49] 杨洪禄.建筑企业安全投入研究[D].天津:天津大学,2013.

[50] 张仕廉,赵隽.建筑企业隐性安全成本影响因素实证研究[J].安全与环境工程,2015,22(2):144-148.

[51] 叶贵,任宏,汪红霞.基于模糊因子分析法的建筑企业安全成本因素分析[J].土木工程学报,2011,44(4):136-141.

[52] 田涛.我国煤矿安全投入机制研究及效率评价分析[D].北京:中国矿业大学,2013.

[53] Teo E A L, Feng Y B. Costs of construction accidents to Singapore contractors[J]. International Journal of Construction Management,2011,11(3):79-92.

[54] 朱玥.关于企业安全成本与核算的探讨[J].中国煤炭,2004,30(11):63-64.

[55] 梁美健,刘爱云.煤矿安全成本核算模式探讨[J].煤矿安全,2006,37(8):60-63.

[56] 张军华. 建立煤矿企业安全成本准备金制度的探讨[J]. 中国煤炭,2006,32(9):21-22.

[57] 崔冰,侯学博. 面向功能和时间的安全成本计量属性研究[J]. 会计之友,2015(7):28-31.

[58] Butler S A. Security attribute evaluation method: A cost-benefit approach[C]// Proceedings of the 24th International Conference on Software Engineering-ICSE 2002. May 19-25, 2002. Orlando, Florida. New York: ACM Press, 2002:232-240.

[59] 梁晓文,曾鸣. 电网企业固定资产投资中的安全成本及其计算方法[J]. 华东电力,2009,37(12):1981-1984.

[60] Gurcanli G E, BilirS, Sevim M. Activity based risk assessment and safety cost estimation for residential building construction projects[J]. Safety Science,2015,80(7):1-12.

[61] Schofield S. Offshore QRA and the ALARP principle[J]. Reliability Engineering & System Safety, 1998, 61(1/2):31-37.

[62] Pillay K, Haupt T. The cost of construction accidents[Z]. The Third Built Environment Conference, 2008.

[63] Hinze J, Harrison C. Safetyprograms in large construction firms[J]. Journal of the Construction Division, 1981, 107(3):455-467.

[64] Hinze J, Pannullo J. Safety: function of job control[J]. Journal of the Construction Division, 1978, 104(2):241-249.

[65] Hinze J. Turnover, new workers, and safety[J]. Journal of the Construction Division, 1978, 104(4):409-417.

[66] 方东平,黄新宇,李强,等. 建设项目安全投入与安全业绩分析[J]. 建筑经济,2001,22(3):9-12.

[67] Abrahamsen E B, Abrahamsen H B, Milazzo M F, et al. Using the ALARP principle for safety management in the energy production sector of chemical industry[J]. Reliability Engineering and System Safety,2018, 169:160-165.

[68] Jallon R, Imbeau D, de Marcellis-Warin N. A process mapping model for calculating indirect costs of workplace accidents [J]. Journal of Safety Research, 2011, 42(3):333-344.

[69] Leopold E, Leonard S. Costs of construction accidents to employers[J]. Journal of Occupational Accidents, 1987, 8(4):273-294.

[70] Gambatese J A, Behm M, Hinze J W. Viability of designing for construction worker safety[J]. Journal of Construction Engineering and Management, 2005, 131(9):1029-1036.

[71] 赵挺生,余泽亭,胡署海. 建筑意外伤害保险施行现状研究[J]. 建筑经济,2007,28(11):59-60.

[72] 张仕廉,周卫,郑威. 基于因子分析法的建筑安全影响因素实证分析[J]. 建筑经济, 2008,29(6):85-88.

[73] 陆宁,刘静. 建筑施工企业合理安全投入的动态优化控制[J]. 中国安全科学学报, 2014,24(9):141-145.

[74] 马春玲,陈学锋,王伟. 浅谈安全成本与特性分析在煤炭管理中的应用[J]. 煤炭经济研究,2002,22(8):52-53.

[75] Jallon R, Imbeau D, de Marcellis-Warin N. Development of an indirect-cost calculation model suitable for workplace use[J]. Journal of Safety Research, 2011, 42(3): 149-164.

[76] 张仕廉,潘承仕. 建设项目设计阶段安全设计与施工安全研究[J]. 建筑经济,2006, 27(1):77-80.

[77] Choudhry R M, Fang D P, Ahmed S M. Safety management in construction: Best practices in Hong Kong[J]. Journal of Professional Issues in Engineering Education and Practice, 2008, 134(1): 20-32.

[78] Gambatese J A, Hinze J W, Haas C T. Tool to design for construction worker safety[J]. Journal of Architectural Engineering, 1997, 3(1): 32-41.

[79] Laufer A, Cohenca D. Factorsaffecting construction-planning outcomes[J]. Journal of Construction Engineering and Management, 1990, 116(1): 135-156.

[80] Samelson N M, Levitt R E. Owner's guidelines for selecting safe contractors[J]. Journal of the Construction Division, 1982, 108(4): 617-623.

[81] Levitt R E, Parker H W. Reducing construction accidents—top management's role[J]. Journal of the Construction Division, 1976, 102(3): 465-478.

[82] Coble R J, Hinze J, Haupt T C. Construction safety and health management [M]. New Jersey:Prentice-Hall,2000.

[83] 田水承,李红霞,胡玉宏. 从安全科学看煤矿事故频发原因及防治[J]. 西安科技学院学报,2003,23(2):135-138.

[84] Degn Eskesen S, Tengborg P, Kampmann J, et al. Guidelines for tunnelling risk management: International tunnelling association, working group no. 2[J]. Tunnelling and Underground Space Technology, 2004, 19(3): 217-237.

[85] Melchers R E. On the ALARP approach to risk management[J]. Reliability Engineering & System Safety, 2001, 71(2): 201-208.

[86] Rikhardsson P M, Impgaard M. Corporate cost of occupational accidents: An activity-based analysis[J]. Accident Analysis & Prevention, 2004, 36(2): 173-182.

[87] Andreoni D. Satety in the building industry[J]. Ente Nazionale per la prevenzione degli infortuni, 1977, 3: 692.

[88] Guo B H W, Yiu T W, González V A. Identifying behaviour patterns of construction safety using system archetypes[J]. Accident Analysis & Prevention, 2015,

80：125-141.

[89] Rechenthin D. Project safety as a sustainable competitive advantage[J]. Journal of Safety Research, 2004, 35(3)：297-308.

[90] López-Alonso M, Ibarrondo-Dávila M P, Rubio-Gámez M C, et al. The impact of health and safety investment on construction company costs[J]. Safety Science, 2013, 60：151-159.

[91] Feng Y B, Teo E A L, Ling F Y Y, et al. Exploring the interactive effects of safety investments, safety culture and project hazard on safety performance：An empirical analysis[J]. International Journal of Project Management, 2014, 32(6)：932-943.

[92] Jitwasinkul B, Hadikusumo B H W. Identification of important organisational factors influencing safety work behaviours in construction projects[J]. Journal of Civil Engineering and Management, 2011, 17(4)：520-528.

[93] Morrow S L, McGonagle A K, Dove-Steinkamp M L, et al. Relationships between psychological safety climate facets and safety behavior in the rail industry：A dominance analysis[J]. Accident Analysis & Prevention, 2010, 42(5)：1460-1467.

[94] 刘振翼,冯长根,彭爱田,等.安全投入与安全水平的关系[J].中国矿业大学学报,2003,32(4):447-451.

[95] 董大旻.建设施工安全生产中的危险源管理研究[D].上海:同济大学,2007.

[96] 任海芝,陈玉琴,程恋军.煤炭企业安全投入规模与投入结构优化研究[J].中国安全科学学报,2014,24(8):3-8.

[97] Shirali G A, Salehi V, Savari R, et al. Investigating the effectiveness of safety costs on productivity and quality enhancement by means of a quantitative approach[J]. Safety Science, 2018, 103：316-322.

[98] Zhang J S, Li H J, Zhao Y H, et al. An ontology-based approach supporting holistic structural design with the consideration of safety, environmental impact and cost[J]. Advances in Engineering Software, 2018, 115：26-39.

[99] 张驰,张玲婧.建设工程计价体系下分阶段安全成本构成[J].工业安全与环保,2018,44(1):78-81.

[100] Ackermann F, Eden C. Strategic management of stakeholders：Theory and practice[J]. Long Range Planning, 2011, 44(3):179-196.

[101] Miles S. Stakeholder theory classification：A theoretical and empirical evaluation of definitions[J]. Journal of Business Ethics, 2017, 142(3)：437-459.

[102] Reddy S, Painuly J P. Diffusion of renewable energy technologies—barriers and stakeholders' perspectives[J]. Renewable Energy, 2004, 29(9)：1431-1447.

[103] Chodkowska-Miszczuk J, Martinat S, Cowell R. Community tensions, participation, and local development：Factors affecting the spatial embeddedness of anaerobic digestion in Poland and the Czech Republic[J]. Energy Research & Social

Science, 2019, 55: 134-145.

[104] Richards G, Noble B, Belcher K. Barriers to renewable energy development: A case study of large-scale wind energy in Saskatchewan, Canada[J]. Energy Policy, 2012, 42: 691-698.

[105] Mercer N, Sabau G, Klinke A. "Wind energy is not an issue for government": Barriers to wind energy development in Newfoundland and Labrador, Canada[J]. Energy Policy, 2017, 108: 673-683.

[106] Nfah E M, Ngundam J M. Identification of stakeholders for sustainable renewable energy applications in Cameroon[J]. Renewable and Sustainable Energy Reviews, 2012, 16(7): 4661-4666.

[107] Agterbosch S, Glasbergen P, Vermeulen W J V. Social barriers in wind power implementation in The Netherlands: Perceptions of wind power entrepreneurs and local civil servants of institutional and social conditions in realizing wind power projects[J]. Renewable and Sustainable Energy Reviews, 2007, 11(6): 1025-1055.

[108] Breukers S, Wolsink M. Wind power implementation in changing institutional landscapes: An international comparison[J]. Energy Policy, 2007, 35(5): 2737-2750.

[109] Frate C A, Brannstrom C. How do stakeholders perceive barriers to large-scale wind power diffusion? A Q-method case study from ceará state, Brazil[J]. Energies, 2019, 12(11): 2063.

[110] 李艳慧. 基于利益相关者感知的自然保护区环境政策可持续性研究:以九寨沟为例[D]. 上海:上海师范大学, 2016.

[111] 谢红彬, 孙作玉, 杨英武. 褐色土地再利用的利益相关者环境冲突分析[J]. 中南林业科技大学学报, 2009, 29(6): 206-210.

[112] 陈晓舒, 赵同谦, 李聪, 等. 基于不同利益相关者的水电能源基地建设经济损益研究:以澜沧江干流为例[J]. 生态学报, 2017, 37(13): 4495-4504.

[113] 沈费伟, 刘祖云. 农村环境善治的逻辑重塑:基于利益相关者理论的分析[J]. 中国人口·资源与环境, 2016, 26(5): 32-38.

[114] 陈晓宏, 陈栋为, 陈伯浩, 等. 农村水污染治理驱动因素的利益相关者识别[J]. 生态环境学报, 2011, 20(S2): 1273-1277.

[115] Abdelhamid T S, Everett J G. Identifying root causes of construction accidents[J]. Journal of Construction Engineering and Management, 2000, 126(1): 52-60.

[116] Laiou A, Yannis G, Milotti A, et al. Road safety investments and interventions in south east Europe[J]. Transportation Research Procedia, 2016, 14: 3406-3415.

[117] Aven T, Hiriart Y. Robust optimization in relation to a basic safety investment model with imprecise probabilities[J]. Safety Science, 2013, 55: 188-194.

[118] Tong L, Dou Y Y. Simulation study of coal mine safety investment based on system dynamics[J]. International Journal of Mining Science and Technology, 2014, 24

(2):201-205.

[119] Aven T, Hiriart Y. The use of a basic safety investment model in a practical risk management context[J]. Reliability Engineering & System Safety, 2011, 96(11): 1421-1425.

[120] Starr C. Social benefit versus technological risk[J]. Science, 1969, 165(3899): 1232-1238.

[121] Choudhry R M, Fang D P, Mohamed S. The nature of safety culture: A survey of the state-of-the-art[J]. Safety Science, 2007, 45(10): 993-1012.

[122] Levitt R E, Samelson N M. Construction safety management[M]. New York: John Wiley & Sons, 2001.

[123] 夏鑫,隋英杰. 建筑施工企业安全成本优化和控制的策略构想[J]. 建筑经济, 2007,28(5):94-96.

[124] 陆宁,于玲玲,王茜,等. 煤矿企业安全成本的优化研究[J]. 矿业安全与环保, 2014,41(1):116-119.

[125] 汪赛,李新春,彭红军. 基于安全效益分析的煤炭企业安全投入决策模型[J]. 统计与决策,2009(5):52-54.

[126] 樊俊南,林小萍. 论建筑施工安全成本及优化控制[J]. 现代商贸工业,2008,20(7):161-162.

[127] 侯立峰,何学秋. 安全投资决策优化模型[J]. 中国安全科学学报,2004,14(10): 29-32.

[128] 李祥,汪莉,贺耀荣,等. 安全投资经济分析与效益评价[J]. 中国安全科学学报, 2005,15(3):26-29.

[129] 刘莉君,施式亮. 中国安全经济贡献率的计量分析[J]. 中国安全科学学报,2006, 16(1):55-59.

[130] 杨明. 混沌优化算法在建筑施工安全投入中的应用研究[D]. 天津:天津大学,2007.

[131] 程启智,向宏桥. 安全投入与企业安全生产最优决策[J]. 中南财经政法大学学报, 2010(2):110-116.

[132] 赵宝福,张超,贾宝山,等. TIFNs—AHP在煤炭企业安全投入中的应用[J]. 中国安全科学学报,2016,26(3):145-150.

[133] 徐伟,段治平. 煤炭生产企业完全成本构成及走势研究:以山西省为例[J]. 山东科技大学学报(社会科学版),2016,18(1):68-79.

[134] 徐强,王如坤,王兴发,等. 基于优化模型的煤矿安全投入分配决策研究[J]. 金属矿山,2013(11):139-142.

[135] 刘伟军,汤沙沙. 公路工程项目施工安全成本投入计量研究[J]. 公路与汽运,2018 (4):168-171.

[136] 谢安. 水利施工项目安全成本动态管理研究[J]. 河南水利与南水北调,2016(12):

80-81.

[137] Dy Liacco T E. The adaptive reliability control system[J]. IEEE Transactions on Power Apparatus and Systems, 1967, PAS-86(5): 517-531.

[138] 余贻鑫, 陈礼义. 电力系统的安全性和稳定性[M]. 北京: 科学出版社, 1988.

[139] McCalley J D, Fouad A A, Vittal V, et al. A risk-based security index for determining operating limits in stability-limited electric power systems[J]. IEEE Transactions on Power Systems, 1997, 12(3): 1210-1219.

[140] David A K, Lin X J. Dynamic security enhancement in power-market systems[J]. IEEE Transactions on Power Systems, 2002, 17(2): 431-438.

[141] Fouad A A, Tong J Z. Stability constrained optimal rescheduling of generation[J]. IEEE Transactions on Power Systems, 1993, 8(1): 105-112.

[142] 余贻鑫, 栾文鹏. 利用拟合技术决定实用电力系统动态安全域[J]. 中国电机工程学报, 1990, 10(0): 22-28.

[143] 冯飞, 余贻鑫. 电力系统功率注入空间的动态安全域[J]. 中国电机工程学报, 1993, 13(3): 14-22.

[144] Liu Y, Tan C S, Lo K L. The effects of locational marginal price on electricity market with distributed generation[J]. Proceedings of the CSEE, 2007, 27(31): 89-97.

[145] 张国立, 李庚银, 谢宏, 等. 日前和实时市场统一电能交易模型[J]. 中国电机工程学报, 2006, 26(21): 50-56.

[146] 任震, 吴国玥, 黄雯莹. 电力市场中计算输电电价的一种新方法[J]. 中国电机工程学报, 2003, 23(1): 37-40.

[147] Yu Y X, Wang Y J. Security region based real and reactive power pricing of power system[J]. Science in China Series E: Technological Sciences, 2008, 51(12): 2095-2111.

[148] Rudnick H, Palma R, Fernandez J E. Marginal pricing and supplement cost allocation in transmission open access[J]. IEEE Transactions on Power Systems, 1995, 10(2): 1125-1132.

[149] Fradi A, Brignone S, Wollenberg B E. Calculation of energy transaction allocation factors[J]. IEEE Transactions on Power Systems, 2001, 16(2): 266-272.

[150] Jung H S, Hur D, Park J K. Congestion cost allocation method in a pool model[J]. IEE Proceedings-Generation, Transmission and Distribution, 2003, 150(5): 604.

[151] Bakirtzis A G. Aumann-Shapley transmission congestion pricing[J]. IEEE Power Engineering Review, 2001, 21(3): 67-69.

[152] 杨洪明, 段献忠. 双边交易模式下基于 Aumann-Shapley 值的阻塞费用分摊方法研究[J]. 中国电机工程学报, 2002, 22(11): 59-63.

[153] Kaye R J, Wu F F, Varaiya P. Pricing for system security power tariffs[J]. IEEE Transactions on Power Systems, 1995, 10(2): 575-583.

[154] Rajaraman R, Sarlashkar J V, Alvarado F L. The effect of demand elasticity on security prices for the PoolCo and multi-lateral contract models[J]. IEEE Transactions on Power Systems, 1997, 12(3):1177-1184.

[155] Liu F B, Li Y, Ni Y X, et al. A novel strategy of pricing for steady-state security in deregulated environment[C]//2002 IEEE Power Engineering Society Winter Meeting. Conference Proceedings. January 27-31, 2002, New York, NY, USA. IEEE, 2002:428-433.

[156] Kuo D H, Bose A. A generation rescheduling method to increase the dynamic security of power systems[J]. IEEE Transactions on Power Systems, 1995, 10(1):68-76.

[157] Milano F, Canizares C A, Invernizzi M. Multiobjective optimization for pricing system security in electricity markets[J]. IEEE Transactions on Power Systems, 2003, 18(2):596-604.

[158] McCalley J D, Vittal V, Wan H, et al. Voltage risk assessment[C]//1999 IEEE Power Engineering Society Summer Meeting. Conference Proceedings. July 18-22, 1999, Edmonton, AB, Canada. IEEE, 1999:179-184.

[159] Wan H, McCalley J D, Vittal V. Risk based voltage security assessment[J]. IEEE Transactions on Power Systems, 2000, 15(4):1247-1254.

[160] Singh H. The art of market design-what's next for power markets and SMD?[J]. Power and Energy Magazine IEEE, 2003, 1(5):12-16.

[161] Goudarzi A, Li Y J, Fahad S, et al. A game theory-based interactive demand response for handling dynamic prices in security-constrained electricity markets[J]. Sustainable Cities and Society, 2021, 72(3):1-28.

[162] 李金艳,吴杰康.基于机会约束规划的电力系统安全成本优化计算[J].电网技术,2006,30(4):78-81.

[163] 吴杰康,李金艳,黄荣雄.基于机会约束规划的电力系统安全定价随机模型与算法[J].电工技术学报,2009,24(8):160-166.

[164] 童明光,刘万福,张恩源,等.电力市场环境下系统安全的定价研究[J].电网技术,2004,28(6):31-36.

[165] Rosehart W D, Canizares C A, Quintana V H. Multiobjective optimal power flows to evaluate voltage security costs in power networks[J]. IEEE Transactions on Power Systems, 2003, 18(2):578-587.

[166] Torres G L, Quintana V H. On a nonlinear multiple-centrality-corrections interior-point method for optimal power flow[J]. IEEE Transactions on Power Systems, 2001, 16(2):222-228.

[167] 张强,张伯明,李鹏.智能电网调度控制架构和概念发展述评[J].电力自动化设备,2010,30(12):1-6.

[168] Dubois J, Hû G, Poggi P, et al. Safety cost of a large scale hydrogen system for photovoltaic energy regulation[J]. International Journal of Hydrogen Energy, 2013, 38(19): 8108-8116.

[169] Saffers J B, Molkov V V. Hydrogen safety engineering framework and elementary design safety tools[J]. International Journal of Hydrogen Energy, 2014, 39(11): 6268-6285.

[170] Molkov V. Hydrogen Safety Engineering[J]. Comprehensive Renewable Energy, 2012, 4: 97-129.

[171] Yang T H, Sun R, Wei Q M, et al. Saturated demand forecast of regional power grid based on amended self-adaptive logistic model: A case study of East China[J]. IEEE Access, 2020, 9: 1190-1196.

[172] 陈柏森,廖清芬,刘涤尘,等.区域综合能源系统的综合评估指标与方法[J].电力系统自动化,2018,42(4):174-182.

[173] 张景林,林柏泉.安全学原理[M].北京:中国劳动社会保障出版社,2009.

[174] 刘潜.安全科学和学科的创立与实践[M].北京:化学工业出版社,2010.

[175] 吴超,杨冕,王秉.科学层面的安全定义及其内涵、外延与推论[J].郑州大学学报(工学版),2018,39(3):1-4.

[176] 罗云,许铭,范瑞娜.公共安全科学公理与定理初探[J].中国公共安全(学术版),2012(3):16-19.

[177] Larsson T J, Betts N J. The variation of occupational injury cost in Australia: estimates based on a small empirical study[J]. Safety Science, 1996, 24(2): 143-155.

[178] Monnery N. The costs of accidents and work-related ill-health to a Cheque clearing department of a financial services organisation[J]. Safety Science, 1998, 31(1): 59-69.

[179] Tang S L, Lee H K, Wong K. Safety cost optimization of building projects in Hong Kong[J]. Construction Management and Economics, 1997, 15(2): 177-186.

[180] Laufer A. Construction safety: Economics, information and management involvement[J]. Construction Management and Economics, 1987, 5(1): 73-90.

[181] Crites T R. A study of the costs and benefits of a Formal Safety Program[R]. Office of Scientific and Technical Information (OSTI), 1993.

[182] 程卫民.煤矿安全评价中评价指标安全度值的确定[J].煤炭学报,1997,22(3):54-57.

[183] 陈肇元.对混凝土结构设计安全度和规范修订的几点看法[J].建筑科学,1999,15(5):23-25.

[184] 宁宇,徐卫亚,郑文棠,等.白鹤滩水电站拱坝及坝肩加固效果分析及整体安全度评价[J].岩石力学与工程学报,2008,27(9):1890-1898.

[185] Cobb C W, Douglas P H. A Theory of Production[J]. The American Economic

Review,1928,18(1):139-165.

[186] 陆玉梅.中小企业安全投入分析与决策研究[M].镇江:江苏大学出版社,2012.

[187] 牟勇,王佰顺.基于生产函数的安全经济贡献率估算研究[J].矿业安全与环保,2006,33(1):76-77.

[188] 梁瑞,郭洪燕,郭晓璐.安全投入模型的研究[J].中国安全科学学报,2011,21(1):32-36.

[189] 梅强,陆玉梅.事故经济损失估算模型的研究[J].技术经济,1997,16(10):54-56.

[190] 何佩,栗牧怀,谢孜楠.国内航空运输飞行事故经济损失计算方法:间接经济损失篇[J].中国民用航空,2006(2):24-26.

[191] Hammitt J K, Zhou Y. The economic value of air-pollution-related health risks in China: A contingent valuation study[J]. Environmental and Resource Economics, 2006, 33(3): 399-423.

[192] 程启智.人的生命价值理论比较研究[J].中南财经政法大学学报,2005(6):39-44.

[193] 屠文娟,张超,汤培荣.基于生命经济价值理论的企业安全投资技术经济分析[J].中国安全科学学报,2003,13(10):26-30.

[194] 廖亚立.生命价值的动态评估方法与实证研究[D].北京:中国地质大学,2008.

[195] 梅强,陆玉梅.基于条件价值法的生命价值评估[J].管理世界,2008(6):174-175.

[196] 于建成,王旭东,张东,等.面向多元能源互联的天津生态城智能电网创新示范区建设[J].电力建设,2015,36(11):58-63.

[197] 郭海洋,柳劲松,程浩忠,等.基于模糊数学和组合赋权法的分布式电源并网综合评估[J].现代电力,2017,34(2):14-19.

[198] 钱胜杰,杨太华.基于模糊集理论的智能微电网安全风险评估研究[J].节能,2020,39(2):6-9.

[199] 艾芊,吴俊宏,章健.智能电网中清洁分布式能源的优化利用策略[J].高电压技术,2009,35(11):2813-2819.

[200] 吴雅琪.含分布式电源的配电网风险评估研究[D].北京:北京交通大学,2017.

[201] Pavani P, Singh S N. Reconfiguration of radial distribution networks with distributed generation for reliability improvement and loss minimization[C]//2013 IEEE Power & Energy Society General Meeting. July 21-25, 2013, Vancouver, BC, Canada. IEEE, 2013: 1-5.

[202] 安典强,常喜强,李梅,等.微网并网运行存在的问题及应对措施[J].四川电力技术,2012,35(4):1-4.

[203] 杨太华,汪洋,王素芳.复杂电网建设安全风险研究综述[J].上海电力学院学报,2012,28(5):457-462.

[204] 张友鹏,王亚惠,杨妮. 基于ANP和模糊证据理论的应答器系统风险评估方法研究[J]. 安全与环境学报,2018,18(2):434-440.

[205] 谢季坚,刘承平. 模糊数学方法及其应用[M]. 4版. 武汉:华中科技大学出版社,2013.

[206] 王宁,牛东晓,孙佳伟. 区域电网运行风险评级体系的定量研究[J]. 陕西电力,2010,38(1):17-21.

[207] 王红岩,许雅玺. 基于层次分析法的机场服务质量评价[J]. 科技和产业,2015,15(6):64-67.

[208] 杨太华,秦静,李志翔. 基于故障树和改进灰色关联法的新能源汽车加氢站安全风险评价[J]. 现代电子技术,2021,44(2):115-121.

[209] 张志芸,张国强,刘艳秋,等. 我国加氢站建设现状与前景[J]. 节能,2018,37(6):16-19.

[210] 周琼芳,张全斌. 我国氢燃料电池汽车加氢站建设现状与前景展望[J]. 中外能源,2019,24(9):28-33.

[211] 冼静江,林梓荣,赖永鑫,等. 加氢站工艺和运行安全[J]. 煤气与热力,2017,37(9):51-56.

[212] Gye H R, Seo S K, Bach Q V, et al. Quantitative risk assessment of an urban hydrogen refueling station[J]. International Journal of Hydrogen Energy, 2019, 44(2): 1288-1298.

[213] Kang K S. A study on the quantitative risk assessment of hydrogen CNG complex refueling station [J]. Journal of the Korean institute of GAS,2020,24(1):41-48.

[214] Tsunemi K, Kihara T, Kato E, et al. Quantitative risk assessment of the interior of a hydrogen refueling station considering safety barrier systems[J]. International Journal of Hydrogen Energy, 2019, 44(41): 23522-23531.

[215] 王伟贤,孙舟,潘鸣宇,等. 基于模糊层次分析法的电动汽车充电桩信息安全风险评估方法[J]. 中国电力,2021,54(1):96-103.

[216] 黄肖为,吴健儿,赵明,等. 基于改进模糊层次分析法的电缆绝缘寿命评估模型[J]. 电气自动化,2019,41(4):107-110.

[217] 张彦波,司训练. 基于改进灰色关联法的地表水环境质量评价[J]. 人民黄河,2017,39(11):109-111.

[218] Soyka P. Capturing the business value of EH&S excellence[J]. Corporate Environmental Strategy, 1998, 5(2): 61-68.

[219] Hill D C. Time to transform? Assessing the future of the SH&E profession [J]. Professional Safety, 2006, 151(12): 62-71.

[220] Labelle J E. What do accidents truly cost? [J]. Professional Safety, 2000, 45(4): 38-42.

[221] Blair E H. Which competencies are most important for safety managers? [J].

Professional Safety, 1999, 144(1): 28-32.

[222] Adams S. Financial management concepts: Making the bottom-line case for safety [J]. Professional Safety, 2002(8): 23-26.

[223] Manzella J C. Achieving safety performance excellence through total quality management [J]. Professional Safety, 1997(5): 26-28.

[224] Weinstein M B. Improving behavior-based safety programs through TQM [J]. Professional Safety, 1998(1): 29-33.

[225] Manuele F A, Main B W. On Acceptable Risk [J]. Occupational Hazards, 2002 (1): 57-60.

[226] Mohsen M S, Akash B A. Evaluation of domestic solar water heating system in Jordan using analytic hierarchy process [J]. Energy Conversion and Management, 1997, 38 (18): 1815-1822.

[227] Haralambopoulos D A, Polatidis H. Renewable energy projects: Structuring a multi-criteria group decision-making framework [J]. Renewable Energy, 2003, 28(6): 961-973.

[228] Chatzimouratidis A I, Pilavachi P A. Technological, economic and sustainability evaluation of power plants using the Analytic Hierarchy Process [J]. Energy Policy, 2009, 37(3): 778-787.

[229] 王兰. 基于因子分析法的新能源行业上市公司经营绩效评价[J]. 财会月刊,2012 (8):37-39.

[230] Streimikiene D, Balezentis T, Krisciukaitien I, et al. Prioritizing sustainable electricity production technologies: MCDM approach [J]. Renewable and Sustainable Energy Reviews, 2012, 16(5): 3302-3311.

[231] 托姆. 突变论:思想和应用[M]. 周仲良,译. 上海:上海译文出版社,1989.

[232] 杨太华,郑庆华. 新能源项目投资风险评估研究:基于突变级数法[J]. 建筑经济, 2016,37(5):107-111.

[233] 朱顺泉. 基于突变级数法的上市公司绩效综合评价研究[J]. 系统工程理论与实践,2002,22(2):90-94.

[234] 胥卫平,王秀英. 基于突变级数法的油田管输建设工程项目环境风险评价[J]. 系统科学学报,2012,20(1):89-93.

[235] Sun Q, Grijalva S. Integrated risk management for renewable energy investment over life cycle [C] //2012 IEEE Energy Conversion Congress and Exposition. September 15-20, 2012, Raleigh, NC, USA. IEEE, 2012: 3772-3779.

[236] 刘珂. 可再生能源发电投资风险分析与评估模型[D]. 北京:华北电力大学,2013.

[237] 徐德凤,杨学义. 安全成本特性分析在电力管理中的效应[J]. 电力安全技术, 2003,5(5):25-26.

[238] 李凯扬,王强,陆爱平. 发电厂安全成本优化研究[J]. 水利水电技术,2005,36(7):

123-125.

[239] 谢为安. 微观经济理论与计量方法[M]. 上海:同济大学出版社,1996.

[240] 支大林. 西方经济学[M]. 北京:高等教育出版社,2001.

[241] 袁曾任. 人工神经网络及其应用[M]. 北京:清华大学出版社,2001.

[242] 中华人民共和国国家统计局. 中国统计年鉴 2017[EB/OL]. [2021-03-12]. http://www.stats.gov.cn/tjsj/ndsj/2017/indexch.htm.

[243] Dale L, Milborrow D, Slark R, et al. Total cost estimates for large-scale wind scenarios in UK[J]. Energy Policy, 2004, 32(17):1949-1956.

[244] Feng Y B. Effect of safety investments on safety performance of building projects[J]. Safety Science, 2013, 59:28-45.

[245] 杨太华,刘睿. 基于博弈模型的风电场项目安全成本优化[J]. 太阳能学报,2021,42(4):424-429.

[246] Gibbons R. A primer in game theory[M]. London:Pearson Academic, 1992, 29-33.

[247] Absil P A, Tits A L. Newton-KKT interior-point methods for indefinite quadratic programming[J]. Computational Optimization and Applications, 2007, 36(1):5-41.

[248] 郁伟锋,杨太华. 风电场施工阶段安全成本优化[J]. 工程建设,2019,51(2):22-27.

[249] 韩光胜,陈国华,万木生,等. 基于CES生产函数的企业安全投资决策方法研究[J]. 中国安全科学学报,2007,17(11):60-65.

[250] 杨太华,夏铖铖. 基于目标规划的风电场项目安全投入决策优化模型研究[J]. 上海电力学院学报,2018,34(5):491-496.

[251] Hinze J, Hallowell M, Baud K. Construction-safety best practices and relationships to safety performance[J]. Journal of Construction Engineering and Management, 2013, 139(10):04013006.

[252] Morrow S L, Koves G K, Barnes V E. Exploring the relationship between safety culture and safety performance in US nuclear power operations[J]. Safety Science, 2014, 69:37-47.

[253] 陈春. 铜矿企业安全管理绩效评价的研究[J]. 管理世界,2010(11):184-185.

[254] 胡文国,刘凌云. 我国煤矿生产安全监管中的博弈分析[J]. 数量经济技术经济研究,2008,25(8):94-109.

[255] Chen H, Chen F Y, Zhu D D, et al. Burnout in Chinese coal mine safety supervision[J]. Energy Policy, 2015, 85:22-31.

[256] 苏剑,周莉梅,李蕊. 分布式光伏发电并网的成本/效益分析[J]. 中国电机工程学报,2013,33(34):50-56.

[257] 杨太华,刘睿. 绿色风电场利益相关方安全投入绩效博弈模型分析[J]. 上海电力大学学报,2020,36(3):294-302.

[258] 黄凯南. 演化博弈与演化经济学[J]. 经济研究,2009,44(2):132-145.

[259] 吴昊,杨梅英,陈良猷. 合作竞争博弈中的复杂性与演化均衡的稳定性分析[J]. 系统工程理论与实践,2004,24(2):90-94.

[260] 沈坤荣,金刚. 制度差异、"一带一路"倡议与中国大型对外投资:基于投资边际、模式与成败的三重视角[J]. 经济理论与经济管理,2018(8):20-33.

[261] 杨连星,刘晓光,张杰. 双边政治关系如何影响对外直接投资:基于二元边际和投资成败视角[J]. 中国工业经济,2016(11):56-72.

[262] Buckley P J, Clegg L J, Cross A R, et al. The determinants of Chinese outward foreign direct investment[J]. Journal of International Business Studies, 2007, 38(4): 499-518.

[263] Kolstad I, Wiig A. Whatdetermines Chinese outward FDI?[J]. Journal of World Business, 2012, 47(1): 26-34.

[264] 黎绍凯,张广来. 我国对"一带一路"沿线国家直接投资布局与优化选择:兼顾投资动机与风险规避[J]. 经济问题探索,2018(9):111-124.

[265] 余吉安,陈哲,杨斌,等. 基于效用函数的煤矿企业安全投资博弈研究[J]. 中国软科学,2014(1):115-125.

[266] 黄凌云,郑淑芳,王珏. 跨国企业和东道国政府合作共赢的演化博弈和决策研究[J]. 中国管理科学,2015,23(9):19-25.

[267] 丁川. 基于完全理性和公平偏好的营销渠道委托代理模型比较研究[J]. 管理工程学报,2014,28(1):185-194.

[268] 杨太华,秦静,李志翔. 基于不同政策环境的"一带一路"电力工程安全投资决策演化博弈分析[J]. 上海电力大学学报,2021,37(4):373-379.

[269] 任虎. 中国与"一带一路"沿线国家能源合作法律制度研究[J]. 国际经济合作,2016(9):90-95.

[270] 王志轩. "一带一路"电力企业的机遇与挑战[J]. 中国能源,2015,37(10):9-12.

[271] 李原. 构建"一带一路"基础设施合作成本分摊机制[J]. 经济问题探索,2018(12):81-91.

[272] 杨太华,李志翔,秦静. "一带一路"电力投资项目安全成本分担的博弈模型分析[J]. 华东理工大学学报(社会科学版),2019,34(3):43-50.

[273] 孙彦明. "一带一路"国际合作发展的挑战、范式及对策[J]. 宏观经济管理,2018(11):75-81.

[274] 陈锐,谭英双. "一带一路"基础设施项目投资及其省际操作[J]. 改革,2017(8):81-88.

[275] Clarkson M E. A stakeholder framework for analyzing and evaluating corporate social performance[J]. Academy of Management Review, 1995, 20(1): 92-117.

[276] 朱宗乾,李艳霞,罗阿维,等. ERP项目实施中风险分担影响因素的实证研究[J]. 工业工程与管理,2010,15(2):98-102.

[277] 何时有,臧娜. 老挝水电"建设—运营—移交"项目主要投资协议解析[J]. 电力与能源,2018,39(2):239-242.

[278] 张水波,何伯森. 工程项目合同双方风险分担问题的探讨[J]. 天津大学学报(社会科学版),2003,5(3):257-261.

[279] 尹贻林,胡杰. 基于利益相关者核心价值分析的公共项目成功标准研究[J]. 中国软科学,2006(5):149-155.

[280] 何涛,赵国杰. 基于随机合作博弈模型的PPP项目风险分担[J]. 系统工程,2011,29(4):88-92.

[281] Timmer J, Borm P, Tijs S. On three Shapley-like solutions for cooperative games with random payoffs[J]. International Journal of Game Theory, 2004, 32(4): 595-613.

[282] 姜慧,殷惠光,梁化强. 基于不同影响因素的建筑施工企业安全成本演变趋势研究[J]. 工程管理学报,2013,27(6):126-130.

[283] 张根. 缅甸政府何以说"不":中国企业投资缅甸安全风险的个案分析:以密松水电站搁置事件为例[J]. 红河学院学报,2016,14(2):99-104.